鲁迅像传

黄乔生 著

（修订版）

生活·讀書·新知 三联书店

Copyright © 2022 by SDX Joint Publishing Company.
All Rights Reserved.
本作品版权由生活·读书·新知三联书店所有。
未经许可，不得翻印。

图书在版编目（CIP）数据

鲁迅像传／黄乔生著．—修订本．—北京：生活·
读书·新知三联书店，2022.1
 ISBN 978-7-108-07271-9

Ⅰ．①鲁⋯　Ⅱ．①黄⋯　Ⅲ．①鲁迅（1881-1936）-
传记-图集　Ⅳ．① K825.6

中国版本图书馆 CIP 数据核字（2021）第 197154 号

责任编辑	徐国强
装帧设计	蔡立国
责任校对	常高峰
责任印制	卢　岳

出版发行　生活·讀書·新知 三联书店
　　　　　（北京市东城区美术馆东街 22 号 100010）

网　　址	www.sdxjpc.com
经　　销	新华书店
印　　刷	北京新华印刷有限公司
版　　次	2022 年 1 月北京第 1 版
	2022 年 1 月北京第 1 次印刷
开　　本	635 毫米 × 965 毫米　1/16　印张 28
字　　数	269 千字　图 127 幅
印　　数	0,001-5,000 册
定　　价	98.00 元

（印装查询：01064002715；邮购查询：01084010542）

目 录

引 言

一 日本

同乡会　　　/ 6
断发照　　　/ 13
挚友　　　/ 21
弘文学院　　　/ 31
被遗忘的人　　　/ 36
阿利安人和震旦青年　　　/ 40
解剖学　　　/ 45
想象髭　　　/ 51
退学　　　/ 56
银行家　　　/ 62
"拨伊铜钿！"　　　/ 68
文术新宗　　　/ 72
东京　　　/ 76

二 杭州、绍兴

海归　／ 82
"木瓜之役"　／ 89
大禹陵　／ 94
别出心裁　／ 98

三 北京

佥事　／ 106
全国儿童艺术展览会　／ 116
京师图书馆　／ 120
小说股　／ 124
校友会　／ 128
爱罗先珂　／ 134
世界语　／ 141
雅集　／ 146
《阿Q正传》　／ 150
唐朝的天空下　／ 156
学潮　／ 162

四 厦门、广州

教授　／ 168
"我坐在厦门的坟中间"　／ 180
"厦岛留别"　／ 191
居中　／ 197

多面，抑或动感　　／ 204

弟子和义子　　／ 214

五　上海

兄弟　　／ 224

演讲　　／ 232

景云深处　　／ 236

《良友》　　／ 243

书斋生活　　／ 246

回眸时看小於菟　　／ 250

邬其山　　／ 254

文艺漫谈会　　／ 261

知天命　　／ 266

《前哨》背后　　／ 275

平安照　　／ 279

木刻讲习会　　／ 283

北平五讲　　／ 287

萧伯纳　　／ 298

"比较文学"　　／ 303

蔡先生　　／ 308

健儿　　／ 314

胡愈之　　／ 320

"最近之鲁迅"　　／ 325

毛衣照　　／ 329

活的中国　　／ 334

"吾友"　　／ 340

多疑　　／ 346

写真　　／ 352

如露复如电　　／ 362

避难　　／ 366

名流　　／ 369

对话　　／ 374

大陆新村　　／ 378

紧邻　　／ 382

改造　　／ 388

病中　　／ 394

《中国呼声》　　／ 404

绝唱　　／ 410

遗容和遗嘱　　／ 424

初版后记　　／ 429

本书主要参考书目　　／ 431

图片目录　　／ 433

再版后记　　／ 439

引 言

鲁迅的少年时代，照相术已在中国流行。大都市且不论，便是在鲁迅的家乡绍兴这样的小城市里，照相也非稀罕的物事了。鲁迅曾回忆：

> 这是我每一经过，总须流连赏玩的地方，但一年中也不过经过四五回。大小长短不同颜色不同的玻璃瓶，又光滑又有刺的仙人掌，在我都是珍奇的物事；还有挂在壁上的框子里的照片：曾大人，李大人，左中堂，鲍军门。[1]

照相馆为招徕生意用当朝权贵的照片做广告，因为当时人们对照相有抵触情绪：有一种迷信，说人一照相，精神就要被照去，所以运气正好的时候，尤其不宜照相。[2] 当时的相片多是全身像，因为半身像晦气，好似被"腰斩"。鲁迅的老师寿镜吾先生就特别讨厌照相，认为这种东西是外国人用来骗中国人钱的。

面对照相机这个舶来品，人们既觉得新奇、神秘，也心存疑惧。

---

[1] 鲁迅《坟·论照相之类》，《鲁迅全集》第1卷，北京：人民文学出版社2005年版。以下除非特殊说明，所引用的鲁迅作品均为该版本。
[2] 同上。

摄影师为拍摄对象设计各种布景，拿捏各样姿态，不明底细的顾客只有服从照相馆和摄影师的安排——自然是当时照相的常态。不过，另一方面，诱惑终究是难以抵挡的，因为拍摄效果往往喜人，满足了人们"留影"的愿望。

少年鲁迅虽没有留下一张相片，但他的回忆文字显示他对照相馆相当留意，观察颇为细致。例如，关于照相时使用的道具，鲁迅写道："旁边一张大茶几，上有帽架，茶碗，水烟袋，花盆，几下一个痰盂，以表明这人的气管枝中有许多痰，总须陆续吐出。"[1]这后一项让人费解。本来照相之时，为免有碍观瞻，应将痰盂撤除，但这里却特意配置。推测起来，大概是因为摆上它，可以显出比随地吐痰文明吧。19世纪末20世纪初，李鸿章（也就是鲁迅文章中说的"李大人"）的一些照相，如他出使日本时所摄照片，椅子旁边就赫然安置一个痰盂。一直到20世纪六七十年代，中国国家领导人会见外宾，它仍时常作为"道具"之一，真可谓源远流长。

鲁迅文章还描写了当时拍照的风尚：名士风流，大拍"二我图""求己图"；富贵呆板，汲汲于儿孙满堂的"全家福"。后一种风气，直到今天也还没有消歇。

然而，鲁迅说得热闹，却没有向读者提供实物——他自己那败落的家庭难得如此雅兴。

1933年，他的一位朋友搜集了他青少年时代起发表而未编入文集的作品，编为《集外集》。鲁迅在序言中写道：

> 霁云先生竟抄下了这么一大堆，连三十多年前的时文，十多年前的新诗，也全在那里面。这真好像将我五十多年前的出屁

---

[1] 鲁迅《坟·论照相之类》，《鲁迅全集》第1卷。

股,衔手指的照相,装潢起来,并且给我自己和别人来赏鉴。连我自己也诧异那时的我的幼稚,而且近乎不识羞。但是,有什么法子呢?这的确是我的影像,——由它去罢。[1]

说得好像真照过这样的相片似的。但迄今为止,我们没有发现一张他早年的照片。鲁迅父亲1896年去世,生前大约没有拍过照,至少没有被保存,现在留传的是一张画像。现存鲁迅母亲和三味书屋塾师寿镜吾的照片,乃是他们晚年所摄。寿先生的一张,是他的孙辈趁他不注意时偷拍的。

在南京求学期间,鲁迅竟也没有留下一张照片。南京是大城市,水师、陆师学堂又是"洋务"的产物,照相本应流行。矿路学堂的德籍教官骆博凯就拍摄了很多照片,带回德国,后来编辑出版,现有了中译本[2]。对此,只能做这样推断:那时,照相仍是高品位生活的标志,价格不菲,一般人家不敢问津。鲁迅家境不宽裕,衣衾单薄,冬天有时竟要靠吃辣椒御寒,恐怕没有余钱用于照相。至于中国一般读书人厌恶和惧怕新生事物,视照相为正人君子所不为的巧术淫技,应该不是鲁迅没有照相的原因,因为鲁迅喜欢看新书报,熟读《天演论》到几乎能背诵程度——他是倾向新思想,愿意接受新生事物的。

现存文献中提到鲁迅最早拍摄照片是在日本。他刚到弘文学院就拍摄了照片寄给二弟周作人。从照片上的题词可以感知他刚刚走出国门的亢奋状态:

会稽山下之平民,日出国中之游子,弘文学院之制服,铃木

---

[1] 鲁迅《集外集·序言》,上海:群众图书公司1935年版。
[2] [德]骆博凯(Robert Lobbekt)著,郑寿康译《十九世纪末南京风情录:一个德国人在南京的亲身经历》,南京:南京出版社2008年版。

> 真一之摄影,二十余龄之青年,四月中旬之吉日,走五千余里之邮筒,达星杓仲弟之英盼。兄树人顿首。[1]

周作人当时对这张照片十分珍视,装框置于案头,朝夕相对,以慰思念之情。然而后来却未见公布,大概是丢失或销毁了吧。

鲁迅现存最早的照片,单身的是"断发照",合影的是浙江同乡会成立大会照。既然是"像传",以照证史,请从浙江同乡会合影开始。

---

[1] 周作人1902年5月11日日记。参见《周作人日记》(上),郑州:大象出版社1996年版,第335页。

鲁迅像传

一 日本

上野的樱花烂漫的时节，望去确也像绯红的轻云，但花下也缺不了成群结队的『清国留学生』的速成班，头顶上盘着大辫子，顶得学生制帽的顶上高高耸起，形成一座富士山……

同乡会

甲午战争的失败，使国人深感屈辱。痛定思痛，思欲作为，向东邻日本学习的风气因而更盛，留日学生数量大增。1902年秋，浙江籍官费、自费留学生及在日本游历或侨居的浙籍人士101人在东京组织浙江同乡会。会上决定出版月刊杂志《浙江潮》。鲁迅拍摄同乡会这张合影时还留有辫子，盖在学生制服帽子之下。鲁迅后来回忆东京清国留学生情态的文字让人忍俊不禁：

> 上野的樱花烂漫的时节，望去确也像绯红的轻云，但花下也缺不了成群结队的"清国留学生"的速成班，头顶上盘着大辫子，顶得学生制帽的顶上高高耸起，形成一座富士山。也有解散辫子，盘得平的，除下帽来，油光可鉴，宛如小姑娘的发髻一般，还要将脖子扭几扭。实在标致极了。[1]

鲁迅平时常拿辫子盘头取笑。他的同学沈瓞民有一位朋友，叫王立才，平时喜欢和沈瓞民一起到鲁迅的住处闲谈，听到鲁迅讽刺"富士山"，自嘲说，幸亏自己已经把"富士山"夷平，不然也要

---

[1] 鲁迅《朝花夕拾·藤野先生》，《鲁迅全集》第2卷。

1902年秋,浙江籍留日学生101人,在东京组织同乡会,会后合影留念。第四排左起第十四人为鲁迅

被嘲笑了。但他反以"富士山"来称呼鲁迅,因为鲁迅头上仍然有辫子。周围熟识的人就跟着这么叫起来。于是,鲁迅有了诨名"富士山"。

浙江同乡会中,有鲁迅熟识的许寿裳、厉绥之、张邦华等。有的是鲁迅在南京的同学,有的是绍兴小同乡。张邦华就是南京陆师学堂的同学;厉绥之是浙江钱塘人,此时与鲁迅同在日本弘文学院学习,毕业后同时改学医学。《浙江潮》第一期上刊登了《浙江留日学生题名录》,从中可以看到很多后来成为革命者或各界名流的名字。清朝统治中国以后,浙江一向是反清思想的重镇。鲁迅敬佩的革命家章太炎从青少年时代起就培养了反清革命志向。另一位革命志士绍兴人陶成章(1878—1912),与章太炎一起创建和领导光复会,对辛亥革命的成功做出了巨大贡献。

同乡会刊物《浙江潮》的编辑者中有两位姓蒋的——蒋方震、蒋智由——比较活跃。蒋方震(1882—1938),字百里,笔名飞生,浙江海宁人,16岁进秀才,曾做塾师,后入杭州求是书院深造。甲午年因中国战败深受刺激,决定弃文习武。1901年东渡日本,进成城学校,再入陆军士官学校第三期。在士官学校,蒋百里和同班蔡锷、张孝准成绩出众,有"中国三杰"之称。毕业典礼上,蒋百里以第一名的成绩荣获日本天皇颁赠的"神圣之剑",使日本同学为之侧目。中国留学生包揽前三名,令学校当局十分尴尬,竟做出了此后"把中国学生和日本学生分隔开来"的决定。1906年蒋百里毕业回国,任沈阳督练公所参议,后赴德国学习。1910年任禁卫军管带。辛亥革命后任浙江都督府总参议。1912年任保定陆军军官学校校长。1916年反对袁世凯称帝,至广州任两广都司令部出师计划股主任。1917年在北京任总统府顾问。1920年考察欧洲后回国,从事新文化运动,并任浙江省议员。1923年与胡适等组建新月社。1925年担任吴佩孚军总参谋长。1930年因参与唐生智反对蒋介石的活动被捕入狱，1931年获释。1935年任国民政府军事委员会高等顾问，同年冬赴欧洲考察，1936年12月回国。抗日战争爆发后，奉政府之命赴德国寻求援助。1938年转往法国考察，同年回国，任陆军大学代理校长。同年11月4日病逝于广西宜山。蒋百里曾先后被赵尔巽、段祺瑞、袁世凯、黎元洪、吴佩孚、孙传芳、唐生智、蒋介石等军政首脑聘为参谋长或顾问。他精心研究军事理论及世界军事状况，勤于著述，有"军事思想家和军史学家""军事战略家""兵学泰斗"之誉。他对文学也颇有涉猎，20年代初期在北京参与"文学研究会"的创立。鲁迅虽然没有参加"文学研究会"，但和蒋百里同为《小说月报》的撰稿人。有一次他写信给二弟周作人，评价新一期的杂志说："《小说月报》也无甚好东西。百里的译文，短如羊尾，何其徒占一名也。"[1]说明蒋百里那时也从事翻译工作。

蒋智由（1866—1929），字观云、星侪、心斋，原名国亮，号因明子，浙江诸暨人。早年求学于杭州紫阳书院，能诗善文，工书法。清光绪二十三年（1897）以廪贡生应京兆乡试中举，授山东曲阜知县（未赴任）。他同情、支持康有为、梁启超变法。戊戌变法失败，他赋《卢骚》诗云："世人皆欲杀，法国一卢骚。民约倡新义，君威扫旧骄。力填平等路，血灌自由苗。文字收功日，全球革命潮。"传诵一时。梁启超曾把他与黄遵宪、夏穗卿并称为近世"诗界三杰"。光绪二十八年（1902），蒋智由与蔡元培、叶瀚等在上海成立号称"第一革命团体"的中国教育会，后参加光复会，任爱国女校经理。不久自费留学日本，任《新民丛报》主编，发表《中国兴亡问题论》等评论，颇为时人所重。他担任《浙江潮》编辑后不久，就与梁启超共组政闻社，任《政论》主编，鼓吹君主立宪。徐锡麟、秋瑾领导反清起

---

[1] 鲁迅1921年7月31日致周作人信，《鲁迅全集》第11卷。

义失败后被杀,东京中国留学生特别是浙籍学生群情激愤。周作人回忆说:

> 当时绍兴籍留学生开了一个会议,本来没有什么善后办法,大抵只是愤慨罢了,不料蒋观云已与梁任公组"政闻社",主张君主立宪了,会中便主张发电报给清廷,要求不再滥杀党人。主张排满的青年们大为反对。蒋智由辩解说,猪被杀也要叫几声,又以狗为例。鲁迅答说,猪才只好叫叫,人不能只是这样便罢。当初蒋观云有赠陶焕卿诗,中云"敢云吾发短,要使此心存",鲁迅常传诵之,至此乃仿作打油诗云:"敢云猪叫响,要使狗心存。"[1]

> 有一次,鲁迅和许寿裳去拜访蒋智由,蒋智由谈论起服装问题,抱怨自己身上的西式服饰不好,而大赞清朝官员的红缨帽有威仪。鲁迅出来对许寿裳说"观云的思想变了"。此后就很少与蒋智由往来。鲁迅还给蒋智由取了一个绰号"无威仪"。[2]

《浙江潮》1903年2月17日正式发行。彩色封面上澎湃的潮水象征"革命潮汹涌"。杂志开辟社说、学术、大势、谈丛、杂录、记事、小说、文苑等门类。发刊词说:

> 我浙江有物焉,其势力大,其气魄大,其声誉大,且带有一段极悲愤极奇异之历史,令人歌,令人泣,令人纪念。至今日,

---

[1] 周遐寿《鲁迅的故家·鲁迅在东京》,北京:人民文学出版社1957年版。
[2] 许寿裳《亡友鲁迅印象记·杂谈名人》,北京:人民文学出版社1953年版。

则上而士夫，下而走卒，莫不知之，莫不见之，莫不纪念之。其物奈何？其历史奈何？曰：昔子胥立言，人不用而犹冀人之闻其声而一悟也。乃以其爱国之泪，组织而为浙江潮。

....

抑吾闻之地理与人物，有直接关系在焉。近于山者其人质而强，近于水者其人文以弱。地理之移人盖如是其甚也。可爱哉，浙江潮！可爱哉，浙江潮！挟其万马奔腾排山倒海之气力，以日日激刺于吾国民之脑，以发其雄心，以养其气魄。二十世纪之大风潮中，或亦有起陆龙蛇挟其气魄以奔入于世界者乎？西望葱龙，碧天万里，故乡风景，历历心头。我愿我青年之势力，如浙江潮。我青年之气魄，如浙江潮。我青年之声誉，如浙江潮。吾愿吾杂志亦如之，因以名，以为鉴，且以为人鉴，且以自警，且以祝。[1]

《浙江潮》共出十二期，自第五期开始由鲁迅在弘文学院的同学许寿裳接编。许寿裳回忆说："我刚接编《浙江潮》，便向他拉稿。他一口答应，隔了一天便缴来一篇《斯巴达之魂》。他的这种不谦让、不躲懒的态度，与众不同，诺言之迅和撰文之迅，真使我佩服！"[2]

《斯巴达之魂》，载《浙江潮》第五期和第九期，根据古希腊历史故事改编，歌颂了公元前480年古希腊斯巴达勇士抗击侵略军的爱国尚武精神。在杂志的第八期上，鲁迅发表了《说鈤》，是中国较早评介居里夫人及镭的发现的论著之一（鈤即镭）。文章还介绍了19世纪末X射线发现者伦琴（W. K. Röntgen，1845—1923）及其后一些物理学家、化学家的贡献。

---

[1]《浙江潮》发刊词，《浙江潮》第一期。
[2] 许寿裳《亡友鲁迅印象记·〈浙江潮〉撰文》。

鲁迅在《浙江潮》第五期上还发表了从日译本转译的法国雨果的短篇小说《哀尘》，并作《〈哀尘〉译者附记》，署名"庚辰"。这是鲁迅发表的第一篇外国文学作品译文。原作是雨果《随见录》中的《芳梯的来历》，自叙其1841年目睹一个女子被迫害的情景：女子被富家恶少欺侮，稍一反抗，即被判罚。鲁迅在译后记中对小说主人公的遭遇寄予同情："嗟社会之陷阱兮！莽莽尘球，亚欧同慨；滔滔逝水，来日方长！"此外，鲁迅翻译的法国科幻小说《地底旅行》的第一、二回也发表于《浙江潮》第十期。

鲁迅积极参加同乡会活动。1903年1月底，他与陶成章、许寿裳等二十多名绍兴籍留日学生在东京牛込区清风亭召开绍兴同乡恳亲会，并联名发出《绍兴同乡公函》，劝导绍兴乡人出国留学，吸取外国先进的文化科学技术，以挽救危亡的祖国。信中说："遭世多变，矧心怵目于危亡之将及，而我犖犖五岳，灏灏江河，东南带海，西北控山之大陆一片土，将沦陷于异族。即我稽山镜水金宝玉堂，亦将销沉霸气，暗郁无色，呜呼，岂不痛哉！"他们呼唤乡人"求智识于宇内，搜学问于世界"，想方设法来日本留学，以新知识、新观念"惊醒我国人之鼾梦，唤起我国人之精神"。[1]

1907年11月3日，鲁迅还参加了浙江留日学生在东京召开的苏浙铁路拒款大会。

---

[1]《绍兴同乡公函》，原件藏绍兴鲁迅纪念馆。

断发照

这是鲁迅现存最早的单身照。鲁迅很看重这张照片,他本人,以及后来很多人,常将这张照片与一首诗相提并论——诗的最后一句"我以我血荐轩辕"成为鲁迅精神的标志性描述之一。

1902年,鲁迅从南京陆师学堂附设矿务铁路学堂毕业,由清政府公派到日本留学。他先在日本弘文学院补习日语和基础知识,为期两年。在弘文学院,他被分在速成普通科的江南班。当时东京留学生中反清革命情绪高涨,正如鲁迅所说:"凡留学生一到日本,急于寻求的大抵是新知识。除学习日文准备进专门的学校之外,就赴会馆,跑书店,往集会,听讲演。"[1]

在弘文学院,鲁迅结识了同校浙江班的同乡许寿裳,由此订交。浙江班的同学一到日本就剪了辫,而鲁迅所在的江南班,却因为监督姚某不允许,没有一个剪辫的。同学们对此很不满。有几个同学趁姚某与其情妇私通时将其捉住并强行剪了辫子——剪辫那时是对犯重罪或私通者的惩罚。姚某名誉扫地,不得不回国。尽管几个参与其事的学生受到处分,但剪辫的禁令终于松弛下来了。鲁迅剪辫后,拍照留念。好友许寿裳获赠一张。许寿裳说,鲁迅赠给他这张

---

[1] 鲁迅《且介亭杂文末编·因太炎先生而想起的二三事》,《鲁迅全集》第6卷。

现存最早的鲁迅单身照,摄于1903年,人称"断发照"

照片后,还赠给他一首七言诗:

> 灵台无计逃神矢,风雨如磐暗故园。
> 寄意寒星荃不察,我以我血荐轩辕。

鲁迅逝世后,许寿裳在回忆录中把这首诗定名为《自题小像》。这首诗不一定专为这张照片而写,但因为许寿裳如此命名,二者从此密不可分,照片就被称为"断发照"。根据照片拍摄时间,可以大致确定鲁迅七言诗的写作时间晚于浙江留日同乡会合影。[1] 周作人认为该诗作于1903年,因为他本人见到的鲁迅1902年所摄照片还蓄着辫子:

> 至于作诗的年代,是一九〇三年二十三岁的时候,也以许氏所记为可信。这大概是题在癸卯(一九〇三)二月所照的"断发"照相上面的,而不是前一年壬寅四月的弘文学院制服的照相,两者的区别只在一是脱帽露顶,一则戴着学生制帽,因为顶上还留着"富士山",不大雅观。[2]

在反清革命风起云涌的时代,剪辫子是危险行为,革命成功后自然也就成了英雄行为,是"光荣历史"里的精彩一章。难怪人们如此看重这张照片和这首诗——它们成了诠释鲁迅革命思想的一对绝配。鲁迅一生中,多次把这张照片和诗赠给友人。第一本收录鲁迅照片的正式出版物,是台静农编纂的《关于鲁迅及其著作》[3]。该书

---

[1] 许寿裳《亡友鲁迅印象记·剪辫》。
[2] 周作人《〈唐宋诗醇〉与鲁迅旧诗》,《鲁迅研究资料》第3辑。
[3] 台静农《关于鲁迅及其著作》,北京:未名社1926年版。

收录了"断发照"和1911年在东京拍摄的半身照（见本书第77页）。鲁迅还把照片和诗赠给日本朋友，如1932年12月9日，鲁迅将自书诗赠上海筱崎医院医生冈本繁博士。博士带回日本，珍藏于家中石屋之内。继承人于1987年意外发现，精心装裱，于1988年捐赠给北京鲁迅博物馆。

鲁迅从小就耳濡目染关于辫子的惨痛历史和现实："当我还是孩子时，那时的老人指教我说：剃头担上的旗竿，三百年前是挂头的。满人入关，下令拖辫，剃头人沿路拉人剃发，谁敢抗拒，便砍下头来挂在旗竿上，再去拉别的人。"[1]"对我最初提醒了满汉的界限的不是书，是辫子。这辫子，是砍了我们古人的许多头，这才种定了的，到得我有知识的时候，大家早忘却了血史，反以为全留乃是长毛，全剃好像和尚，必须剃一点，留一点，才可以算是一个正经人了。而且还要从辫子上玩出花样来：小丑挽一个结，插上一朵纸花打诨；开口跳将小辫子挂在铁杆上，慢慢的吸烟献本领；变把戏的不必动手，只消将头一摇，劈拍一声，辫子便自会跳起来盘在头顶上，他于是要起关王刀来了。而且还切于实用：打架的时候可以拔住，挣脱极难；捉人的时候可以拉着，省得绳索，要是被捉的人多呢，只要捏住辫梢头，一个人就可以牵一大串。"[2]

鲁迅看到过这些景象，虽然觉得滑稽可笑，但更多的是悲愤。他的作品中自然不乏此类场面，有名的是《阿Q正传》中那场"龙虎斗"：

> 这谦逊反使阿Q更加愤怒起来，但他手里没有钢鞭，于是只得扑上去，伸手去拔小D的辫子。小D一手护住了自己的辫根，

---

[1] 鲁迅《且介亭杂文末编·因太炎先生而想起的二三事》，《鲁迅全集》第6卷。
[2] 鲁迅《且介亭杂文·病后杂谈之余》，《鲁迅全集》第6卷。

一手也来拔阿Q的辫子，阿Q便也将空着的一只手护住了自己的辫根。从先前的阿Q看来，小D本来是不足齿数的，但他近来挨了饿，又瘦又乏已经不下于小D，所以便成了势均力敌的现象，四只手拔着两颗头，都弯了腰，在钱家粉墙上映出一个蓝色的虹形，至于半点钟之久了。

"好了，好了！"看的人们说，大约是解劝的。

"好，好！"看的人们说，不知道是解劝，是颂扬，还是煽动。

然而他们都不听。阿Q进三步，小D便退三步，都站着；小D进三步，阿Q便退三步，又都站着。大约半点钟，——未庄少有自鸣钟，所以很难说，或者二十分，——他们的头发里便都冒烟，额上便都流汗，阿Q的手放松了，在同一瞬间，小D的手也正放松了，同时直起，同时退开，都挤出人丛去。

"记着罢，妈妈的……"阿Q回过头去说。

"妈妈的，记着罢……"小D也回过头来说。[1]

不过，这张照片上穿着学生制服、为纪念剪辫而未戴帽子的鲁迅，并没有显出喜悦的神情。

鲁迅自己倒从未明确说把辫子剪掉就是革命行为："我的剪辫，却并非因为我是越人，越在古昔，'断发文身'，今特效之，以见先民仪矩，也毫不含有革命性，归根结蒂，只是为了方便：一不便于脱帽，二不便于体操，三盘在囟门上，令人很气闷。在事实上，无辫之徒，回国以后，默然留长，化为不贰之臣者多得很，而黄克强在东京作师范学生时，就始终没有断发，也未尝大叫革命。"[2] 不剪辫也照样可

---

[1] 鲁迅《阿Q正传》，《鲁迅全集》第1卷。
[2] 鲁迅《且介亭杂文末编·因太炎先生而想起的二三事》，《鲁迅全集》第6卷。

以具有革命思想。

剪辫不难，咔嚓一声，一刀两断。但这个"英雄壮举"，后来却让鲁迅吃了很多苦头。一回国，就遇到了麻烦。鲁迅回忆说：

> 我的辫子留在日本，一半送给客店里的一位使女做了假发，一半给了理发匠，人是在宣统初年回到故乡来了，一到上海，首先得装假辫子。这时上海有一个专装假辫子的专家，定价每条大洋四元，不折不扣，他的大名，大约那时的留学生都知道。做也真做得巧妙，只要别人不留心，是很可以不出岔子的，但如果人知道你原是留学生，留心研究起来，那就漏洞百出。夏天不能戴帽，也不大行；人堆里要防挤掉或挤歪，也不行。装了一个多月，我想，如果在路上掉了下来或者被人拉下来，不是比原没有辫子更不好看么？索性不装了，贤人说过的：一个人做人要真实。
>
> 但这真实的代价真也不便宜，走出去时在路上所受的待遇完全和先前两样了。我从前是只以为访友作客，才有待遇的，这时才明白路上也一样的一路有待遇。最好的是呆看，但大抵是冷笑，恶骂。小则说是偷了人家的女人，因为那时捉住奸夫，总是首先剪去他辫子的，我至今还不明白为什么；大则指为"里通外国"，就是现在之所谓"汉奸"。我想，如果一个没有鼻子的人在街上走，他还未必至于这么受苦，假使没有了影子，那么，他恐怕也要这样的受社会的责罚了。[1]

鲁迅的一位本家，甚至预备把他剪了辫子的事去告官，但后来因为害怕革命党造反成功后对自己报复，这才中止了。

---

[1] 鲁迅《且介亭杂文·病后杂谈之余》，《鲁迅全集》第6卷。

鲁迅在杭州浙江两级师范学堂担任生理学和化学教员及在绍兴府中学堂任教期间,没有辫子的麻烦也颇不少:

> 我回中国的第一年在杭州做教员,还可以穿了洋服算是洋鬼子;第二年回到故乡绍兴中学去做学监,却连洋服也不行了,因为有许多人是认识我的,所以不管如何装束,总不失为"里通外国"的人,于是我所受的无辫之灾,以在故乡为第一。尤其应该小心的是满洲人的绍兴知府的眼睛,他每到学校来,总喜欢注视我的短头发,和我多说话。
>
> 学生们里面,忽然起了剪辫风潮了,很有许多人要剪辫。我连忙禁止。他们就举出代表来诘问道:究竟有辫子好呢,还是没有辫子好呢?我的不假思索的答复是:没有辫子好,然而我劝你们不要剪。学生是向来没有一个说我"里通外国"的,但从这时起,却给了我一个"言行不一致"的结语,看不起了。[1]

带有自传性质的小说《头发的故事》也记述了自己在这方面的坎坷遭遇。1911年10月10日武昌起义成功,浙江随之光复,鲁迅以兴奋的心情欢迎革命——"无辫之灾"终于过去了。然而,革命以后,还是有很多人留恋辫子。1917年,张勋拥清帝复辟时,鲁迅亲见张勋的"辫子兵"在北京城外布防,对于没辫子的人态度蛮横。鲁迅的小说《风波》就写了这场复辟在农村引起的一些骚动。因为留着辫子,乡绅赵七爷抖起威风;因为没有辫子,开航船的七斤烦恼而且恐慌。

---

[1] 鲁迅《且介亭杂文·病后杂谈之余》,《鲁迅全集》第6卷。

直到今天，人们还能从充斥荧屏的清宫戏中欣赏蓄着辫子的王公大臣三跪九叩的场面，皇权的无所不能和宫廷生活的极度奢华，令人陶醉和膜拜。

辫子在中国人头上只种了一个朝代，而在他们心里则种了更长时间。

挚　友

鲁迅一生，有几个从青年时代起就交往、友情终身不渝的朋友。

这张照片上的许寿裳、陈仪、邵明之就是这样的挚友。在异国他乡，乡情更形浓厚。但是很长一段时间鲁迅研究界只关注其中的一个——许寿裳，对其他两位却不大提起，以致人们很不熟悉，有一些图书，竟将照片上另外两个人混淆。

着重表彰许寿裳当然是应该的。许寿裳同鲁迅不但是同乡，还是弘文学院同学。毕业后，他们在人生各个阶段都有交往，从事的工作性质也相近，还曾多次共事，关系自然更亲密。

许寿裳（1882—1948），字季茀，又作季黻、季市，号上遂，早年就读于杭州求是书院。弘文学院毕业后进入日本东京高等师范学校。1909年回国，历任浙江两级师范学堂教务长，北京大学、北京高等师范学校教授，北京女子高等师范学校校长等职。1946年赴台湾，先后任省编译馆馆长、台湾大学国文系主任。1948年2月18日被进入住宅的盗贼刺杀身亡。

鲁迅和许寿裳留学回国后，同在杭州、北京、广州等地共事多年，互相提携。许寿裳后来总结他们一生的交往说："自一九〇二年秋至一九二七年夏，整整二十五年中，除了他在仙台，绍兴，厦门合计三年余，我在南昌（一九一七年冬至一九二〇年底）三年外，晨夕

1903年摄于东京，时鲁迅在弘文学院。照片上其他三人均为绍兴人。与鲁迅并排而立者许寿裳，弘文学院浙江班学生；许寿裳前面坐者邵明之，东京清华预备学校学生，后往北海道札幌地方工业专门学校学习土木工程；鲁迅之前为陈仪，日本成城学校学生，后就读于日本陆军大学，曾任台湾省行政长官兼台湾省警备司令部总司令、浙江省省长相见者近二十年,相知之深有如兄弟。一九二七年广州别后,他蛰居上海,我奔走南北,晤见虽稀,音问不绝。"[1]

许广平与鲁迅在上海生活的十年间,常见两位老友会面的情景,曾描述道:"他们谈话的范围也很广泛,从新书介绍到古籍研讨,从欧美名著以及东洋近作,无不包罗。而彼此人事的接触,见闻的交换,可歌可泣,可喜可怒,都无遮瞒,尽量倾吐。这样的友谊,从来没有改变的,真算得是耐久的朋友,在鲁迅先生的交游中,如此长久相处的,恐怕只有许先生一位了。"[2]鲁迅弃医从文后,同许寿裳等人一起筹办杂志,从事著译活动。许寿裳回国后,向浙江两级师范学堂推荐鲁迅,促成鲁迅获得回国后的第一份工作。辛亥革命后不久,当鲁迅困居家乡,一筹莫展时,许寿裳又向蔡元培推荐,聘请鲁迅到南京中华民国临时政府教育部任职。在两级师范学堂期间,许寿裳因与校长不和而被停职,鲁迅和其他教师一起罢教抗议;鲁迅在教育部被免职,许寿裳也以辞职给予声援;鲁迅到厦门大学和中山大学当教授和教务长,积极为许寿裳谋职;鲁迅到上海之初,没有工作,许寿裳请求大学院院长蔡元培聘鲁迅为特约撰述员,每月薪金300元,使鲁迅一家的生活从容了许多;鲁迅在上海多次帮助许寿裳家人求医问药。

在北京教育部共事期间,鲁迅还曾应许寿裳之请为其子许世瑛"开蒙"。据许寿裳回忆:"吾越乡风,儿子上学,必定替他选一位品学兼优的作开蒙先生,给他认方块字,把笔写字,并在教本面上替他写姓名,希望他能够得到这位老师品学的熏陶和传授。一九一四年,我的长儿世瑛年五岁,我便替他买了《文字蒙求》,敦请鲁迅做开蒙先生。鲁迅只给他认识了两个方块字:一个是'天'字,一个

---

[1] 许寿裳《亡友鲁迅印象记·和我的交谊》。
[2] 许广平《我所尊敬的许寿裳先生》,载1948年3月20日《人世间》第2卷第4期。

是'人'字,和在书面上写了'许世瑛'三个字。我们想一想,这天人两个字的含义实在广大的很,举凡一切现象(自然和人文),一切道德(天道和人道)都包括无遗了。"后来世瑛考取清华大学研究生,研究古典文学,许寿裳又带儿子到上海,拜会"启蒙老师",请求指导。鲁迅为世瑛开列了参考书目,并做了详细说明。[1]

鲁迅去世后,许寿裳写了《亡友鲁迅印象记》《我所认识的鲁迅》等文章,提供了大量鲁迅生平史料,有助于人们更好地认识鲁迅。其中很多细节描述,读来十分亲切。如许寿裳对青年鲁迅的描述是:"身材并不见高,额角开展,颧骨微高,双目澄清如水精,其光炯炯而带着幽郁,一望而知为悲悯善感之人。两臂矫健,时时屏气曲举,自己用手抚摩着;脚步轻快而有力,一望而知为神经质的人。赤足时,常常盯着自己的脚背,自言脚背特别高,会不会是受着母亲小足的遗传呢?总之,他的举动言笑,几乎没有一件不显露着仁爱和刚强。"鲁迅剪了辫子,兴高采烈,第一个去见的就是许寿裳。许寿裳还回忆说:当时鲁迅"读书的趣味很浓厚,绝不像多数人的专看教科书;购书的方面也很广,每从书店归来,钱袋空空,相对苦笑,说一声:'又穷落了!'这种由于爱好而读书,丝毫没有名利之念"[2]。

许寿裳叙述的一个情节对人们认识鲁迅青年时期的思想状态很有参考价值:

> 1902年我和鲁迅同在东京弘文学院预备日语。……有一天,谈到历史上中国人的生命太不值钱,尤其是做异族奴隶的时候,我们相对凄然。从此以后,我们就更加亲近,见面时每每谈中国

---

[1] 鲁迅《开给许世瑛的书单》,《鲁迅全集》第8卷。
[2] 许寿裳《亡友鲁迅印象记·仙台学医》。

民族性的缺点。因为身在异国，刺激多端……我们又常常谈着三个相连的问题：

（一）怎样才是理想的人性？

（二）中国民族中最缺乏的是什么？

（三）它的病根何在？

对于（一），因为古今中外哲人所孜孜追求的，其说浩瀚，我们尽可择善而从，并不多说。对于（二）的探索，便觉到我们民族最缺乏的东西是诚和爱，——换句话说，便是深中了诈伪无耻和猜疑相贼的毛病。口号只管很好听，标语和宣言只管很好看，书本上只管说得冠冕堂皇，天花乱坠，但按之实际，却完全不是这回事。至于（三）的症结，当然要在历史上去探究，因缘虽多，而两次奴于异族，认为是最大最深的病根。做奴隶的人还有什么地方可以说诚说爱呢？……惟一的救济方法是革命。我们两人聚谈每每忘了时刻。[1]

1937年，"鲁迅先生纪念委员会"编纂了《鲁迅先生纪念集》，收录许寿裳三篇文章，加上他撰写的《鲁迅年谱》，是所有入选者中篇数最多的。他悼念鲁迅的诗句至今读来仍令人感奋：

身后万民同雪涕，生前孤剑独冲锋。

丹心浩气终黄土，长夜凭谁叩晓钟？[2]

1940年10月19日，许寿裳写下这样一段话："鲁迅逝世已四周年。追念故人，弥深怆恻。其学问文章，气节德行，吾无间然。其知我之

---

[1] 许寿裳《我所认识的鲁迅·回忆鲁迅》，北京：人民文学出版社1952年版。
[2] 许寿裳《鲁迅的思想与生活》，台北：台北文化协进会1947年版。

深,爱我之切,并世亦无第二人。"[1]

照片上前面坐着的两位,邵明之和陈仪,与鲁迅的交情也很深。许广平说:

> 鲁迅自己就很以有几个意气相投的朋友为慰。……其他如早期资助出版《域外小说集》搞银行事业的蒋抑卮先生、搞渔业的邵明之先生、搞军事政治的陈仪先生,都是各在其职务方面自行工作,但对于鲁迅所作所为,每当晤面,则表同意……[2]

但《鲁迅回忆录》出版时,有关两人的段落被删除了——自然是政治因素在起作用。

邵明之(1877—1942),名文熔,字铭之(鲁迅日记中有时作明之),绍兴陶堰人,早年自费留学日本,先入东京清华预备学校,后往北海道札幌地方工业专门学校攻读土木工程。1903年1月,邵明之与鲁迅、陈仪、许寿裳、经亨颐等二十多名绍兴籍留日同学联名发出《绍兴同乡公函》,号召故乡人民吸纳新知,争取进步。邵明之与鲁迅交往甚密,曾经互取绰号。北海道多熊,邵明之面圆而黑,且多胡须,鲁迅称他"熊爷"[3];鲁迅性格沉静,观察敏锐,见解深刻,语言辛辣,好像快镜似的使外物不能遁形。邵明之听鲁迅谈话,呼为"毒奇"。鲁迅对此雅号微笑首肯。[4]

因为是绍兴同乡,鲁迅曾与邵明之相约,假期结束一起返校。周作人就是跟随鲁迅、邵明之一起去日本留学的。因此,周作人的回

---

[1] 《许寿裳日记》,福州:福建教育出版社2008年版,第50页。
[2] 许广平《鲁迅回忆录》(手稿本),武汉:长江文艺出版社2010年版,第84页。
[3] 周作人《知堂回想录·往日本》,香港:三育图书有限公司1973年版。
[4] 许寿裳《亡友鲁迅印象记·仙台学医》。

忆录中记述了不少趣事。如在日本本乡区汤岛二丁目伏见馆居住时，"忽然的来了新客，……来客非别，乃是蔡谷卿君夫妇；蔡君名元康，是蔡鹤卿即孑民的堂兄弟，经常在《绍兴公报》上面写些文章，笔名国亲，与鲁迅本不熟识，是邵明之所介绍来的。蔡君是新近才结了婚，夫人名郭珊，她的长姊嫁给了陈公猛，即陈公侠的老兄。二姊是傅写臣的夫人，这时同了她的妹子来到日本，要进下田歌子的实践女学校；可是就生了病，须得进病院，而这病乃是怀了孕。她那一方面是由邵明之照料，弄得做翻译的十分狼狈，时常来伏见馆诉说苦况"[1]。可见，绍兴乡亲时常走动，关系相当密切。

邵明之归国后，在浙江都督兼铁路总办汤寿潜手下担任工程师，钱江大桥的一段铁路就是由他设计建造的，后来曾任沪杭甬铁路工程师。1915年创办"华丰盐垦公司"，此后又在苏北东台经营棉业。许广平曾说，邵明之是鲁迅"生死不渝的至友"[2]。国民党中宣部部长邵力子在《鲁迅全集》出版过程中起到一定作用，很重要的原因，是邵力子乃邵明之的本家。在《鲁迅全集》编纂中，邵明之率领家人共同抄录《嵇康集》等，承担了不少繁重的工作。抗战胜利后，邵明之一家迁到上海霞飞坊，与许广平和周建人为邻。

陈仪（1883—1950），幼名毅，改名仪，字公侠，一字公洽，号退素，浙江绍兴人。日本陆军大学毕业，民国陆军二级上将。第二次世界大战结束后，曾任台湾省行政长官兼台湾省警备总司令，后任浙江省省长。陈仪早年接受私塾教育，后就读浙江求是书院。1902年到日本留学，其间参加光复会；日本士官学校第五期毕业生。1909年回国。1911年辛亥革命时参加浙江独立运动。1912年任浙江都督府陆军

---

1 周作人《知堂回想录·徐锡麟事件》。
2 许广平《〈亡友鲁迅印象记〉读后记》，收入《亡友鲁迅印象记》。

部长,兼陆军小学校长。1917年陈仪到日本陆军大学深造期间,受到日本教官的赏识,教官把女儿古月好子嫁给他(好子随陈仪回中国后改名陈月芳)。

陈仪1920年回国经商。1925年孙传芳主政浙江,委任陈仪为浙军第一师师长,后转任第一军司令、浙江省省长。1926年,陈仪投向北伐中的国民革命军,担任第十九路军军长。不久因部队倒戈下台,赴欧洲考察,回国后被蒋介石委以兵工署署长之职,后转任军政部次长。1934年福建事变结束后,调任福建省主席兼绥靖主任,主持福建军政。1935年日本在台湾举行"台湾博览会"。曾经留日多年、熟悉日本情况的陈仪,奉命到台参观。台湾经济社会的发展,与中国大陆多年战乱下停滞不前的状况对比,令陈仪深思。1937年,陈仪主持出版《台湾考察报告》,建议福建学习台湾,发展经济。1943年,美、英、中三国元首举行开罗会议,声明战后将台湾归还中国。1944年4月,国民政府行政院设立"台湾调查委员会",任命陈仪为主任委员。调查委员会对日本对台湾侵占时期的政治、经济、民生、军事等各方面做出颇为详细的调查,写出长达四十余万字的报告书。陈仪随后提出《台湾接管计划纲要》,获政府批准。日本投降后,国民政府于1945年8月29日委任陈仪为台湾省行政长官,后又兼任台湾省警备总司令。10月24日,陈仪在美军将领陪同下从上海飞抵台北,次日陈仪代表同盟国的中华民国政府接受日本帝国台湾总督兼台湾军司令官安藤利吉的投降。

1947年5月11日,陈仪改任国民政府顾问。5月16日,陈仪的长官公署撤销,改为台湾省政府,魏道明任主席。1948年8月6日,经汤恩伯推荐,陈仪被蒋介石委任为浙江省主席。1949年元月,陈仪见局势不利,欲投奔中国共产党,并尝试策反京沪杭警备军总司令汤恩伯投共,汤将此事呈报蒋介石。陈仪在1949年年初被免去浙江省主席职务，并被软禁。1950年4月，陈仪被押解到台湾囚禁。1950年5月，台湾军事法庭判处陈仪死刑，6月18日在台北市马场町执行枪决。

周作人1950年在《亦报》发表的回忆短文中，有三篇写到陈仪。一篇题为《许陈邵蔡》，谈及鲁迅在东京时的交友说："有些完全乡谊关系的朋友，大概可以许季茀、陈公侠、邵明之、蔡谷清为例，其实此外也没有什么人了。"另一篇《陈仪与鲁迅》中说，陈仪"与鲁迅许寿裳等人是老朋友，大概是同办《浙江潮》时期的干部，私交也很不错。……对于公侠，虽是文武不同行，却没有什么隔阂，公侠在成城学校毕业，要进联队学习的时候，曾有一张军装照相，送给鲁迅。背后题曰，'索士兄座右 弟毅拜赠 丙午仲夏'。计时为一九〇六年……"。"索士"是鲁迅当时的别号。第三篇为《陈仪的下场》，也讲到"东京时期生活细节"，如"陈仪与同乡的文科学生却还谈得来，许寿裳等人在公寓临时请客，煨起一只鸡两块火腿来的时候，那带长刀的客总是来的"。[1] "带长刀的客"即当时的士官生陈仪。鲁迅1912年至1930年的日记中，关于陈仪的记载共18处。1914年，陈仪寓居北京细瓦厂期间，跟鲁迅来往比较频繁。1928年2月，鲁迅校录的《唐宋传奇集》上下册由上海北新书局出齐。鲁迅收到样书后，即寄赠给陈仪。1928年陈仪赴德国考察，特意购买了一部莱比锡岛屿出版社出版的《歌德的书信与日记》，赠给鲁迅。现存的鲁迅藏书中有该书上下册，封面有铅笔字"送鲁迅"。

1933年夏，鲁迅的弟子、作家许钦文以"窝藏共党""组织共党"罪被关进位于杭州钱塘门的"军人监狱"。鲁迅致信许寿裳，商请托陈仪设法营救。鲁迅平时遇到不愉快的事，会想起他这位军界老

---

[1]《知堂集外文·〈亦报〉随笔》，岳麓书社1988年版，第224页之《陈仪与鲁迅》，第293页之《陈仪的下场》，第491页之《许陈邵蔡》。

朋友，甚至曾说："不教书了，也不写文章了，到公侠那儿做'营混子'去了！"¹据陈仪的女儿回忆：鲁迅逝世时，陈仪正在福建省主席任上，接到许广平的电报，万分悲痛。他认为，鲁迅的逝世是中华民族的重大损失，因此，他致电蒋介石，提议为鲁迅举行国葬，未被采纳。《鲁迅全集》出版时，陈仪托人购得数套，分送给福建省各图书馆及重点学校，并要求学校选择几篇作为教材，以激励后进。

陈仪一直将《鲁迅全集》放在书橱中的显著位置，不时拿出来翻阅。他被软禁于衢州时还在阅读鲁迅的《阿Q正传》和茅盾的《蚀》等新文学作品。²鲁迅去世之后，陈仪个人捐赠了1000元，又与郁达夫共同募集了554元，共计1554元，托许寿裳汇寄给许广平，作为"鲁迅纪念文学奖金"。³

陈仪有见识、善谋划、敢作为。他在福建主政长达七年，继而主持台湾军政两年，推行改革，一时福建政坛和社会气象一新。

1930年7月13日，许寿裳把他们在东京拍摄的这帧四人合影翻拍赠送鲁迅。鲁迅在日记中详细记载："季市及诗英来，并赠复制卅年前照相一枚，为明之、公侠、季市及我四人，时在东京。"

---

1 曹聚仁《鲁迅评传·他的师友》，香港：新文化出版社1973年版，第311页。
2 陈文瑛《陈仪与鲁迅、郁达夫的交往》，载《鲁迅研究月刊》2010年第6期。
3 许寿裳1937年4月15日致许广平函，《鲁迅研究资料》第14辑。

弘文学院

弘文学院，亦称"宏文学院"，是清末日本专为中国留学生兴办的一所速成学校，创建于1902年，校址在东京牛込区西五轩町三十四番地，校长（也是创办人）是嘉纳治五郎（1860—1938）。

嘉纳担任过日本贵族院议员，东京高等师范学校名誉教授。历任第五高等中学、第一高等中学校长，教育部普通学务局长，东京高等师范学校校长等职。东京高师培养全国的中学教员，其校长则负责全日本的中级教育。嘉纳担任东京高等师范学校校长达26年，在教育界享有很高的声望。甲午战争刚结束，1896年，第一批13名中国公费留学生到达东京，日本外交和教育当局把他们委托给嘉纳治五郎。从此嘉纳负责中国留学生进入日本高等专门学校之前的补习教育。嘉纳在创办弘文学院前曾到中国考察，会见清廷政要。

弘文学院以教授普通科为主，学习日语和一般科学知识，为升入高等专门学校打基础。同时兼设各种速成班，如师范、警务、理化、音乐等。速成班通过翻译进行讲授。该校还为赴日考察或学习教育的中国人开设旁听班。各科的学习年限不同，普通科为二至三年，速成科有六个月、八个月、一年、一年半不等。班次以学生的省籍编排，学生原则上寄宿。

鲁迅是该校第一届56名学生，也是22名寄宿生之一。学生年龄

鲁迅弘文学院毕业照,摄于1904年

从17岁到34岁不等，平均为25岁，虚岁22的周树人被编入普通江南班。学校有一些针对中国学生的规定，如住校学生起床后和就寝前都要行礼、"学生必须尊重本国的国体和本院的体面"、"凡逢孔圣诞辰，晚餐予以敬酒"等。

嘉纳治五郎从小聪慧，但个子矮小，身体虚弱，因而对武术特别有兴趣。在东京帝国大学（现东京大学）读书期间，他拜了几位师傅练习传统柔术，并深入研究如何利用对方的体重与力气，能使小个子把大汉背起来抛出去，也就是"柔能制刚"，并整理出一套规范化的指导方法。毕业后，嘉纳一面开设家塾照顾亲戚朋友的孩子，创立弘文馆传授英语，一面为普及现代柔道而设立讲道馆。现今奥运会项目柔道，就是他创始的。

弘文学院于1902年3月在学院内举办了讲道馆牛込柔道分场，招收清国留学生。鲁迅入学不久就与许寿裳等三十多名留学生报名参加，是牛込分场接纳的第一批门生。[1]

在弘文学院，鲁迅经历了两次学潮。

第一次是因为部分同学不满学校的入学规定而停课一周。当时留日学生越来越多地加入"革命排满"的浪潮。清政府甚感担忧，由驻日公使蔡钧与日本政府议定，对留学生入军事学校加以限制，规定非官费生不得入日本士官学校；日本政府也规定，非由驻日使臣签发证件，中国学生不许入士官学校。在弘文学院学习的自费留学生吴稚晖（1866—1953）等人于7月13日要求公使开具证明，准予入成城学校学习陆军，遭到驻日使馆刁难。吴稚晖、孙揆均率领26名留学生大闹使馆。公使蔡钧邀来日本警察进入使馆驱散学生，并将吴、孙二人拘捕，

---

[1]［日］细野浩二《鲁迅的境界——追溯鲁迅留学日本的经历》，载日本《朝日亚洲评论》1976年冬季号。

随即由日本内务部下令解送回国。留学生会馆为此召开大会，决定各校一律停止上课以待交涉。弘文学院一些自费生也纷纷申请退学。[1]

另一次是52名学生集体退学，对弘文学院的无理举措表示抗议。院方对学生屡次要求改革普通科课程不但拖延不顾，反由教务干事三矢重松、舍监大久保等人出面召集学生，强行颁布了增收学生学习及医药卫生费用的新条例十二则。学生们先派代表向院方提出修改条例的意见，院方坚持不改，并称三日后即须实行，学院规则，他人无权商酌，如有人为此退学"决不强留"云云。学生们忍无可忍，决定集体罢课，52人收拾行李同时退学出院，其中包括张邦华、顾琅、伍崇学、周树人、许寿裳等。校长嘉纳见此情景，致函清国留学生总监，称将改良课程以图挽回。学生于留学生会馆集会，提出改革课程、开办走读、撤去教务干事等项要求。经交涉，院方接受了学生提出的要求，答应改良课程，而且废除新条例。全体学生于4月16日胜利返校。

1904年，鲁迅从弘文学院普通速成科毕业。他获得的毕业文凭上写着："大清国浙江省周树人，从明治三十五年四月至本年四月，在本学院学习日本语及普通速成科毕业，以此作证，明治三十七年四月三十日，大日本弘文学院院长嘉纳治五郎（章）。"

弘文学院毕业照上的鲁迅神情俊朗，精神饱满。弘文学院的两年，让他开阔了眼界，打牢了基础知识。

毕业后的去向，鲁迅早已想好了。按规定，鲁迅应进入东京帝国大学工科所属的采矿冶金科学习。然而，鲁迅决定学医。他后来回忆说："待到在东京的预备学校毕业，我已经决意要学医了，原因之一

---

[1]［日］细野浩二《鲁迅的境界——追溯鲁迅留学日本的经历》，载日本《朝日亚洲评论》1976年冬季号。另据实藤惠秀《中国人留学日本史》第二章"留日学生的革命运动"。

是因为我确知道了新的医学对于日本的维新有很大的助力。"[1] "我的梦很美满,预备卒业回来,救治象我父亲似的被误的病人的疾苦,战争时候便去当军医,一面又促进了国人对于维新的信仰。"[2] 此外,据鲁迅自述,他自幼牙齿不好,在国内试尽中医验方,终归无效,所以想学医是也"挟带些切肤之痛"的。[3]

东京本不乏医学校,但是鲁迅不喜欢留在东京。他的《藤野先生》一文,劈头第一句就是"东京也无非是这样",并不是对东京这座城市不满,而是看不惯群集这里的中国留学生。有的留学生只为了镀金后回国升官发财,不安心读书,却热衷于吃喝玩乐,或在会馆里"咚咚咚"地学跳舞,或关起门来炖牛肉吃。鲁迅对此很反感:"炖牛肉吃在中国就可以,何必路远迢迢,跑到外国来呢?"为了避开这些人,他决定到地处东北的偏僻小城仙台的医学专门学校去学习。

---

[1] 鲁迅《集外集·俄文译本〈阿Q正传〉序及著者自叙传略》。
[2] 鲁迅《呐喊·自序》,《鲁迅全集》第1卷。
[3] 鲁迅《坟·从胡须说到牙齿》,《鲁迅全集》第1卷。参见孙伏园《鲁迅先生二三事》,重庆:作家书屋1942年版。

被遗忘的人

同鲁迅一道到仙台的还有一名中国留学生,名叫施霖。鲁迅同施霖的合影有两张:一张是全体同宿同学合影(见本书第52页);这一张上则只有他们两个人。

鲁迅在《藤野先生》一文中写道:"仙台是一个镇,并不大;冬天冷得利害;还没有中国的学生。"文章不提施霖的原因或有两个:一、鲁迅到仙台比施霖早——实际上他同施霖到达的时间相差不多;二、他有意回避提到这位同宿舍的同乡。这篇文章影响很大,因此在很长一个时期内造成误解,使读者以为那时仙台只有鲁迅一个中国留学生。1977年出版的《鲁迅》照片集收录这张合影时说明文字不但没有提及这位同学,而且还把这张照片说成"1903年摄于日本东京",列为"与东京弘文学院同学合影之一"。[1]

施霖,字雨若,浙江仁和人。1902年官费留日,先入弘文学院,1903年进入正则学校学习,1904年转学到仙台第二高等学校二部工科二年级学习,研习工兵火药。他是进入仙台第二高等学校的第一位中国学生。仙台二高和仙台医专就在一个院子里,大门左右分别挂着两校的牌子。

---

[1]《鲁迅》第3图,北京:文物出版社1977年版。

一 日本　　37

鲁迅与施霖合影，摄于1905年

从实际到达仙台的时间上说，鲁迅早于施霖。但当地报纸却先报道了施霖的消息。1904年7月11日，仙台第二高等学校公布了清国留学生施霖的入学许可。次日当地报纸的报道说：（施霖）浙江省仁和县出生，字雨若，东京正则学校毕业，志愿学习理工科，希望研究"军工火药制造"。

1904年7月14日，仙台医专公布了清国留学生周树人的入学许可。次日，当地报纸《河北新报》第五版的《清国留学生和医学校》报道了（周树人）获得入学许可及其履历、出生地等情况。报道中出现了错误："仙台医学专门学校于九月十一日许可清国留学生周树人入学，周是南京人，曾在南京陆师学堂学习，后毕业于东京弘文学院普通科。"鲁迅来自南京，但却是绍兴人；"南京陆师学堂"正确的名称应为"南京陆师学堂附设矿务铁路学校"；鲁迅在弘文学院读的不是"普通科"，而是"速成普通科"。

1904年9月10日仙台《东北新闻》第七版登载一则消息《医专新入学的中国留学生》，报道鲁迅已到仙台，正在寻找住宿地的情况，并说"周树人操着流畅的日语，是一位愉快的人物"。9月13日，该报第七版又刊登了《清国学生》一则，报道了鲁迅同刚从东京转来仙台第二高等学校的清国留学生施霖的消息，说他们暂时住在片平丁五十四番地的田中宅旅店。报道把周树人的名字误写为"周土付人"。

鲁迅与施霖相识并同租宫川宅，又是浙江同乡，关系应该是密切的。但鲁迅从没有提起过施霖。一个可能的原因是他们本来友好，后来情谊逐渐淡薄。而导致他们的关系疏远的原因，则不得而知。还有人推测说鲁迅不提他，是因为他学习成绩不好，没能通过二年级升班考试而留级。他的升级考试成绩表显示，体操是满分，英语、代数、几何等都不及格。第三年,他的考试成绩仍达不到升班标准。[1] 此后,施霖的姓名就从二高的名簿上消失了。以这样的成绩和结局,若写进文章,不但不能为中国学生增光,反而可能成为"中国人是低能儿"的证明,也许因为这一点,鲁迅对施霖不曾提起。

---

[1] 鲁迅在仙台的记录调查会《鲁迅在仙台的记录·申请入学》,东京:平凡社1978年版。

阿利安人和震旦青年

现存鲁迅最早的信件,是1904年10月8日从仙台写给友人蒋抑卮的。信中报告了他入学以后的一些情况,如住宿饮食、课程安排等。因为来仙台的中国学生数量很少,学校给予鲁迅免收学费的优待。

关于日本同学,鲁迅信中评价道:"惟日本同学来访者颇不寡,此阿利安人亦殊懒与酬对,所聊慰情者,廑我旧友之笔音耳。近数日间,深入彼学生社会间,略一相度,敢决言其思想行为决不居我震旦青年上,惟社交活泼,则彼辈为长。以乐观的思之,黄帝之灵或当不馁欤。"

"阿利安人"(雅利安人)就是所谓优等民族。日本学生因为本国战胜中国,自视优秀,看不起中国人,鲁迅一到日本就有深切的感受。随着与日本同学接触增多,有了比较,他的自信心有所增强。

不少日本同学对鲁迅给予关照。1904年12月间,鲁迅因患重感冒,不能到校上课,班长铃木逸太郎和同学杉村宅郎来公寓看望。据铃木逸太郎回忆:"登上公寓二楼,看到鲁迅一个人盖着日本式的被子躺在那里。他见我们来了,马上端端正正地坐起来,担心地询问讲了什么新课。他一边听我们说一边记下来。"还说:"鲁迅学习一贯严肃认真,笔记记得很整齐,有时用毛笔记笔记。从生活到学习,从来没有松松垮垮的样子,总是整整齐齐、踏踏实实。平日功课很忙,在考试前更是不眠不休地复习功课,有时头上扎上布带子来提精神。"[1]同班学生小林茂雄后来回忆鲁迅当时的情况说:"我记得当时他好似一个体质文弱、不爱讲话、和蔼老实的青年。学习成绩不算太好,居于中等,但作为一个外国人,我想他是付出了很大的努力的。"[2]

鲁迅也努力融入学生群体。当时,学校举行的运动会结束后,各学年师生分别去饭店聚餐,称为选手慰劳会。鲁迅所在的班级曾到东一番丁第一流餐馆"宫古川"(也称都川)聚餐,年级长和其他年级教师也参加了宴会。敷波教授比较受学生们欢迎,而藤野先生在这种场合,总是被人敬而远之的,所以没有出席。当时每人一套菜,只要三角五分钱,由学生自己负担,喝的酒由年级长和副年级长支付。鲁迅在聚餐会上的表现,据同学回忆:"好像相当能喝酒,……虽然喝了很多,但毫未露出醉意。"[3]

鲁迅喜欢观看日本民间传统小戏,有时到"森德座"剧场,花八分钱买站票,站在剧场后面看几幕日本的古装戏"歌舞伎",如《牡丹灯笼》《御岩》等有名的剧目。"森德座"是一座木制二层楼的西式建筑物,门前挂的大旗上写着剧院的名字。班长铃木逸太郎就曾在买站票看戏的观众中看见鲁迅,同学们互相招呼着说:"呀,周君也来了!"[4]当然,与日本同学们的交往中,也出现过不愉快的事情。由于学校考试十分严格,鲁迅所在班有三十人因成绩不及格而不能升级;因此,鲁迅第一学年的成绩,遭到几个日本学生的猜疑。学生会干事检查了鲁迅的讲义,并寄来一封匿名信,污蔑鲁迅之所以能有这样的成绩,是因为藤野先生在讲义上做了记号,让鲁迅预先知道了考试题

---

1 鲁迅在仙台的记录调查会《鲁迅在仙台的记录·第二个公寓——"宫川宅"》。
2 [日]半泽正二郎《鲁迅·藤野先生·仙台》,日本仙台:宝文堂1966年版。
3 鲁迅在仙台的记录调查会《鲁迅在仙台的记录·第一学年》。
4 鲁迅在仙台的记录调查会《鲁迅在仙台的记录·晚翠轩和森德座》。

鲁迅与仙台医专同学合影,摄于1905年。中排右起第三人为鲁迅

一 日本　43

鲁迅与日本同学合影，摄于1905年。左起：大家武夫、三宅、鲁迅、福井胜太郎

目。鲁迅把这事告诉了藤野先生,班长铃木逸太郎也向藤野先生做了汇报。藤野先生气愤地说:"没有那样的事!"[1]有几个和鲁迅熟识的同学也很不平,一起去责问干事托词检查的失礼和胡乱猜疑的无理。这个事件对鲁迅的刺激是强烈的。他后来愤懑地回忆说:"中国是弱国,所以中国人当然是低能儿,分数在六十分以上,便不是自己的能力了;也无怪他们疑惑。"[2]

---

[1] 鲁迅在仙台的记录调查会《鲁迅在仙台的记录·第二学年》。
[2] 鲁迅《朝花夕拾·藤野先生》,《鲁迅全集》第2卷。

解 剖 学

医学科二年级全体同学，为欢送敷波重次郎教授赴德留学，在讲堂前合影留念。

鲁迅在医专一年级时，敷波教授担任年级长，藤野先生任副年级长。一年后，敷波教授到德国深造，年级长改由小高玄教授担任。当时留学是写学位论文的重要条件，没有论文，不能获得学位，就很难有晋升的机会。藤野先生也曾抱有留学德国撰写学位论文的愿望，但未能实现。[1]

这张照片是从鲁迅的同班同学小野丰二郎（后数第二排，右起第四人）家里发现的，照片的背面写着"敷波先生留学之际送别纪念写真"，按在照片上的位置写有130名学生的姓名，下方还写着"明治卅八年十一月六日于仙台医学专门学校摄影"。

鲁迅在《藤野先生》中说，在仙台医专，有两个老师教过他们解剖学，但他只写了藤野，却只字未提敷波：

解剖学是两个教授分任的。最初是骨学。其时进来的是一

---

[1]〔日〕松田章一《曾教过鲁迅的敷波先生——小说〈藤野先生〉中未曾描写的金泽的医学者》，〔日〕三宝政美《另一位解剖学教授敷波重治郎先生记事——兼作松田章一先生所从事调查的介绍》，均载《鲁迅研究月刊》2003年第9期。

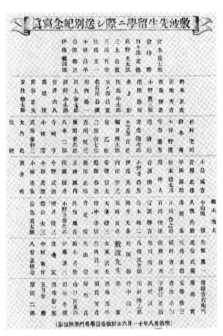

仙台医专医学科二年级全体同学欢送敷波重次郎教授赴德国留学合影,摄于1905年11月6日。第二排正中为敷波教授,第四排右起第五人为鲁迅

一 日本 47

个黑瘦的先生,八字须,戴着眼镜,挟着一叠大大小小的书。一将书放在讲台上,便用了缓慢而很有顿挫的声调,向学生介绍自己道:"我就是叫作藤野严九郎的……"后面有几个人笑起来了。他接着便讲述解剖学在日本发达的历史,那些大大小小的书,便是从最初到现今关于这一门学问的著作。起初有几本是线装的;还有翻刻中国译本的,他们的翻译和研究新的医学,并不比中国早。

藤野先生还担任过解剖实习课,因此与鲁迅接触更多。鲁迅还记得藤野在上这门课期间与他的一次对话:

> 解剖实习了大概一星期,他又叫我去了,很高兴地,仍用了极有抑扬的声调对我说道:"我因为听说中国人是很敬重鬼的,所以很担心,怕你不肯解剖尸体。现在总算放心了,没有这回事。"但他也偶有使我很为难的时候。他听说中国的女人是裹脚的,但不知道详细,所以要问我怎么裹法,足骨变成怎样的畸形,还叹息道,"总要看一看才知道。究竟是怎么一回事呢?"

鲁迅假期到东京,同许寿裳谈到自己学习解剖的经验,说,通过解剖尸体,他切实明白了"胎儿在母体中的如何巧妙,矿工的炭肺如何墨黑,两亲花柳病的贻害于小儿如何残酷"。许寿裳认为,鲁迅学医,"是出于一种尊重生命和爱护生命的宏愿,以便学成之后,能够博施于众"[1]。

鲁迅后来曾对人讲,他在医专学习期间共解剖过二十几具尸体,

---

[1] 许寿裳《亡友鲁迅印象记·仙台学医》。

老年的、壮年的、男的、女的都有。一开始,也曾感到不安,后来就不觉得什么了。不过对于青年的妇人和小孩的尸体,当开始去破坏的时候,常会感到一种可怜不忍的心情。尤其是小孩的尸体,更觉得不好下手,非鼓足勇气,拿不起解剖刀。[1]

鲁迅虽然学习医学不到两年,但所受训练使他获益不浅。最主要的是培养了科学的求真的精神。这种精神,便是在艺术上,也很有用处。他不满于中国绘画不重视人体素描,在提倡新兴版画时,一再叮嘱青年艺术工作者认真学习人体知识。1934年4月9日,他在给魏猛克的信中,谈到自己画的一张鬼相图(收在《朝花夕拾》中)时,说:"我不能画,但学过两年解剖学,画过许多死尸的图,因此略知身体四肢的比例,这回给他加上皮肤,穿上衣服,结果还是死板板的。脸孔的模样,是从戏剧上看来,而此公的脸相,也实在容易画,况且也没有人能说是像或不像。倘是'人',我就不能画了。"[2]

鲁迅的文章简练有力,人或喻为"投枪匕首"。也有人说,他手中拿的笔是解剖刀,解剖社会弊端,发掘人性隐秘。鲁迅创作伊始,就有批评家将他的文字与他的学医经历联系起来,如张定璜说:

> 鲁迅先生站在路旁边,看见我们男男女女在大街上来去,高的矮的,老的小的,肥的瘦的,笑的哭的,一大群在那里蠢动。从我们的眼睛,面貌,举动上,从我们的全身上,他看出我们的冥顽,卑劣,丑恶和饥饿。饥饿!在他面前经过的有一个不是饿得慌的人么?任凭你拉着他的手,给他说你正在救国,或正在向民众去,或正在鼓吹男女平权,或正在提倡人道主义,或正在做

---

[1] 萧红《回忆鲁迅先生》,重庆:生活书店1941年版;又夏丏尊《鲁迅翁杂忆》,载1936年11月《文学》第7卷第5期。
[2] 鲁迅1934年4月9日致魏猛克信,《鲁迅全集》第13卷。

这样做那样,你就说了半天也白费。他不信你。他至少是不理你,至多,从他那枝小烟卷儿的后面他冷静地朝着你的左腹部望你一眼,也懒得告诉你他是学过医的,而且知道你的也是和一般人的一样,胃病鲁迅先生的医学究竟学到了怎样一个境地,曾经进过解剖室没有,我们不得而知,但我们知道他有三个特色,那也是老于手术富于经验的医生的特色,第一个,冷静,第二个,还是冷静,第三个,还是冷静。¹

鲁迅曾自述:"从前年以来,对于我个人的攻击是多极了,每一种刊物上,大抵总要看见'鲁迅'的名字,而作者的口吻,则粗粗一看,大抵好像革命文学家。但我看了几篇,竟逐渐觉得废话太多了,解剖刀既不中腠理,子弹所击之处,也不是致命伤。……我于是想,可供参考的这样的理论,是太少了,所以大家有些胡涂。对于敌人,解剖,咬嚼,现在是在所不免的,不过有一本解剖学,有一本烹饪法,依法办理,则构造味道,总还可以较为清楚,有味。人往往以神话中的Prometheus比革命者,以为窃火给人,虽遭天帝之虐待不悔,其博大坚忍正相同。但我从别国里窃得火来,本意却在煮自己的肉的,以为倘能味道较好,庶几在咬嚼者那一面也得到较多的好处,我也不枉费了身躯:出发点全是个人主义。并且还夹杂着小市民性的奢华,以及慢慢地摸出解剖刀来,反而刺进解剖者的心脏里去的'报复'。"²由此生出"自我解剖"这样一个听起来有些矛盾的说法。但仔细想来,这个比喻生动形象,发人深思:文字工作绝非轻描淡写,而是很沉重甚至是很危险的。

---

1 张定璜《鲁迅先生》,连载于1925年1月24日、31日《现代评论》1卷7期、8期。
2 鲁迅《二心集·"硬译"与"文学的阶级性"》,《鲁迅全集》第4卷。

想象髭

鲁迅在《藤野先生》一文中回忆他在仙台时所受的优待,说:"不但学校不收学费,几个职员还为我的食宿操心。"

鲁迅在仙台留学期间住过两个地方——佐藤屋和宫川宅。关于佐藤屋,鲁迅在《藤野先生》一文中写道:"我先是住在监狱旁边一个客店里的,初冬已经颇冷,蚊子却还多,后来用被盖了全身,用衣服包了头脸,只留两个鼻孔出气。在这呼吸不息的地方,蚊子竟无从插嘴,居然睡安稳了。"这"监狱旁边一个客店"就是佐藤屋,位于广濑川畔崖岸之上,门牌片平丁52号,是一座纯木板建造的日式两层楼,遗址今存,仙台市已经把它作为古迹保护起来,标示为"鲁迅下宿迹"。

佐藤喜东治原是幕府时代的藩士,家藏许多剑刀。鲁迅在他家住宿时,他年已六十岁,身体魁梧,灰白色胡须直垂胸前,热心公益事业,乐于照顾中国留学生。鲁迅离开时,佐藤赠给鲁迅一把"白壳短刀"作纪念。[1]周建人后来回忆:"鲁迅从日本带回两把刀,一把是他自己买的,是尖的短剑,两边的刃都很锋利。中间有血槽,柄是木头

---

[1] [日]竹内实《仙台与短刀——广濑川畔的鲁迅》,见《中日故迹记行》,东京:朝日新闻社1976年版。

一 日本　　53

鲁迅与同住在"宫川宅"公寓的五名住宿学生在仙台东一番丁照相馆合影，摄于1905年秋。前排右起：三宅、矶部浩策、吉田林十郎、施霖；后排右起：大家武夫、鲁迅

的，很讲究；还有一把刀是一位老武士给的，它的形状是一边有刃，一边没刃，套子很差，是两块小薄板合成的。"周建人听鲁迅说过："这位武士年轻时，常把这刀佩在自己身上，在和敌人搏斗时，拿起刀就杀向敌人，刀套自己就会分成两块破开。"这两把刀，鲁迅回绍兴后送给周建人，周建人到北京后又还给鲁迅。[1]

鲁迅赁居二楼一间面临广濑川的十叠（叠是日本计算房间面积的单位。长二米、宽一米为一叠，十叠相当于二十平方米）大的房间。他和住在公寓的其他几个学生的饮食起居，由房主的夫人照顾，每人每月交费八元。房东除用二楼经营公寓外，还把一楼的一部分房屋租给一个专营宫城监狱中未判决的犯人和探监人伙食的人使用。正因为后面这个情况，鲁迅不久就搬家了："但一位先生却以为这客店也包办囚人的饭食，我住在那里不相宜，几次三番，几次三番地说。我虽然觉得客店兼办囚人的饭食和我不相干，然而好意难却，也只得别寻相宜的住处了。于是搬到别一家，离监狱也很远，可惜每天总要喝难以下咽的芋梗汤。"[2] 鲁迅的新住处是土樋町一五八番地宫川宅。上文所说的"芋梗汤"是一种以大酱和地瓜秧为主料做的菜汤。

这张照片是鲁迅与同住在"宫川宅"公寓的五名住宿学生（大家武夫、三宅、矶部浩策、吉田林十郎和施霖）在东一番丁照相馆的合影，赠给公寓主人宫川信哉留念的。因为宫川要将这个公寓转给别人经营。照片上的六个人均穿学生制服、脱帽。

八年后，照片中的一个人回到仙台拜访房东宫川信哉。宫川想象其中三人拍完照片十年后的样子，为他们添上了胡子。他还在照片的背面写道："明治三十八年×月影，拾年后想象髭，大正二年现在，

---

[1] 周建人《略谈鲁迅》，《鲁迅研究资料》第1辑。
[2] 鲁迅《朝花夕拾·藤野先生》，《鲁迅全集》第2卷。

大家君在美国，周君不明，三宅君在大学小儿科，矶部君在米泽县，吉田君在朝鲜，施君不明。""想象髪"，应该是"想象髭"（髭即胡须）的笔误。

据鲁迅的同学回忆，在此前后，鲁迅曾把自己在弘文学院时拍照的一张身着弘文学院制服、脱帽的照片，赠给同学大家武夫作纪念，背面写着："大家君惠存，周树人持赠，照于癸卯春日日本之东京，即明治三十六年也。"[1]可见在那时的日本，互赠照片蔚然成风。

"大家君"即鲁迅的同班同学大家武夫。仙台医专的文献中有大家武夫的在学证书，登记时间为明治三十八年二月，"住所，土樋町百五十八番地宫川信哉"。"矶部君"是周树人上两年级的医专学生矶部浩策。他在山形县米泽当开业医，以后还与宫川家有交往。"吉田君"很可能是周树人下一年级的吉田林十郎，医专旧文献中有林十郎的入学证书，时间是明治三十八年九月二十日，住所是"土樋町一五八番地，海老名新治郎宅"。海老名正是从宫川先生那里接续经营公寓的人。"三宅君"没有明确记载，当时二高和医专的名簿上没有姓三宅的学生，可能是后来做了养婿而改姓了三宅。[2]"施君"就是二高的中国留学生施霖。宫川信哉对他的孙女小畑美津子说过："我在经营公寓时，曾经有两个中国人住宿过。"[3]

现在，仙台东北大学的校史馆中陈列着宫川的后人捐献的这张"胡须照"。

---

1 鲁迅在仙台的记录调查会《鲁迅在仙台的记录·胡须照片》。
2 鲁迅在仙台的记录调查会《鲁迅在仙台的记录·退学离仙台》。
3 鲁迅在仙台的记录调查会《鲁迅在仙台的记录·胡须照片》。

退　学

鲁迅把自己要离开仙台的决定告诉平时要好的同学杉村宅郎。1906年3月，杉村宅郎和铃木逸太郎、青木今朝雄、山崎喜三等与鲁迅比较接近的年级干部为鲁迅举行话别会，并合影留念。这是一个简单的送别会，大家在一家点心店吃了点心，然后到照相馆拍了纪念照片。青木是入学四年的二年级生、铃木是入学三年的二年级生、杉村是药学科学完后的医学科二年级生、山崎是入学两年的一年级生。他们都留过级，可见医专的考试多么严格。

鲁迅的同学回忆当时的情形说：

> 周君是一个不太显眼的人，人很老实，大家对他都有好感，和同学相处很好，也没有什么特别待遇他。但还是因为他是外国人，交往总不太深，所以对他离仙台究竟是什么原因也不便深问。他本人只说因为各种原因不能长期在这里待了。后来听说由于幻灯事件改变了心情因而离去了。周树人平常沉默寡言，但使人感觉他是一个内心很敏感的人。周树人在照像里站在旁边，可能是还没有决定下来要走，所以站在边上就行了，这大概是出自客气。但在这之后不久就走了，也没有时间在班里开送别会。后

一 日本　57

鲁迅（左一）与仙台医专年级干部合影，摄于1906年3月

来曾和杉村们谈起这事时，那次聚会就像是个送别会了。[1]

鲁迅为什么要放弃学医离开仙台？

他曾自述原因道："第二年添教霉菌学，细菌的形状是全用电影来显示的，一段落已完而还没有到下课的时候，便影几片时事的片子，自然都是日本战胜俄国的情形。但偏有中国人夹在里边：给俄国人做侦探，被日本军捕获，要枪毙了，围着看的也是一群中国人；在讲堂里的还有一个我。'万岁！'他们都拍掌欢呼起来。"[2]这些画面强烈地刺激了鲁迅，"从那一回以后，我便觉得医学并非一件紧要事，凡是愚弱的国民，即使体格如何健全，如何茁壮，也只能做毫无意义的示众的材料和看客，病死多少是不必以为不幸的。所以我们的第一要著，是在改变他们的精神，而善于改变精神的是，我那时以为当然要推文艺，于是想提倡文艺运动了"[3]。

当时，鲁迅所处的环境对他的影响值得注意。《鲁迅在仙台的记录》一书中描述了很多细节，如当时的自然环境、生活状况，特别是大雪造成的饥荒及其对地方经济和民心造成的影响，还有日俄战争日军胜利后的庆祝活动和征兵活动等。鲁迅在仙台时期，市民举行过五次祝捷大会，场面均盛大热烈。而仙台的征兵，并不依靠赤裸裸的权力压迫，而是在城乡各个角落自发自愿地举行，洋溢着忠君爱国热情。鲁迅后来在很多场合对日本国民性表示了相当的好感，与这个时期的见闻不无关系。当然，与此同时，军国主义的狂暴也引起他的厌恶和警惕。

鲁迅在学习中体会到，通过西医改良人种是行不通的，而留学之前就开始的基于现代科学精神的文艺评论、翻译等活动，在促进中国

---

1 鲁迅在仙台的记录调查会《鲁迅在仙台的记录·胡须照片》。
2 鲁迅《朝花夕拾·藤野先生》，《鲁迅全集》第2卷。
3 鲁迅《〈呐喊〉自序》，《鲁迅全集》第1卷。

的近代化方面更为有效。

从少年时代，鲁迅就倾心文艺。日本的鲁迅研究者竹内好认为，鲁迅天生具有文学才能，他对当时的革命活动感到失望，遂转向文学。竹内好认为，不能简单地判断"幻灯事件"使鲁迅改变了志向，走上文学道路。他更强调鲁迅留学日本期间经历的"考试事件"（即被怀疑老师泄露题给他）及弃医从文后创办《新生》杂志失败事件，这些事件使鲁迅在歧视和冷落中感受到羞辱，他在心灵的创伤中度过青年时代，也因此在意识中滋生了敏感、自卑和反抗的因子。竹内好认为，鲁迅因此回归了文学。[1]

研究者们一直在寻找鲁迅提到的幻灯片或者类似图片。隗芾的《关于鲁迅弃医学文时所见之画片》[2]，介绍了一张"刊载于日本大正元年（公元1912年）11月2日印制的《满山辽水》画册"里的照片；王保林在《介绍一张与"幻灯事件"有密切关系的照片》[3]一文中推测鲁迅看过的幻灯片是根据这张照片绘制的；日本太田进《关于鲁迅的所谓"幻灯事件"——介绍一张照片》[4]一文中，公布了他收藏的一张类似画面的照片。当时的报纸杂志上的确刊登了不少此类照片。如1905年7月28日《河北新报》上"俄探四名被斩首"的报道，其中有"旁观者照例是男女老幼五千多清国人"的描述。但根据"仙台鲁迅事迹调查会"的报告，鲁迅讲自己看到的那张日本士兵将为俄国间谍带路的中国人砍头的图像，并没有出现在1965年东北大学医学部细菌学教室发现的幻灯片中，因此，当时是否真的放映过此类图像，尚不能确定。

无疑，报纸上的图片也会给鲁迅带来感情上的强烈震动，正不必

---

1 [日]竹内好《鲁迅·思想的形成》，参见李冬木、赵京华、孙歌译《近代的超克》，北京：生活·读书·新知三联书店2005年版。
2 载《社会科学战线》1980年第3期。
3 载《鲁迅研究动态》1987年第9期。
4 载《西北大学学报》1983年第4期。

非看幻灯片不可。"幻灯事件"有两种可能,一种是鲁迅对事实进行了艺术加工,将从报纸或者杂志上看到的图片说成是教室里看到的幻灯片;一种是鲁迅的确看了幻灯片,而幻灯片迄今尚未找到。

鲁迅离开仙台的原因还不止于此。小说家太宰治说:"鲁迅喜欢大城市生活,对偏僻的仙台的生活产生了不满。"他在小说《惜别》中通过鲁迅之口,把仙台描绘成"不足东京十分之一的窄小城市,无意义地模仿着都市模样的小镇"[1],这与鲁迅在《藤野先生》中自述"把自己的名字列于乡间的一个医学专门学校"是一致的。作者进一步推断,鲁迅假期中返回东京,是因为他无法忘却在媒体城市获得的快感与亢奋,他最终中断了医学课程,也是因为无法抗拒作为都市东京最新潮流之文学的吸引力。鲁迅从绍兴到南京,又到东京,已经习惯了大城市的大信息量生活。从日本回国后再次从绍兴到南京、北京,后来又从厦门、广州到上海的事实,也验证了他的广博知识和丰富思想对都市生活的需要。

泉彪之助在《藤野教授与鲁迅的医学笔记》[2]一文中提出这样一种意见:藤野先生的教学水平不高,没能把日本的近代学术思想全部传授给鲁迅。而鲁迅想要得到的,不只是知识的灌输,而且是欧洲意义上的近代学术思想和科学精神及方法。笔记上修改的主要是些语法修辞问题,而且可能改得有些过分,引起了鲁迅的反感。鲁迅觉得在仙台医专不能掌握科学方法,失望而去。

鲁迅本人对医专的教学方法的确表示过不满。他在给蒋抑卮的信中说:

---

1 [日]太宰治《惜别》,东京:新潮社2004年版。
2 [日]泉彪之助《藤野教授与鲁迅的医学笔记》,载1994年《鲁迅仙台留学90周年纪念国际学术、文化讨论会报告论集》。

校中功课，只求记忆，不须思索，修习未久，脑力顿锢。四年而后，恐如木偶人矣。前曾译《物理新诠》，此书凡八章，皆理论，颇新颖可听。只成其《世界进化论》及《原素周期则》二章，竟中止，不暇握管。而今而后，只能修死学问，不能旁及矣，恨事！恨事！[1]

另据许寿裳回忆，鲁迅决定弃医从文，幻灯片"并不是惟一的刺激"："他学医的动机：（一）恨中医耽误了他的父亲的病。（二）确知日本明治维新是大半发端于西医的事实。以上两点，参阅《呐喊》序文和《朝花夕拾·父亲的病》便知。但是据我所知，除此以外，还对于一件具体的事实起了弘愿，也可以说是一种痴想，就是（三）救济中国女子的小脚，要想解放那些所谓'三寸金莲'，恢复到天足模样。后来，实地经过了人体解剖，悟到已断的筋骨没有法子可想。这样由热望而苦心研究，终至于断念绝望，使他对于缠足女子的同情，比普通人特别来得大，更由绝望而愤怒，痛恨赵宋以后历代摧残女子者无心肝，所以他的著作里写到小脚都是字中含泪的。"[2]

鲁迅在《藤野先生》一文的结尾说，他将藤野先生改正过的医学笔记钉成三厚本珍藏，"将作为永久的纪念"，但不幸在搬家途中丢失。事实上，这些笔记本仍然存在，后来在他的绍兴友人家中发现，现存北京鲁迅博物馆。六本笔记是《脉管学》《有机化学》《五官学》《组织学》《病变学》《解剖学》。其中《有机化学》《五官学》和《病变学》虽然不是藤野先生所讲课程，但笔记本上也有他的修改笔迹。藤野先生批改最多的是他亲自讲授的《脉管学》。

---

[1] 鲁迅1904年10月8日致蒋抑卮信，《鲁迅全集》第11卷。
[2] 许寿裳《鲁迅的生活——在北平大学女子文理学院鲁迅座谈会讲》，载《新苗》1937年1月16日第13期、2月16日第14期。

银行家

照片上这位银行家叫蒋抑卮。

鲁迅与蒋抑卮有三张合影,均由东京江木照相馆拍摄,照片上标有"William's"("江木")外,还有相馆所在地"东京神田"四字。

鲁迅从仙台回到东京后,把学籍列在一所德语学校,平时不去上课,而在家中读书写作。其间,他于1906年夏奉母命回乡与朱安(1878—1947,浙江绍兴人)完婚。这次婚姻得自母亲之命和媒妁之言。他后来对人说:"这是母亲给我的一件礼物,我只能好好地供养她,爱情是我所不知道的。"包办婚姻给鲁迅带来了烦恼和不幸。

新婚后不久,鲁迅就和刚刚考取官费留学的二弟作人一起到了东京,开始了文学活动。

他们一开始打算办一种杂志,取名《新生》,封面图案选用英国画家华慈(G. F. Watts,1887—1904)的一幅油画《希望》。然而《新生》流产了。主要原因是缺少资本。

于是,他们只好从事翻译、写作,给别的杂志投稿。

就在这时,他们接待了两个客人,是鲁迅几年前认识的杭州绸缎商人蒋抑卮夫妇。浙江籍留学生发起成立浙江同乡会、计划出版刊物

《浙江潮》时，蒋抑卮捐助了100元。[1]

鲁迅向仙台医学专门学校递交的入学志愿书和学业履历书上，"周树人"名后均由蒋抑卮代章。鲁迅到仙台后不久就写信给蒋抑卮，报告自己的生活学习情况。

蒋抑卮，本名鸿林，谱名玉林，以字行，1875年6月17日生于杭州。其父蒋海筹，名廷桂，从事丝绸买卖，精明能干，从丝织童工干起，成为杭州蒋广昌绸庄老板，业务发展迅速，占据杭州丝绸业的半壁江山。1876年蒋家又在上海开设广昌隆绸庄。蒋抑卮是家里的次子，小时应童子试，补钱塘县生员，但他对科举八股没有兴趣，厌恶应酬往来，却喜欢文字训诂之学。他钻研过章太炎的《文始》，对汉字的源流、读音变迁等颇有心得。甲午战争及庚子八国联军占领北京后《辛丑条约》的签订对青年蒋抑卮刺激很大，他于1902年10月东渡日本，先入武备学堂，后因体弱，改学经济，初通金融之道，为日后成为银行家储备了知识。

因为长兄去世较早，蒋抑卮只好继承父业，经营自家绸庄。光绪末年，受实业救国思潮影响，他参与创办浙江兴业银行，出任银行常务董事，一干三十余年，把浙江兴业银行办成国内首屈一指的私营银行。

蒋抑卮为治耳病来东京，因为一时找不到房子，夫妻二人又不懂日语，所以必须住在离朋友较近的地方。鲁迅就把自己的宿舍让出来给他们住，自己则与二弟和许寿裳挤在一起。蒋抑卮治病，由鲁迅担任翻译。可是不幸，开刀的医生虽然是有名的专家，手术却引发了丹毒，导致蒋抑卮高烧说胡话，一时情形相当危险。蒋抑卮后来对鲁迅等人说：日本人这是嫉妒中国有他这样的人，所以叫医生谋害他

---

[1] 载《浙江潮》第1期。

鲁迅、许寿裳（中）和蒋抑卮（右）合影。摄于1909年

局部

呢。[1]——看来他自视甚高。

后来，许寿裳在西片町十号为蒋抑卮找了一个住处。因为两处相距不远，蒋抑卮在去医院治疗之余常来拜访鲁迅，鲁迅也在蒋抑卮出院之后常去探望他。

鲁迅与蒋抑卮在东京结下的友谊终生不渝。1912年5月5日之前的鲁迅日记丢失，无法查证。这一天之后鲁迅的日记里就经常出现这位老朋友。同年9月14日、29日的两则日记中都写着"蒋抑卮来"。当时蒋正在北京筹设浙江兴业银行北京分行。1914年北京分行成立，1915年天津分行成立，蒋抑卮便频繁往来于京津沪之间。从1912年4月至1926年9月十余年间，鲁迅在日记中写下与蒋抑卮在北京来往的信息计39条（日记总共写下与蒋抑卮有关的信息42条）。尤其在1915至1919年间记录"蒋抑卮来"达19次，其中"夜""晚"蒋到鲁迅住处有12次之多。日记还记载了鲁迅致蒋抑卮信或留笺6件、蒋致鲁迅函5件，可惜均已不存。1915年1月21日，鲁迅送蒋抑卮《百喻经》和《炭画》各一册；当蒋抑卮得知鲁迅正在校勘《嵇康集》时，于1915年6月5日将自藏抄文澜阁本《嵇中散集》一部二册托人送给鲁迅，同年7月15日又托同事把自己珍藏的明刻《嵇中散集》一卷带给鲁迅；1917年1月5日鲁迅去兴业银行北京分行拜访，蒋抑卮赠以唐《杜山感兄弟造像》拓本。鲁迅于1927年10月3日到上海定居。安顿甫就，就于10月11日冒雨去兴业银行拜访蒋抑卮，不巧，蒋已去汉口分行，未能相见。两人之间的交情之深，于此可见一斑。

1930年以后，蒋抑卮胃病缠身，常住杭州莫干山疗养，与鲁迅交往不多。

---

[1] 周作人《知堂回想录·蒋抑卮》。

1936年10月19日鲁迅先生病逝，蒋抑卮委派儿子代他去上海万国殡仪馆吊唁。

1937年年底，胡愈之、郑振铎等以"复社"名义出版《鲁迅全集》，蒋抑卮出资捐助。全集于1938年8月问世后，"复社"将箱装蔡元培先生题字的20卷纪念版《鲁迅全集》（编号为"第七九号"）赠送给蒋抑卮。

"拨伊铜钿!"

1909年2月,鲁迅与周作人拟将合译的外国短篇小说——多为俄国和东欧的作品——结集出版,却苦于没有资金。鲁迅说:"我们在日本留学时候,有一种茫漠的希望:以为文艺是可以转移性情,改造社会的。因为这意见,便自然而然的想到介绍外国新文学这一件事。但做这事业,一要学问,二要同志,三要工夫,四要资本,五要读者。第五样逆料不得,上四样在我们却几乎全无:于是又自然而然的只能小本经营,姑且尝试,这结果便是译印《域外小说集》。"[1]

鲁迅这么叙述该书的出版过程:"当初的计划,是筹办了连印两册的资本,待到卖回本钱,再印第三第四,以至第×册的。如此继续下去,积少成多,也可以约略绍介了各国名家的著作了。于是准备清楚,在一九〇九年的二月,印出第一册,到六月间,又印出第二册。寄售的地方,是上海和东京。"[2]版权页显示,上海寄售处就设在蒋抑卮开的绸缎庄里。

但鲁迅在回忆中竟没有提到蒋抑卮的名字,还说什么"小本经营",似乎是他们几个文学青年自己筹钱印刷的。若不是周作人后来

---

[1] 鲁迅《域外小说集·序》,《鲁迅全集》第10卷。
[2] 同上。

撰写回忆录,人们还不知道有蒋抑卮这位赞助商。

实际情况是,蒋抑卮听到两位朋友出版翻译小说的计划,大为赞成,愿意出资帮助。于是,让兄弟俩愁眉不展的出版项目,骤然在几天内决定了。周作人在回忆录里感激地说:"这里他垫出了印刷费二百元之谱,印出了两册小说集,不能不说是很有意义的事情。"[1]

蒋抑卮有一个绰号"拨伊铜钿",是鲁迅给他起的。这是绍兴话"给他钱"的意思。据周作人说,蒋抑卮"有一句口头禅,凡遇见稍有窒碍的事,常说:只要'拨伊铜钿'就行了吧。"[2]

《域外小说集》第一集印了1000册,第二集只印了500册,销路不佳。鲁迅说:"半年过去了,先在就近的东京寄售处结了帐。计第一册卖去了二十一本,第二册是二十本,以后可再也没有人买了。那第一册何以多卖一本呢?就因为有一位极熟的友人,怕寄售处不遵定价,额外需索,所以亲去试验一回,果然划一不二,就放了心,第二本不再试验了——但由此看来,足见那二十位读者,是有出必看,没有一人中止的,我们至今很感谢。至于上海,是至今还没有详细知道。听说也不过卖出了二十册上下,以后再没有人买了。于是第三册只好停板,已成的书,便都堆在上海寄售处堆货的屋子里。过了四五年,这寄售处不幸被了火,我们的书和纸板,都连同化成灰烬;我们这过去的梦幻似的无用的劳力,在中国也就完全消灭了。"[3]这一位"极熟的友人"是许寿裳。

鲁迅已经写好了《域外小说集》第三集的目录,也发布了广告,但前两册卖不出去,就不好意思再请蒋抑卮"拨铜钿"了。

---

[1] 周作人《知堂回想录·蒋抑卮》。
[2] 同上。
[3] 鲁迅《域外小说集·序》,《鲁迅全集》第10卷。

鲁迅、许寿裳（前排右一）、蒋抑卮（前排中坐者）等合影，摄于1909年。蒋抑卮听说鲁迅和周作人翻译外国小说，计划出版《域外小说集》而缺少资金，爽快地答应给予资助，使该书得以出版两集

一 日 本　71

（局部）

文术新宗

鲁迅与周作人合译的《域外小说集》第一集由东京神田印刷所印刷，东京群益书店和上海广兴隆绸缎庄发行，署名为"会稽周氏兄弟纂译"。封面由鲁迅设计，陈师曾篆写书名。

鲁迅那时对他们兄弟俩的翻译颇为自信："《域外小说集》为书，词致朴讷，不足方近世名人译本。特收录至审慎，移译亦期弗失文情。异域文术新宗，自此始入华土。使有士卓特，不为常俗所囿，必将犁然有当于心，按邦国时期，籀读其心声，以相度神思之所在。则此虽大涛之微沤欤，而性解思惟，实寓于此。中国译界，亦由是无迟暮之感矣。"虽然稍稍谦虚地说不能和当代著名翻译家如林纾、严复等相比，但内心里却并不服气，因为接着就标榜自己的译作是一本具有开拓性，引入了"异域文术新宗"，打破了翻译界的"迟暮"的书。他还在上海《时报》上发表为《域外小说集》第一集所写的广告，继续发挥道："是集所录率皆近世名家短篇。结构缜密，情思幽眇。各国竞先选译，斐然为文学之新宗，我国独阙如焉。因慎为译述，绅意以期于信，译辞以求其达。先成第一册，凡波兰一篇，美一篇，俄五篇。新纪文潮，灌注华夏，此其滥觞也！至若装订新异，纸张精致，

一 日本

鲁迅、许寿裳与蒋抑卮夫妇等合影,摄于1909年。这是鲁迅现存唯一穿和服的照片。照片最左侧是许寿裳,躺在病床上的是蒋抑卮,旁边是他的夫人和日本医生、护士

(局部)

亦近日小说所未睹也。"[1]"装订新异",指的是毛边不切。

但十几年后,鲁迅在为重印本写的序言中,就不这么吹嘘了,而自谦道:"我看这书的译文,不但句子生硬,'诘诎聱牙',而且也有极不行的地方,委实配不上再印。《域外小说集》初出的时候,见过的人,往往摇头说,'以为他才开头,却已完了!'那时短篇小说还很少,读书人看惯了一二百回的章回体,所以短篇便等于无物。"[2]中国读者不习惯阅读短篇小说是一个原因,而更重要的原因是他们的译文中多用古奥的字眼,文笔不顺畅,艰涩难读。

《域外小说集》第一集收录了鲁迅所译俄国作家安特来夫的两篇小说《谩》和《默》及他所写的《序言》《略例》《杂识》中的"安特来夫"一则和"迦尔洵"一则的第一段文字。

《域外小说集》第一集出版后不久,东京的《日本及日本人》杂志第508期就对这本书做了介绍:"在日本等地,欧洲小说是大量被人们购买的。中国人好像并不受此影响,但在青年中还是常常有人在读着。住在本乡的周某,年近二十五六岁的中国人兄弟俩,大量的阅读英、德两国语言的欧洲作品。而且他们计划在东京完成一本名叫《域外小说集》、约卖三十钱的书,寄回本国出售。现已出版了第一册,当然,译文是汉语。一般中国留学生爱读的是俄国的革命虚无主义的作品,其次是德国、波兰那里的作品,单纯的法国作品之类好像不太受欢迎。"[3]

后来,新文化运动兴起,蔡元培重用陈独秀、胡适、钱玄同、周作人等人,遭到文化保守派的猛烈攻击。蔡元培在回答林纾的质疑

---

[1] 鲁迅《域外小说集·序》,《鲁迅全集》第8卷。
[2] 同上。
[3] [日]藤井省三《日本介绍鲁迅文学活动最早的文字》,载1980年3月20日《复旦学报》第2期。

时,就以《域外小说集》为例,说明他所重用的这些人学问根底深厚:"周君所译之《域外小说》,则文笔之古奥,非浅学者所能解。然则公何宽于《水浒》《红楼》之作者,而苛于同时之胡、钱、周诸君耶?"[1]鲁迅在东京期间结识的浙江同乡、曾一同听章太炎讲授文字学的钱玄同指出,这两本小说集是"志在灌输俄罗斯波兰等国之崇高的人道主义,以药我国人卑劣、阴险、自私等等龌龊心理"。他认为周氏兄弟"思想超卓,文章渊懿,取材谨严,翻译忠实,故造句选辞,十分矜慎"。他比较看重鲁迅在翻译中用古字这一点,说鲁迅为使文章更符合汉字的训释,特意向章太炎先生请教,因此,"《域外小说集》不仅文笔雅驯,且多古言古字,与林纾所译之小说绝异"[2]。胡适也曾将《域外小说集》与严复、林纾的译文相比较,认为鲁迅和周作人既有很深的古文功夫,又能直接了解西文,所以《域外小说集》比林译小说好。他与友人制定的中学国文选本教材计划中,第一年要读的就是《域外小说集》和林琴南小说。[3]直到1958年,胡适还在一次讲演中说:"我们那时代一个《新青年》的同事,也姓周,叫做周豫才,他的笔名叫'鲁迅',他在我们那时候,他在《新青年》时代是个健将,是个大将。我们这般人不大十分作创作文学,只有鲁迅喜欢弄创作的东西,他写了许多随感录、杂感录,不过最重要的他写了许多短篇小说。……《域外小说集》翻得实在比林琴南的小说翻得好,是古文翻的小说中最了不得的好。"[4]

---

1 蔡元培《答林琴南书》,载1919年4月1日《公言报》。
2 钱玄同《我对于周豫才君之追忆与略评》,载1936年10月26、27日《世界日报》。
3 《胡适日记》,1921年7月30日,《胡适全集》第29卷,合肥:安徽教育出版社2003年版。
4 胡适《中国文艺复兴运动》,见《胡适演讲集(一)》,台北:远流出版公司1986年版。

东　京

1909年，鲁迅在东京拍摄了一张西服照。当时，日本的日常生活中弥漫西洋风，穿西服比较普遍。鲁迅的好友许寿裳因为家境富裕，能穿相当高级的西服。

1908年4月，鲁迅应许寿裳之邀，由"中越馆"迁居本乡区西片町十番地乙字七号日本著名作家夏目漱石的故居，加上周作人、钱钧甫和朱谋宣，五人合住，因此称之为"伍舍"。他们把庭院收拾得整洁幽美，空地上种了许多花草，其中有日本称作"朝颜"的花，花期很短，但很好看，比起樱花，更能让人想起"花开堪折直须折，莫待无花空折枝"的诗句。

在"伍舍"居住期间，鲁迅经常往各处书店购书，但较少游览，只偶尔去公园欣赏一下樱花。租住"伍舍"，食宿费用均有增加，鲁迅为了弥补经济上的不足，曾经担任书稿校对工作以获得一点微薄的报酬。[1]据周作人回忆，鲁迅平日生活很简朴，自仙台返回东京后就改穿和服，只有单、夹、棉三套布制的和服和一件夹外衣，冬天也只穿短衬裤对付。"他无论往哪里去，都是那一套服色，便帽即打鸟帽，和服系裳，其形很像乡下农民冬天所着的拢裤，脚下穿皮靴。除了这

1　周作人《知堂回想录·域外小说集——新生乙篇》。

一 日本　77

鲁迅在日本，摄于1909年

皮靴之外，他的样子像是一个本地穷学生。"被子只是一垫一盖，冷天、热天都用一条日本式的厚被子。这些衣被都是以前所有，在东京的几年里差不多没有添置什么东西。[1]

鲁迅在吃穿住方面不讲究，但却舍得大量购买外国书刊。凭借这些书刊，他翻译文学作品并撰写文艺论文，用功很猛。据《留学生官报》报道，他曾多次到医院看病并在骏河台红梅町杏云堂医院住院多天。

许寿裳说："可惜好景不常，盛会难再，到冬时，荷池枯了，菊畦残败了，我们的伍舍也不能支持了——因为同住的朱钱两人先退，我明春要去德国，所以只好退租。鲁迅就在西片町，觅得一所小小的赁屋，预备我们三个人暂时同住，我走之后，则他们兄弟二人同住。"[2] 就这样，1909年2月，鲁迅与周作人、许寿裳一起从"伍舍"搬到西片町十番地丙字十九号居住。

鲁迅本来也打算到欧洲学习德文，因为德国介绍外国文学广泛而迅捷，鲁迅所看的东欧俄国文学的译本，不少是德文的。可惜，后来因故未能成行。

1907年12月，河南籍留日学生编辑的《河南》月刊在东京创刊。鲁迅这个时期比较重要的论文大都发表在这个刊物上。其中《文化偏至论》载1908年《河南》月刊第七号，介绍西方19世纪以来以叔本华、施蒂纳、克尔凯郭尔、易卜生、尼采为代表的"尊个性而张精神"的思想，批判了重物质、崇众数的偏向，提出"首在立人"的主张。其中有些段落，显示鲁迅那时思想尚在中土和西洋、激进和保守之间徘徊：

---

[1] 周遐寿《鲁迅的故家·鲁迅在东京》。
[2] 许寿裳《亡友鲁迅印象记·西片町住屋》。

意者文化常进于幽深，人心不安于固定，二十世纪之文明，当必沉邃庄严，至与十九世纪之文明异趣。新生一作，虚伪道消，内部之生活，其将愈深且强欤？精神生活之光耀，将愈兴起而发扬欤？成然以觉，出客观梦幻之世界，而主观与自觉之生活，将由是而益张欤？内部之生活强，则人生之意义亦愈邃，个人尊严之旨趣亦愈明，二十世纪之新精神，殆将立狂风怒浪之间，恃意力以辟生路者也。中国在今，内密既发，四邻竞集而迫拶，情状自不能无所变迁。夫安弱守雌，笃于旧习，固无以争存于天下。第所以匡救之者，谬而失正，则虽日易故常，哭泣叫号之不已，于忧患又何补矣？此所为明哲之士，必洞达世界之大势，权衡校量，去其偏颇，得其神明，施之国中，翕合无间。外之既不后于世界之思潮，内之仍弗失固有之血脉，取今复古，别立新宗，人生意义，致之深邃，则国人之自觉至，个性张，沙聚之邦，由是转为人国。人国既建，乃始雄厉无前，屹然独见于天下，更何有于肤浅凡庸之事物哉？[1]

---

1 鲁迅《坟·文化偏至论》，《鲁迅全集》第1卷。

二 杭州、绍兴

周先生那时虽尚年青,丰采和晚年所见者差不多。衣服是向不讲究的,一件廉价的羽纱——当年叫洋官纱——长衫,从端午前就着起,一直要着到重阳。一年之中,足足有半年看见他着洋官纱,这洋官纱在我记忆里很深……

海 归

1909年4月,许寿裳因赴欧求学不成,离开日本,归国担任浙江两级师范学堂教务长。鲁迅本来也想到德国学习,但遇到经济上的困难。他对许寿裳说:"你回国很好,我也只好回国去,因为起孟将结婚,从此费用增多,我不能不去谋事,庶几有所资助。"[1] 鲁迅归国到浙江两级师范学堂任教的时间是1909年秋季。

鲁迅说的将结婚的"起孟",就是二弟周作人。许寿裳在《关于弟兄》中说:"作人那时在立教大学还未毕业,却已经结了婚,费用不够了,必须由阿哥资助,所以鲁迅只得牺牲了研究,回国来做事。"[2] 1925年,鲁迅在应《阿Q正传》俄译者王希礼之请所写的《著者自叙传略》中说:"因为我的母亲和几个别的人很希望我有经济上的帮助,我便回到中国来;这时我是二十九岁。我一回国,就在浙江杭州的两级师范学堂做化学和生理学教员。""几个别的人"包括周作人与他的妻子羽太信子等。

那么,鲁迅得到这份工作,经济上能有多大补助呢?浙江两级师范学堂"教员薪水为通省冠,而功课最少",如图画教员担任课程

---

[1] 许寿裳《亡友鲁迅印象记·归国在杭州教书》。
[2] 许寿裳《我所认识的鲁迅·关于弟兄》。

二 杭州、绍兴 83

鲁迅,1909年摄于杭州。照片由杭州"二我轩"照相馆拍摄

"不过一星期六点钟,而月薪有七八十金、百二十金"。[1]按照这个标准,鲁迅担负每月寄给周作人的生活费60元不成问题。第二年鲁迅回绍兴任教,每月的薪水减至30多元,入不敷出,特别拮据时需要变卖田产了。

鲁迅在浙江两级师范学堂任初级师范部的化学课程与优级师范部的生理学课程教员,并兼任博物课(动物学、植物学、矿物学)日籍教员铃木珪寿的翻译。当时许多课程聘用日籍教师担任,教师所编讲义既需要翻译,上课时也要有人在旁口译。当时白话文尚未流行,学堂教科书仍用文言文,鲁迅的古文功底深,所译讲义,内容既准确,文采亦可观。夏丏尊称赞道:"以那样的精美的文字来译动物植物的讲义,在现在看来似乎是浪费,可是在三十年前重视文章的时代,是很受欢迎的。"夏丏尊还说,鲁迅"做事常从远处着眼,可是也以认真的态度从小处下手"。如他提倡种树,别人都笑他傻;因为树要十年才长成,那些人却只顾眼前,主张"当一天和尚撞一天钟"。鲁迅说,只要给我当一天和尚,钟我总要撞,而且用力地撞,认真地撞。[2]

鲁迅与许寿裳、夏丏尊等关系融洽。他曾替许寿裳译讲义,绘插图,还曾赠送夏丏尊一部《域外小说集》。当时,夏丏尊刚刚开始阅读小说,平时读的大都是日本作品,虽然读过一些西方小说如小仲马、狄更斯的作品,但多为林琴南所译。周氏兄弟译的《域外小说集》,翻译态度,文章风格,都与他以前读过的不同,让他眼界大开。从此以后,夏丏尊阅读了不少欧美作品的日译本。三十年后,夏丏尊仍对当年在阅读小说方面所受鲁迅的"启蒙"念念不忘。[3]

鲁迅平时喜欢与同事或学生到野外采集植物标本,归来便忙着整

---

1 《杭州某君论师范风潮书》,载《教育杂志》第二年第一期(宣统二年正月初十日)。
2 夏丏尊《鲁迅翁杂忆》,载1936年12月《文学》第7卷第6号。
3 同上。

理，压平、张贴、标名，做得认真细致。现存1910年3月采集植物标本记录一册，写得工工整整。在学堂期间，鲁迅编了《化学讲义》《人生象敩》《生理讲义》等教材。《人生象敩》超过十万字，其附录《生理实验术要略》后经修订，发表于1914年10月4日杭州《教育周报》第55期。讲义图文并茂，详细介绍了人体的构造、成分、各系统的生理机能及个人与公共的卫生常识，并且用意义近似的中国古文字翻译某些西方生物学术语，如将"细胞"译成"幺"，将"纤维"译成"丫"，将"组织"译成"腠"等，在传播新知识方面做了有益的尝试。

鲁迅教课，生动有趣。许寿裳说："鲁迅教书是循循善诱的，所编的讲义简明扼要，为学生所信服。"[1]鲁迅教的两门课程，都用自编讲义。教生理学时，他曾应学生的要求，加讲生殖系统的内容，这在今天不算什么，但当时令全校师生惊讶不已。上课前，鲁迅对学生提出一个要求：在他讲授的时候，不许笑。他认为："在这些时候，'不许笑'是个重要条件。因为讲的人态度是严肃的，如果有人笑，严肃的空气就破坏了。"这次教学效果极佳，别的班的学生因为没有听到，纷纷来向鲁迅要油印的讲义，鲁迅指着剩余的讲义，说："恐怕你们看不懂，要么，就拿去。"[2]

鲁迅为日本教员铃木做翻译，也颇受好评。铃木不发讲义，上课时讲一句，就由鲁迅口译成汉语。绍兴鲁迅纪念馆至今还保存着一本学生根据鲁迅的口译记的植物学讲义，封面写着：铃木先生讲述，周树人先生通译，受业蒋谦笔记。由此可见，鲁迅中、日文基础都是很扎实的。

---

[1] 许寿裳《亡友鲁迅印象记·归国在杭州教书》。
[2] 夏丏尊《鲁迅翁杂忆》，载1936年12月《文学》第7卷第6号。

为了帮助铃木教好植物课,鲁迅常带学生到葛岭、孤山和北高峰一带去采集植物标本。

有一次,在采集标本的途中,学生看到路边一株开着小黄花的植物,就问铃木:"这种花叫什么名称?"铃木答:"一枝黄花。"学生听后以为铃木不懂,哄然大笑。鲁迅很严肃地对学生说:"我们做学问,知就是知,不知就是不知,不能强不知为已知,不论学生或老师都应该这样。你们可以去查查植物大辞典,刚才这种植物属于菊科,有图可以对照,学名是叫'一枝黄花'。"[1]

有时候,学生的恶作剧也使鲁迅烦恼和失望。一次,上化学课讲硫酸,鲁迅反复告诫学生硫酸的腐蚀性强,若是皮肤上沾到一点,就会烧伤,非常危险。但后来在做分组实验时,一个学生还是用竹签蘸了一点硫酸在另外一个学生的后颈上点了一下,这个学生立即用手按住后颈,连声叫痛,鲁迅马上过去给叫痛的学生搽药止痛,同时批评了那个恶作剧的学生。还有一次,做氢气点燃演示实验,鲁迅把烧瓶中的氢气和实验仪器拿进教室时,发现没有带火柴,他对学生们说:"我回去取火柴,你们千万别去碰这个瓶子,瓶子一旦进了空气,再点火就会爆炸的!"当鲁迅拿火柴回到教室,一点火,那氢气瓶"嘭"的炸开了,他手上的血溅满了讲台、点名册和衬衫。他顾不上自己的伤痛,急忙查看坐在前面几排的学生,唯恐伤着他们。但令他惊异的是,学生在他回来之前,已经躲到后排去了。学生的这一行为让鲁迅震惊,他们不都是年幼无知,有些人超过了30岁。[2]鲁迅讲这事的时候,显露出对人性中一些不良因素的怀疑和愤怒。

担任教育学科翻译的夏丏尊与鲁迅共事一年多,对鲁迅当时的生

---

[1] 吴克刚《谈鲁迅先生在浙江两级师范学堂》,见山东师范学院聊城分院编《鲁迅在杭州》,俞芳、金锵访问记录。
[2] 俞芳《我记忆中的鲁迅先生·不是笑话的笑话》,杭州:浙江人民出版社1981年版。

活状态比较了解。1936年10月19日鲁迅在上海逝世,夏丏尊于当年12月写了《鲁迅翁杂忆》一文,谈到鲁迅在两级师范学堂教书时的穿着:

> 周先生那时虽尚年青,丰采和晚年所见者差不多。衣服是向不讲究的,一件廉价的羽纱——当年叫洋官纱——长衫,从端午前就着起,一直要着到重阳。一年之中,足足有半年看见他着洋官纱,这洋官纱在我记忆里很深。

1926年8月29日,鲁迅应厦门大学邀请,从北京到厦门,路过上海。8月30日,郑振铎邀请鲁迅在消闲别墅聚餐,在座的有文学研究会的夏丏尊、刘大白、沈雁冰、胡愈之、朱自清、陈望道、刘勋宇等。夏丏尊看见鲁迅穿的依旧是洋官纱:

> 我对了这二十年不见的老朋友,握手以后,不禁提出"洋官纱"的话来。"依旧是洋官纱吗?"我笑说。"呃,还是洋官纱!"他苦笑着回答我。

夏丏尊在回忆录中介绍了鲁迅在校时的一些生活细节:

> 周先生的吸卷烟是那时已有名的。据我所知,他平日吸的都是廉价卷烟,这几年来,我在内山书店时常碰到他,见他所吸的总是金牌、品海牌一类的卷烟。他在杭州的时候,所吸的记得是强盗牌。那时他晚上总睡得很迟,强盗牌香烟,条头糕,这两件是他每夜必须的粮。服侍他的斋夫叫陈福。陈福对于他的任务,有一件就是每晚摇寝铃以前替他买好强盗牌香烟和条头糕。我每

夜到他那里去闲谈，到摇寝铃的时候，总见陈福拿进强盗牌和条头糕来，星期六的夜里备得更富足。

……………

周先生很严肃，平时是不大露笑容的，他的笑必在诙谐的时候。他对于官吏似乎特别憎恶，常摹拟官场的习气，引人发笑。现在大家知道的"今天天气……哈哈"一类的摹拟谐谑，那时从他口头已常听到。[1]

---

[1] 夏丏尊《鲁迅翁杂忆》，载1936年12月《文学》第7卷第6号。

"木瓜之役"

这张合影想必洗印多张。有一张由照片中一人捐献给博物馆。照片左侧,有捐赠人写的说明:

> 此影摄于一九一〇年冬季。浙江两级师范学堂监督沈钧儒辞职,继任夏震武监督,欲于就职时,行谒圣礼,全体教员认为非时,辞职离校,摄影留念,其事详载于许寿裳所撰《亡友鲁迅印象记》第九节,兹不复赘。

这段话是"文革"后期"批林批孔"运动期间写的,带着明显的时代痕迹。捐赠人将教师们不愿行"谒圣礼"列为罢教的原因,过于简单。不过他最后让读者参考许寿裳所述,算是弥补了不足。照片的捐赠者是杨莘耜(1883—1973,名字也写作莘士或星耜),名乃康,号新时,浙江湖州人,1908年毕业于日本早稻田大学博物科,后担任浙江两级师范学堂生物学教员,兼讲授动物学的日本教师的翻译。1909年被选为浙江省咨议员。民国成立后,与鲁迅共事于教育部,任普通教育司第二科科员,后任视学。1917年任吉林省教育厅长,1921年任安徽省教育厅长,1923年辞职回湖州任教。

1973年,杨莘耜还对这张照片做了如下说明:

"木瓜之役"胜利后合影,摄于1910年1月10日。两级师范学堂监督(校长)夏某思想顽固,妄自尊大,引起教师们反感,称之为"夏木瓜"。许寿裳、鲁迅等发动了驱逐夏某的运动,即所谓"木瓜之役"。相片的背面有中英文说明:浙江杭州柳岸堤畔二我轩照相馆,电话第一百十五号。Artistic Photographer. Negative preserved. Copies can be had at any time by quoting Negative No.

前排左起:丁存中、朱希祖、章嵚、夏铸、王葆初、朱宗侣、张宗祥、鲁迅、余冠澄、张宗绪;后排左起:胡濬济、钱家治、沈瀜、陈树基、张孝曾、杨乃康、关鹏九、范琦、冯祖荀、张邦华、许寿裳、吴敫、徐秉坤、陈景鎏、刘川

> 此故友张冷僧所藏"木瓜之役"照片。与此役者凡二十五人。……辛亥革命后,随蔡孑民先生至北京教育部为周豫才、许季茀、张燮和、张冷僧、钱均夫与我六人。豫才在社会司,季茀在参事室,冷僧在专门司,我与燮和、均夫在普通司。[1]

根据多人——都是罢教教师一派——的回忆,现简略介绍"木瓜之役"的来龙去脉。

浙江两级师范学堂监督(校长)沈钧儒招纳许寿裳、鲁迅等留日学生来校任教,办学宗旨是明确的。他离任后,夏震武就任新监督。夏震武原来职务比较高,到师范学堂任职,自觉很不得志。他不熟悉学校的运作方法,所以与教师们格格不入。到校第一天,他要许寿裳陪同"谒圣",被许寿裳拒绝,先就闹了个不愉快。

夏震武以理学大儒自居,惯常以尊经、尊王自命,对一班新学之徒不以为然。师范学堂有一个惯例,新监督到任,先须拜见各位教师。在教师眼里,监督等同一般官僚,如果话不投机,或者看监督有点外行,往往爱答不理,尖刻一点儿的甚至还要挖苦几句。夏震武到校后,教务长许寿裳拿了一张教师名单去和他接洽见面事宜,他却很不客气地说自己另有指示,许寿裳悻悻而退。随后,他并没有去拜会住校教师,而只派人送张名片了事。教员们很不满。

接下来,他发了一道手谕。内开:一、定某日在礼堂与各教师相见;二、必须各按品级穿戴礼服。这一下子把大家激怒了。首先,要教师在礼堂面见监督,而且要穿礼服,这就等于下属见上司的"庭参";其次,袍褂、大帽之类行头,很多教师没有,即便有,也不很愿意穿。教师中,张协和、夏丏尊有假辫子,许寿裳和鲁迅等连假辫子

---

[1] 张钰《从鲁迅纪念馆里一张照片说起——鲁迅与张宗祥》,《鲁迅研究资料》第15辑。

都没有。因此，以许寿裳为首的教师们认为监督对教师无礼，号召全体教师罢教。1909年12月23日，夏震武致书许寿裳，指责说："足下所以反对监督者有三：一谒圣，二礼堂相见，三验收校具、款项"，责其"离经叛道，非圣侮法""蔑礼""侵权"，"有此三者，已足以辱我师范，而加之以连日开会，相约停课，顿足谩骂，则直顽悖无耻者之所为，我师范学生夙重礼教，必不容一日立于学堂之上矣"，要许寿裳立即辞职。许寿裳一面回信指责夏震武"理学欺人，大言诬实"，一面向前任监督沈钧儒递交辞呈。好多教员主张与许寿裳同进退，鲁迅持之尤力。也有几位教员提出折中调和意见，但鲁迅态度决绝，表示与夏震武水火不容。夏震武及其党羽便用梁山泊人物诨名，称鲁迅为"拼命三郎"、许寿裳为"白衣秀士"、张冷僧是"霹雳火"、许缄甫是"神机军师"。于是，夏丏尊、朱希祖、张宗祥、钱家治、张邦华、冯祖荀、胡濬济、杨莘耜、沈朗斋等十余名住校教员，相继离开学校，搬到黄醋园湖州会馆。学生无课可上，便集合起来向提学使请求恢复上课。夏震武一方，则由几位随他进校的人和几个同乡学生出力奔走，意图分散瓦解罢课教师的力量，都遭到鲁迅等人的回击。政府邀请杭州耆绅挽留罢教教师，教师们拿出聘书往桌上一放，说："我们如再就职，人格何在，即上堂亦难为学生表率，正愁无处辞职，今官厅耆老均在，请即从此告别。"中国教师罢教后，夏震武曾提出由日本教员先行上课，但遭到学生拒绝。夏震武想使出就任前曾要求浙江巡抚增韫特许给他的权力，即"始终坚持，不为浮议所摇，教员反抗则辞教员，学生反抗则黜学生"，更激起学生向浙江提学使请愿的风潮。学潮持续了两个多星期，波及整个浙江教育界，各校教员纷纷声援驱夏。提学使袁嘉谷无可奈何，就劝说夏震武辞职，但夏震武依然坚持，称："兄弟不肯放松，兄弟坚持到底！"袁嘉谷只好单方面地任命浙江高等学堂（其前身为求是书院）监督孙智敏暂代监督一职。

夏震武最终拗不过教师们，辞职了。他发表了《告两浙父老书》，称自己"不能与时俯仰"，并指责支持许寿裳的教员们的言论"诬及先朝，且污蔑先朝宫闱"。有人把这场冲突归因于争夺经济利益，并不准确。夏震武来校任职时，声明"代理三月，不受束修"，辞职后又将二百元薪水"分捐入国债会及教育总会"。他在辛亥革命后，仍束发古装，以遗老自居。因为夏震武的呆板顽固，鲁迅等人便给他起了诨号"木瓜"，而这场风潮也因此得名"木瓜之役"。[1]

"木瓜之役"胜利了，但学校形势并未从此安宁。风潮平息不久，学校大权由翰林徐定超接管。徐定超官僚派头十足，发布文告均署"京畿道监察御史兼浙江两级师范学堂监督"。许寿裳因为顾虑社会舆论认为他发起驱夏风潮意在谋取监督职位，随即辞职赴日，以示清白。鲁迅也回乡担任绍兴府中学堂的教职。

鲁迅在浙江两级师范学堂的任教时间，自1909年9月至1910年7月，共计两学期。

---

[1] 张宗祥《回忆鲁迅先生》，载1956年《东海》创刊号；杨莘耜《六十年间师友的回忆》，《鲁迅研究资料》第5辑。

大禹陵

1910年8月，鲁迅回到家乡，任绍兴府中学堂监学（教务长）兼生理学教员。鲁迅注重学生的课外活动，想方设法增加他们外出游览增长见识的机会。有学生回忆当时远足和实习的情景：

> 我们最高兴的是鲁迅先生带我们去远足或旅行。大家排着队出发，敲着铜鼓，吹着洋号，鲁迅先生总是在前面带队的。他穿着洋服，戴着礼帽，我们觉得先生很神气，也是学校的光荣，我们做学生的也很有面子。……
>
> 鲁迅先生领队，还在肩上背着一只从日本带回来的绿色洋铁标本箱和一把日本式的洋桑剪。沿路看到有些植物，他就用洋桑剪剪了放进标本箱内。那时候做植物标本在我们眼中也是一件新鲜的、奇怪的事，在他以前，绍兴是从没有人做过的。一只标本箱也引起我们的各种推测，以为是药箱，因为他是医生，可能采了药草要做药用的……不知这玩意儿究竟是什么。我曾经问过鲁迅先生，他很幽默地回答我："葫芦里卖药，小孩子不懂的，这是采植物做标本用的。"[1]

---

[1]《吴耕民先生的谈话》，《鲁迅研究资料》第4辑。

二 杭州、绍兴

绍兴府中学堂师生旅行禹陵在百步禁阶上合影留念，摄于1911年早春。左上角胸前戴白花者为鲁迅

鲁迅带学生去远足或旅行的地方，还有兰亭、快阁、宋六陵、柯桥七星岩等。此外，1910年秋，他曾率领绍兴府中学堂学生经过杭州、嘉兴、苏州到南京参观南洋劝业会，历时一周左右。该会展示各地的手工业特产、名胜古迹的模型和古代器物等。

这时的鲁迅虽然保留着一点儿洋派，但渐渐融入乡俗。从服装上就能看出变化。他回忆说："我回中国的第一年在杭州做教员，还可以穿了洋服算是洋鬼子。"[1] 的确，他的同事夏丏尊就说，鲁迅"初到时，仍着学生制服；或穿西装。彼时他摄有照片：西装内着一件雪白的立领衬衣，戴领带，短发短髭，眼神炯炯，英气勃发"。[2] 然而，"第二年回到故乡绍兴中学去做学监，却连洋服也不行了，因为有许多人是认识我的，所以不管如何装束，总不失为'里通外国'的人……"。[3]

他的学生孙伏园回忆说，鲁迅到府中后，头发不常理，约五分长，乱簇簇的一团，留着胡子；有时穿西服，有时穿长袍，长袍多为灰布的：冬天灰棉布，春秋灰布夹袍，初夏灰色大褂；裤子多是西服裤；皮鞋是东方式的，黑色无带，便于穿脱；手中惯常拿着一根手杖，就是《阿Q正传》中"假洋鬼子"拿的"哭丧棒"。而授课或演讲，常讲得出神入化，语言幽默，使人哄笑，自己却不笑；但私人谈话时，他会带着笑讲话，说到高兴时，发出轩朗的笑声，声震屋宇。[4]

鲁迅对学生的管束是严格的。孙伏园在《记顾仲雍》一文中回忆，一些学生为夜间谈话不受干涉而在门柄上系了一条绳索，用来阻止查夜的学监进入寝室：

---

[1] 鲁迅《且介亭杂文·病后杂谈之余》，《鲁迅全集》第6卷。
[2] 夏丏尊《鲁迅翁杂忆》。
[3] 鲁迅《且介亭杂文·病后杂谈之余》，《鲁迅全集》第6卷。
[4] 孙伏园《鲁迅先生二三事》。

这一条绳的计划后来被破获于一个新来的校长。他对于学校的办法与前校长大不相同，功课上使我们有讨论研究问难的完全自由。他是宣统三年革命的时候进来的，那时我们同学的精神也随着革命的潮流洗去了不少的旧染。但他在有一天的晚上检查寝室的时候，却发现了我们的秘密。据第二天掌握牵绳的同学报告，昨晚熄灯时新校长跟在听差的背后，把一条长绳咭咭咕咕的抽完拿走了。这新校长就是今日人人知道的小说家鲁迅先生。[1]

回忆者写这篇文字的时候正在北京工作，深得鲁迅赏识和提携，所以言辞间对鲁迅恭敬有加。而实际情况可能是，学生们对鲁迅的严格管理并不乐意接受，特别对学校管理不善的地方很不满意。鲁迅在绍兴任教时，经过两次学潮。他夹在校长和学生中间，处境尴尬，终致心灰意冷。1910年11月15日他写信给许寿裳说：

五六日前，乃夫因考大哄：盖学生咸谓此次试验，虽有学宪之命，实乃出于杜海生之运动，爰有斯举，心尚可原（杜君太用手段，学生不服，亦非无故）。今已下令全体解散，去其谋主，若协从者，则许复归。计尚有百余人，十八日可以开校。此次荡涤，邪秽略尽，厥后倘有能者治理，可望复兴。学生于仆，尚无间言；顾身为屠伯，为受斥者设身处地思之，不能无恻然。颇拟决去府校，而尚无可之之地也。[2]

---

1 孙伏园《记顾仲雍》，载1924年11月17日《语丝》第7期。
2 鲁迅1910年11月15日致许寿裳信，《鲁迅全集》第11卷。

别出心裁

鲁迅这两张照片摄于1911年，穿的是他自己设计的服装，拍摄地点是日本东京。

1911年10月10日武昌起义的消息传到绍兴后，越社在开元寺集会，鲁迅被推举为大会主席并发表演说。

11月4日，民军占领杭州的消息传到绍兴，绍兴府即宣告光复。当时人心浮动，正如鲁迅在《热风·"来了"》一文中所描写的，"许多男女，纷纷乱逃：城里的逃到乡下，乡下的逃进城里"。小说《怀旧》中对此也有精彩的描绘。

为了安定人心，鲁迅集合部分学生组织了一支"武装演说队"到街头进行宣传。鲁迅的学生孙伏园回忆说：

> 武装演说队将要出发的时候，鲁迅先生曾有一段简单的训话，当时同学中有一位当队长的请问先生："万一有人拦阻便怎样？"鲁迅先生正颜厉色的答复他说："你手上的指挥刀作什么用的？"那时学校用的指挥刀都没有"出口"（开刃），用处虽不在杀人，但当作鞭子用来打人也就够厉害的，结果游行一趟直到回校没有遇着抵抗。这就是通衢张贴"溥仪逃，奕劻被逮"的大新闻，绍兴成立军政府那一天；都督王金发到绍兴还在这

二 杭州、绍兴

鲁迅身穿自己设计的服装（二），摄于1911年

鲁迅身穿自己设计的服装（一），摄于1911年

以后约五天左右。[1]

1911年11月9日,王金发率领光复军进入绍兴。鲁迅与师生到城外迎接。1911年年底,绍兴军政分府都督王金发委任鲁迅为山会初级师范学堂监督(校长)。

鲁迅的朋友、也曾留学日本的范爱农,听说发生了武装起义,戴着农夫式毡帽进城来了。他约鲁迅上街去看光复的绍兴。两人满怀兴奋和希望出门,看到的景象却并不十分可喜:

> 我们便到街上去走了一通,满眼是白旗。然而貌虽如此,内骨子是依旧的,因为还是几个旧乡绅所组织的军政府,什么铁路股东是行政司长,钱店掌柜是军械司长……[2]

老官僚们善于投机,革命党总会有新面貌吧?也不然。王金发进城后自任新成立的绍兴军政分府都督。他原是浙东洪门会党平阳党的首领,由陶成章介绍加入光复会。如今革命成功,他们可以享受胜利果实了。人变化起来是很快的,因此有"摇身一变"的成语。鲁迅讽刺道:"他进来以后,也就被许多闲汉和新进的革命党所包围,大做王都督。在衙门里的人物,穿布衣来的,不上十天也大概换上皮袍子了,天气还并不冷。"[3]

皮袍子,鲁迅当然是不会穿的。他也不主张形式主义地恢复旧式汉族服饰。他后来总结说:辛亥革命时期,有"许多文人,例如属于'南社'的人们,开初大抵是很革命的,但他们抱着一种幻想,以为

---

[1] 孙伏园《鲁迅先生二三事》。
[2] 鲁迅《朝花夕拾·范爱农》,《鲁迅全集》第2卷。
[3] 同上。

只要将满洲人赶出去,便一切都恢复了'汉官威仪',人们都穿大袖的衣服,峨冠博带,大步地在街上走。谁知赶走满清皇帝以后,民国成立,情形却全不同,所以他们便失望,以后有些人甚至成为新的运动的反动者"。[1]

这是多年以后说的话,但当时鲁迅是还抱着希望的。

绍兴军政分府任命鲁迅为绍兴初级师范学校校长,范爱农为监学。孙伏园在《鲁迅先生二三事》一书中回忆说:

> 那时学生欢迎新校长的态度,完全和欢迎新国家的态度一样,那种热烈的情绪在我的回忆中还是清清楚楚的。……
>
> 鲁迅先生有时候也自己代课,代国文教员改文。学生们因为思想上多少得了鲁迅先生的启示,文字也自然开展起来。大概是目的在于增加青年们的勇气吧,我们常常得到夸奖的批语。这时,原绍兴府学堂的学生王文灏等人想办一张报纸对军政分府作舆论监督,请了鲁迅、陈子英、孙德卿为发起人。这就是1912年1月3日创刊的《越铎日报》。这天报纸上刊出了鲁迅写的《〈越铎〉出世辞》,宣示了报纸的宗旨。[2]

鲁迅沐浴在除旧布新的气氛中。十几年后,他在写给许广平的信中回忆说:"说起民元的事来,那时确是光明得多,当时我也在南京教育部,觉得中国将来很有希望。自然,那时恶劣分子固然也有的,然而他总失败。"[3]

鲁迅坚决站在"新"的一边。中华民国政府通令实行公历纪年,

---

[1] 鲁迅《二心集·对于左翼作家联盟的意见》,《鲁迅全集》第4卷。
[2] 孙伏园《鲁迅先生二三事》。
[3] 鲁迅1925年3月31日致许广平信,《鲁迅全集》第11卷。

鲁迅积极响应，当天即召集全校学生，对于阳阴历的区别，及革命政府之所以采取阳历的用意加以说明，并宣布下午放假以表庆祝。[1]但改革是艰难的，直到现在，中国也还是新旧历并用。

服装的改革同样不是容易的事。鲁迅在民国之前，有感于汉人没有民族服装的尴尬处境，很想有所发明。据许寿裳说：鲁迅当时"新置了一件外套，形式很像现今的中山装，这是他个人独出心裁，叫西服裁缝做成的，全集第八册插图，便是这服装的照片"[2]。这里的"全集"是指1938年版的《鲁迅全集》。

在鲁迅博物馆收藏的鲁迅相册中，这张照片（指前页照片）的装帧上有"一九一一年在东京所照"，疑为周作人手迹。这年5月，鲁迅为催促周作人夫妇回国，去日本半个月，在东京"中钵"照相馆拍摄了两张照片。很可能，鲁迅照完相即回国，相片由周作人取出带回。

但鲁迅的服装改革也归于失败。他从杭州到绍兴，又到南京和北京，在共和以后的新国家里，却逐渐脱却西装，改穿袍子和马褂了。他在一篇文章中叙述这个过程道："后来，洋服终于和华人渐渐的反目了，不但袁世凯朝，就定袍子马褂为常礼服，五四运动之后，北京大学要整饬校风，规定制服了，请学生们公议，那议决的也是：袍子和马褂！"[3]

我关心的是照片上这件类似中山装的上衣的去向。奇怪的是，在鲁迅后来的照片中，这件衣服再没有出现过。有一天，翻阅鲁迅文集，忽然有所发现：

> 但那时（指民国成立之初——本书作者注）的所谓文明，却

---

1 孙伏园《第一个阳历元旦》，载1936年元旦出版的《宇宙风》半月刊第8号。
2 许寿裳《亡友鲁迅印象记·日常生活》。
3 鲁迅《南腔北调集·洋服的没落》，《鲁迅全集》第5卷。

确是洋文明,并不是国粹;所谓共和,也是美国法国式的共和,不是周召共和的共和。革命党人也大概竭力想给本族增光,所以兵队倒不大抢掠。南京的土匪兵小有劫掠,黄兴先生便勃然大怒,枪毙了许多,后来因为知道土匪是不怕枪毙而怕枭首的,就从死尸上割下头来,草绳络住了挂在树上。从此也不再有什么变故了,虽然我所住的一个机关的卫兵,当我外出时举枪立正之后,就从窗门洞爬进去取了我的衣服,但究竟手段已经平和得多,也客气得多了。南京是革命政府所在地,当然格外文明。[1]

这件衣服,或许被卫兵取走了。

---

1 鲁迅《坟·杂忆》,《鲁迅全集》第1卷。

鲁迅像传

三 北 京

在蔡元培的关照下,鲁迅由南京临时政府教育部推荐给北京中华民国政府教育部,以备任用。1912年5月5日,鲁迅到达北京。第二天住进宣武门外南半截胡同绍兴县馆。这种会馆,原是各地为本籍进京应考的士子设的公寓,有些在京候补的官员也可以居住……

佥 事

1915年1月5日，中华民国教育部举办新年茶话会，会后摄影。

此时，鲁迅到北京已近三年，教育部总长已不是一直提携他的同乡蔡元培。之所以把这张照片放在拍摄时间比它早的全国儿童艺术展览会闭幕合影之前，是因为这张合影很能说明鲁迅在北京时期的工作性质。他在北京的十四年间，一直是在教育部社会教育司任职。人们熟悉的北京大学讲师、北京女子师范大学教授等身份，其实都是兼职。

鲁迅1912年2月应蔡元培邀请，到中华民国南京临时政府教育部就职。能到全国最高行政机关任职，又与老朋友许寿裳同事，而且，回到了他早年求学的城市，令他心情舒畅。民国初建，人们对国家前途满怀期待。因南北谈判尚未结束，政局不定，教育部事少，鲁迅就利用空闲时间，借江南图书馆的珍本抄校旧籍。

不久，孙中山遵守承诺将临时大总统的职位让给袁世凯，袁世凯拒绝到南京就职，坚持在北京组织政府。于是4月，中华民国临时政府由南京迁往北京。教育部的部员也有所调整。蔡元培担任迎袁专使去北京期间，教育部次长景某乘机安插亲信，排斥异己。鲁迅一向看不惯景某的官僚习气，景某早怀报复之心，遂乘蔡元培北上之机，把鲁迅列入裁减人员名单。蔡元培返回南京，看到这张名单，立即予以

中华民国教育部全体人员合影,摄于1915年1月5日。鲁迅日记:"晴。午前全部人员摄景。下午赴交通银行取公款。"后排左起第三人为鲁迅。鲁迅在部中担任社会教育司第一科科长、佥事,主管图书馆、博物馆、美术馆等事项。北京同生照相馆拍摄,照片上标有"同生 北京廊坊头条"和外文名称"K. J. Thompson/Peking"

制止。[1]在蔡元培的关照下，鲁迅由南京临时政府教育部推荐给北京中华民国政府教育部，以备任用。

1912年5月5日，鲁迅到达北京。第二天住进宣武门外南半截胡同绍兴县馆。这种会馆，原是各地为本籍进京应考的士子设的公寓，有些在京候补的官员也可以居住。多年前，鲁迅的祖父周福清就在这里住过。鲁迅住的房屋叫藤花馆，大约有一段时间无人光顾，上床还不到半小时就有几十只臭虫袭扰，他只好搬到桌子上睡了一夜。第二天请人换了床板才正式安顿下来。

5月10日，鲁迅开始到教育部上班。他担任社会教育司第一科科长，主管图书馆、博物馆、美术馆、音乐会、演艺等事项。8月，又被任命为教育部佥事，后来还被委派参加通俗教育研究会，担任小说股主任。

蔡元培致力于改革旧的官僚制度，教育部风气有所好转。他克勤克俭，率先垂范，每天上午九时上班，下午五时下班，并参照学校的规矩，以摇铃为号，分工任事，行政效率大大提高。当然，教育部新旧杂陈，派别林立，纷争不断。没过多久，党争达到白热化的程度，蔡元培辞去总长职务。鲁迅和许寿裳去看望蔡元培，表示声援。

蔡元培很重视美育，甚至提出了"以美育代宗教"的主张，意在提高国民的精神境界。他知道鲁迅对教育和美术都有经验和心得，希望鲁迅在这方面有所建言和行动。鲁迅在《教育部编纂处月刊》第一册（1913年2月）上发表了《拟播布美术意见书》，向读者介绍一些美术常识，提出了主管机关在这方面应做的工作，包括设立美术馆、奏乐堂、保护古建筑和文物等事项。这些工作，大都属于他所在的社会教育司的职责范围。蔡元培发起"夏期讲演会"，鲁迅担任《美术

---

[1] 许寿裳《亡友鲁迅印象记·入京和北上》。

略论》的演讲。但讲了两次后，就没有人来听了。原因之一是人事变动。许广平说："旧社会因人施政，一个部长的任免，关系到他这个部的一切行动，例如'美育'的提倡，是以蔡元培为首的，所以他当部长就在部内设'夏期讲演会'，要鲁迅讲述《美术略论》。……第三次演讲时，鲁迅如期到会，而'讲员均乞假，听者亦无一人'了。原来七月二日蔡总长第二次辞职的消息已经被众知晓了。"[1]

鲁迅曾被选派为国歌研究会干事。该会定《卿云歌》为国歌，教育部通告全国施行。他曾到天津去考察新剧，到北京先农坛考察公园园址，到国子监及学宫视察古文物情况，主持筹备全国儿童艺术展览会，参与筹建京师图书馆和历史博物馆等，做了很多开拓性工作。

教育部同事中，有很多他的老同学、旧相识，杨莘耜（莘士）是浙江同乡，杭州两级师范学堂同事，两人关系颇为亲近。据杨莘耜回忆，他在任教育部视学期间，每到一地视察，总帮助鲁迅购买碑帖或代拓碑文。辛亥革命后，鲁迅"至教育部社会司做第二科科长（后改第一科——本书作者注）。我在普通司做第二科科员，又同住北京顺治门外南半截胡同，朝夕过从。民二我改任视学，经年外出视察，其时他爱好碑文和木刻。每次出发之前，他必告我，你到某处为我拓某碑文来，如梁武祠石刻（曾见鲁迅所著某种书面上刻有一人乘车一人驭马而行者即此石刻），西安碑林之景教碑，泰山顶上之秦始皇的没字碑下方的帝字，尤喜碑阴文字和碑座所刻人像和花纹之类，我必一一为他搞到"。[2]

陈师曾是鲁迅从南京赴日留学时的同伴，此时也在教育部，两人过从甚密。陈师曾擅长书画、篆刻，曾赠送给鲁迅多幅画作和多枚印

---

[1] 许广平《鲁迅回忆录（手稿本）·北京时期生活、读书》。
[2] 杨莘耜《六十年间师友的回忆》，《鲁迅研究资料》第5辑。

章。有一方印，文曰"俟堂"，是鲁迅请他刻的斋号。许寿裳曾询问"俟堂"的含义，鲁迅回答说："因为陈师曾（衡恪）那时送我一方石章，并问刻作何字，我想了一想，对他说，你叫做槐堂，我就叫俟堂罢。"许寿裳解释其含义道："那时部里的长官某颇想挤掉鲁迅，他就安静地等着，所谓'君子居易以俟命'也。"[1]周作人则说："洪宪发作以前，北京空气恶劣，知识阶级多已预感危险，鲁迅那时自号'俟堂'，本来也就是古人的待死堂的意思，或者要引经传，说出于'君子居易以俟命'亦无不可，实在却没有那样曲折，只是说：'我等着，任凭什么都请来吧。'"[2]

其实，鲁迅取这个斋号有一定的偶然性。揣摩上下文语气，陈师曾说自己的斋号是"槐堂"，鲁迅说的很可能是"柿堂"，因为北京的宅院里多柿树。不过，柿树听起来不如松竹菊梅文雅，就改为"俟"了。在《新青年》上发表文章，署名按编辑的要求必须像一个真名，他就把俟堂颠倒过来叫做"唐俟"。[3]

陈师曾为周氏兄弟刻的印章颇不少，如鲁迅1915年6月14日记："师曾贻小铜印一枚，文曰'周'。"同年9月8日："陈师曾刻收藏印成，文六，曰'会稽周氏收藏'。"1916年4月26日记载："陈师曾赠印一枚，'周树所藏'四字。"周作人说：他也得到一方白文的印章，文曰"周作"，"又另外为刻一方，是朱文'仿砖文'的，很是古拙"。[4]

鲁迅与齐宗颐的关系也较为密切。齐宗颐（1881—1965），字寿山，河北高阳人，早年留学德国。1912年担任教育部社会教育司第三科科员，后改任视学。鲁迅曾和他一同到天津考察新剧。齐寿山家境

---

[1] 许寿裳《亡友鲁迅印象记·笔名鲁迅》。
[2] 周遐寿《鲁迅的故家·俟堂与陈师曾》。
[3] 黄乔生《度尽劫波——周氏三兄弟》，北京：人民出版社2019年版。
[4] 周作人《知堂回想录·自己的工作（四）》。

富裕,平日对鲁迅多有帮助。鲁迅遇到资金方面的困难,总会求助于他。后来鲁迅与二弟作人决裂,搬出八道湾十一号,购置新房需要借贷时,除了许寿裳,就还是找齐寿山。1925年,教育总长章士钊下达免去鲁迅职务的命令,齐寿山与许寿裳共同发出《反对教育总长章士钊之宣言》,声援鲁迅。1926年,齐寿山协助鲁迅翻译《小约翰》一书。鲁迅写道:"到中央公园,径向约定的一个僻静处所,寿山已先到,略一休息,便开手对译《小约翰》。这是一本好书,然而得来却是偶然的事。大约二十年前,我在日本东京的旧书店头买到几十本旧的德文文学杂志,内中有着这书的绍介和作者的评传,因为那时刚译成德文。觉得有趣,便托丸善书店去买来了;想译,没有这力。后来也常常想到,但总为别的事情岔开;直到去年,才决计在暑假中将它译好,并且登出广告去,而不料那一暑假过得比别的时候还艰难。今年又记得起来,翻检一过,疑难之处很不少,还是没有这力。问寿山可肯同译,他答应了,于是开手;并且约定,必须在这暑假期中译完。"[1]

鲁迅的同事中,有多位在学术上颇有造诣。他的两位上司,社会教育司司长夏曾佑和继任的高步瀛都是知名学者。

夏曾佑(1863—1924),字遂卿,一作穗卿,号别士、碎佛,笔名别士,浙江杭县人。清末进士,授礼部主事。甲午战争后参加维新运动,1896年与汪康年、梁启超等人在上海创办《时务报》,宣传"变法图存"。同年年底,在天津与严复等创办《国闻报》,宣传新学,鼓吹变法维新,提倡"诗界革命"和"小说界革命"。民国建立后,担任教育部社会教育司司长,后又担任京师图书馆馆长。梁启超很佩服夏曾佑,曾说:"穗卿是我少年做学问最有力的一位导师。"夏曾佑所著《最新中学中国历史教科书》,虽然只写了自上古至隋朝,但影响

---

[1] 鲁迅《华盖集·马上支日记》,《鲁迅全集》第3卷。

极大。写成的三册,第一册清光绪三十年(1904)初版发行,至光绪三十二年(1906)印了六版;第二、三册于同年初版,宣统元年(1909)发行了五版。1933年,商务印书馆印大学课本,将其列入大学丛书,改名为《中国古代史》。鲁迅对这本书印象很深,评价也高。晚年还时时提到,如对姚克说:"关于秦代的典章文物,我也茫无所知,耳目所及,也未知有专门的学者,倘查书,则夏曾佑之《中国古代史》(商务印书馆出版,价三元)最简明。"[1] 又对唐弢说:"清朝的史书,我没有留心,说不出什么好。大约萧一山的那一种,是说了一个大略的。还有夏曾佑做过一部历史教科书,我年青时看过,觉得还好,现在改名《中国古代史》了,两种皆商务印书[馆]版。"[2]

夏曾佑见识独特,奇绝言论很不少。历史学家陈寅恪曾对人说过,他有一次去请教夏曾佑,老人对他说了这样的话:"你能读外国书,很好;我只能读中国书,都读完了,没得读了。"夏曾佑对乾嘉学派的考证学十分反感,认为中国自汉以后的学问全要不得。据周作人回忆,他到北京后,常听鲁迅与朋友们议论中国历史上妇女受压迫的话题,鲁迅喜欢引用夏曾佑的名言:中国在唐以前,女人是奴隶;唐以后则男子成为奴隶,女子乃是物品了。[3]

高步瀛(1873—1940),字阆仙,河北霸州人。清光绪二十年(1894)举人,桐城派后期古文家吴汝纶的学生,曾任定兴书院山长、保定畿辅大学堂教习。他在教育部历任佥事、编审处主任、社会教育司司长等职。离开教育部后到北京师范大学和女子师范大学任教。高步瀛对古文的义理、考据、辞章都有很深的功底,学问渊博,文章隽秀。在古文选注方面成绩尤为突出,有《吴氏孟子文法读本笺》《国文

---

[1] 鲁迅1934年2月11日致姚克信,《鲁迅全集》第13卷。
[2] 鲁迅1935年4月19日致唐弢信,《鲁迅全集》第13卷。
[3] 周作人《知堂回想录》。

教范笺注》《古今体诗约选笺注》《唐宋文举要》《古今辞类要注》《文选李注义疏》《古文辞类纂笺证》《史记举要笺证》《周秦文举要笺证》《两汉文举要笺证》《魏晋文举要笺证》《汉魏六朝诗举要笺证》《赋学举要笺证》《古文范注》等存世。当时学界有人将他的考据与广东黄节的诗学、桐城吴闿生的古文并称为"中国三绝"。

同僚梅光羲、胡玉缙等也都学有专长。梅光羲（1880—1947），字撷云，江西南昌人。1899年中举，23岁任湖北武备学堂监督。1903年至1907年先后在日本振武学堂学习军事，在早稻田大学学习经济。时任教育部秘书。是中国佛教会和中国佛学会会员。著有《相宗纲要》《相宗纲要续编》《相宗史传略录》《法苑义林章唯识章注》《大乘相宗十胜论》等书。胡玉缙（1859—1940），字绥之，江苏吴县人。时任历史博物馆筹备处处长。曾任学部员外郎、京师大学堂文科教授，著有《四库全书总目提要补正》《许庼学林》《许庼经籍题跋〈古今图书集成〉书后》等书。他们的学术成就对鲁迅治学是一种激励和鼓舞。

曾与鲁迅同桌办公的冀贡泉回忆说，他感到鲁迅"正是所谓'直''谅''多闻'的益友，……人们好几天才有一件公事办。我们两个并不是闲的，没公事办，有私事办。恰好我们两个人都喜欢读书，我们每天对面坐下各读各的书，记得好像他是经常读的一本西文书，他津津有味地看，天天如此。同事们佩服他看书有恒心。总之，他是整天看书，不把时间浪费在闲谈上"。[1]

周作人认为，鲁迅抄古碑的目的是为了掩人耳目，让正谋划恢复帝制的袁世凯的暗探们看了觉得这是老古董，不问政治的。至少一开始是如此。因为当时"北京文官大小一律受到注意，生恐他们反对或表示不服，以此人人设法逃避耳目，大约只要有一种嗜好，重的嫖赌

---

[1] 冀贡泉《我对壮年鲁迅的几点印象》，载1959年12月23日《光明日报》。

蓄妾，轻则玩古董书画，也就多少可以放心，如蔡松坡之于小凤仙，是有名的例。教育部里鲁迅的一班朋友如许寿裳等如何办法，我是不得而知，但他们打马将（麻将——本书作者注）总是在行的，那么即此也可以及格了，鲁迅却连大湖（亦称挖花）都不会，只好假装玩玩古董，又买不起金石品，便限于纸片，收集些石刻拓本来看。单拿拓本来看，也不能敷衍漫长的岁月，又不能有这些钱去每天买一张，于是动手来抄，这样一块汉碑的文字有时候可供半个月的抄写，这是很合算的事。因为这与誊清草稿不同，原本碑大字多，特别汉碑又多断缺漫漶，拓本上一个字若有若无，要左右远近的细看，才能稍微辨别出来，用以消遣时光，是再好也没有的，就只是破费心思也很不少罢了"[1]。他说得有些绝对。躲避迫害，远离尘嚣，当然是钻研学问的一种外在条件，但鲁迅内心对学问的爱好和追求，才是主要的原因。

鲁迅在教育部做了十多年的部员，饱经政局动荡，人事更迭，他说自己"目睹了一打以上总长"。这些总长不是来办教育，而"大抵是来做'当局'的"。因为重在"当局"，所以学校的会计员可以做教育总长，教育总长可以忽而化为内务总长，司法、海军总长可以兼任教育总长。[2]这些领导，从他日记中寥寥数言记下的对他们的印象看，能入鲁迅法眼的不多。例如，听了范源濂总长的演说后，感到"其词甚怪"；对海军总长来兼教育总长的刘冠雄的讲演则是"不知所云"；梁善济次长得到的评语是："山西人，不了了。"有一次，他陪同某位次长会见美国学者，对宾主的谈话内容不感兴趣，归来后在日记中写道："同坐甚倦"。1913年陈振先总长在中央学会选举过程中徇私舞弊，参事钟观光、蒋维乔、汤中、王桐龄等以辞职抗议，引发全体部员辞

---

1 周遐寿《鲁迅的故家·抄碑的目的》。
2 鲁迅《而已集·反漫谈》，《鲁迅全集》第3卷。

职。鲁迅对精于版本、藏书颇富的傅增湘总长也不无微词。他在给许寿裳的信中说:"女官公则厌厌无生意,略无动作。今日赴部,有此公之腹底演说,只闻新年二字,余乃倾听亦不可辨,然仆亦不复深究也。"[1]鲁迅称这个连说话也舍不得大声的总长"女官公",是因为太平天国时有位女状元叫傅善祥,当过东王杨秀清府中女官首领,傅增湘的姓名与其读音相近。

鲁迅对民国初年的政治状况做了这样的反思:"最初的革命是排满,容易做到的,其次的改革是要国民改革自己的坏根性,于是就不肯了。所以此后最要紧的是改革国民性,否则,无论是专制,是共和,是什么什么,招牌虽换,货色照旧,全不行的。"[2]

---

[1] 鲁迅1917年1月4日致许寿裳信,《鲁迅全集》第11卷。
[2] 鲁迅1925年3月31日致许广平信,《鲁迅全集》第11卷。

全国儿童艺术展览会

1914年4至5月间，鲁迅参与组织了全国儿童艺术展览会。

鲁迅归国后一直从事教育工作，对儿童教育非常关心，也颇有心得。到教育部后，除了响应蔡总长的提倡美育，写出纲要性的《拟播布美术意见书》外，还翻译了一些有关儿童教育的文章，如日本高岛平三郎的《儿童观念界之研究》，日本上野阳一的《艺术玩赏之教育》《儿童之好奇心》等。

全国儿童艺术展览会是鲁迅参与组织的大型活动之一。教育部于1912年9月决定次年夏天在北京举办该展览会，并指定鲁迅所在的社会教育司第一科负责。但因"二次革命"爆发，时局动荡，展会延期举行。1913年冬，教育部确定把展览会场设在教育部礼堂，随即开始了筹备工作。鲁迅从11月6日开始与钱稻荪等人一起布展，直到1914年4月才全部完成。

展览会征集到展品数十万件，分"文章、字、画、手工、编织、针黹"六大类。一个月中，观众达一万多人。在展览会期间，鲁迅经常到会场值班，有时连星期天也不休息。

钱稻荪（1887—1966），字介眉，浙江吴兴人。曾留学日本、意大利等国，时任教育部主事，后任视学及京师图书馆分馆馆长。他的回忆提供了这项开拓性工作的一些细节：

全国儿童艺术展览会闭幕式合影,摄于1914年5月20日。鲁迅日记:"下午四时半儿童艺术展览会闭会,会员合摄一影。"后排右起第三人为鲁迅儿童艺术展览会是由鲁迅这一科筹备的,社会教育司主管,具体事务就是鲁迅一个人忙,以教育部的名义主办。以教育部名义在头一年发公函到各省各县去征集展品,这也是一个新工作,都不懂,鲁迅做这工作也是摸索的,首先还得解释什么叫儿童艺术品,因为没有人知道要征集些什么东西。

到布置的时候,我才去帮忙,是在教育部大礼堂展出的,另外还开辟了三间房子做展览室,分成第一、第二展室,展品是些:画,字,玩具,草编制品,刺绣等等,都是儿童的作品。当时也没有人能鉴别一下好坏,所以都摆出来。

展览会的布置也没有经验,摆法是用小学生桌子摆成篆字的"术"字形,上面摆上展品,用绳子拦起来,参观的人顺着路线按字形来回参观,人多,路线也弯弯曲曲,挤来挤去很不好走。

展览会开始时,全部筹备人员都来看摊,观众很踊跃,很多人是抱着好奇心来的,有时中午附近饭铺的伙计穿着白工作服就来了。午饭是轮流去吃,轮流休息看摊,因为中午参观的人多,也很杂乱,结果还是丢了不少的展品。

展览会的管理人员,身上还挂着一个标志,是由青秘阁给做的,用硬纸剪成六角形,上面蒙上一块有颜色的绸子(或缎子),每个角上用黄色写一个篆字,共计六个字:礼、乐、御、书、射、数,名为"六艺"。从这六个字中,可以看到当时一些人还是有些复古思想的。带上这个标志,就表示是这里的工作人员了。[1]

展览会后,5月23日,教育部召开儿童艺术展览会展品审查会,

---

[1] 鲁迅博物馆《访问钱稻孙记录》,《鲁迅研究资料》第4辑。

决定由鲁迅、陈师曾等负责挑选送往巴拿马万国博览会的展品。[1]为庆祝巴拿马运河建成，美国政府决定1915年在旧金山市举行"巴拿马太平洋万国博览会"，邀请中国、古巴、加拿大等十多个国家参加。教育部选出104种125件展品送交巴拿马赛会事务局，在1915年3月9日开馆的中国馆展出。

---

[1] 见《教育部行政纪要》。

京师图书馆

京师图书馆归教育部直接管辖，馆长是江瀚。1913年年初，江瀚离任，教育部拟不再设图书馆馆长一职，而由社会教育司司长夏曾佑兼管图书馆，具体工作就由鲁迅和沈商耆负责。2月17日，鲁迅与沈商耆一起拜访江瀚，商量交接事宜。3月7日，鲁迅和沈商耆再次到京师图书馆。此后，鲁迅对于该馆的迁址和建设做了很多工作。因为馆舍位置偏僻，交通不便，读者较少，加上广化寺房屋破旧、环境潮湿，不宜保存书籍，所以决定另选馆址，同时在城南的前青厂设立分馆。同年6月，分馆正式开馆。10月29日教育部编制明年预算计划，并讨论改组京师图书馆。教育部指派鲁迅等人和图书馆人员一起清理该馆的图书、账目，并负责接收，为图书馆扩充做准备。

教育部为了充实京师图书馆的藏书，不仅从河北、河南、辽宁、吉林、黑龙江、山西、云南等省调来大批官书，还调来承德文津阁《四库全书》，并指定鲁迅等人负责接收事宜。鲁迅1914年1月6日日记记载："遂赴部，议暂储大学校，遂往大学校，待久不至，询以德律风（英文telephone的音译——本书作者注），则云已为内务部员运入文华殿，遂回部。"原来，内务部将图书截留。后经交涉，图书返还图书馆，现在是中国国家图书馆的镇馆之宝。1915年6月，教育部决定在位于方家胡同的前国子监南学旧址设立京师图书馆筹备处，启

京师图书馆新馆开馆纪念合影,摄于1917年1月26日。鲁迅日记:"晴。上午赴京师图书馆开馆式。师曾赠自作画一枚。"第二排左起第五人为鲁迅,第一排左起第五人为蔡元培(时任北京大学校长),第二排左起第四人为社会教育司司长夏曾佑。照片曾刊1917年2月1日《北京日报》

动了京师图书馆改组和迁馆的工作。8月20日,鲁迅到位于方家胡同的京师图书馆筹备处视察。图书馆初建时的藏书有文津阁《四库全书》6144函,敦煌石室唐人写经8000卷,宋元精刊及旧抄本12000册,普通书8000余册。

这次开馆,主办方特别请了前教育总长、时任北京大学校长的蔡元培出席。因为京师图书馆同北京大学(原为京师大学堂)也有一定的联系。有关开办图书馆的管理水平,钱稻荪的回忆录记述较详:

> 清朝时候,就有意搞一个图书馆,叫京师图书馆,与京师大学堂配起来。那时就开始向各地征集书籍,征集到的书籍存在广化寺内。还都是书箱,没有打开过。广化寺就是现在的卫生部。社会教育司成立后的第一件事,就是要筹办一个京师图书馆。当时是江瀚作馆长,经费少,没有地方。后来先在宣武门外前青厂租了一个房子,成立了京师图书馆分馆。这房子很小,地方也小,门、院子都很窄,是一个黑沉沉的四合院。还有一个小后院。总馆当时还没有着落。分馆由当时社会教育司主事关来卿管。关来卿是在浙江官书局工作过多年的老前辈,学问很好,可是对办图书馆不懂。采用的是藏书楼的办法;一张桌子,几把椅子,打开些书箱,把书一摆,没有电灯,没有卡片书目,书名写在木板上挂在那里。职员大概有六七个人,每月经费二百元,通年都没有事可做。我是在关来卿之后兼任分馆主任的。当时我刚从日本回来,什么都不懂,所以就买了些有关图书馆的规章的书,整夜整夜地看。分馆里还有一个乔大壮,是文书。乔大壮是译学馆出身的人,法文、诗词都很好,刻图章也很好。他曾跟许季茀到台湾去工作。许季茀在台湾被害以后,他吓得跑回来,跳河自杀了。分馆里还有宋子佩,是

会计,在当时做会计还有点事做,别的人没有事可做的。[1]

在北京宫门口西三条鲁迅寓所老虎尾巴的西墙上,挂着鲁迅集《离骚》句请乔大壮书写的联语:"望崦嵫而勿迫;恐鹈鴂之先鸣。"

宋子佩,名宋琳,是鲁迅绍兴府中学堂任教时期的学生。

---

[1] 鲁迅博物馆《访问钱稻荪记录》,《鲁迅研究资料》第4辑。

小说股

1916年1月13日，通俗教育研究会会员新年茶话会后合影留念。鲁迅时任该会小说股主任。

通俗教育研究会"以研究通俗教育设施方法，为普通人民灌输常识，培养公德，并启发有关社会教育各事物为宗旨"，于右任、章太炎、黄炎培等38人为发起人，宋教仁、蔡元培、熊希龄等36人为赞成人，于1912年4月18日在上海召开第一次会议。临时政府迁到北京后，该会部分理事和会员也来到北京，并在教育部设立分支机构，由在社会教育司任职的伍博纯主持。通俗教育研究会分小说、戏曲、讲演三股。会址设于京师通俗图书馆内。

在伍博纯的再三劝说下，鲁迅同意加入通俗教育研究会。本来，鲁迅对这个研究会印象不佳，甚至曾在日记中愤愤地写道："此会即在教育部假地设之，虽称中国，实乃吴人所为，那有好事！"[1]

鲁迅被教育总长汤化龙任命为该会小说股主任。小说股成员包括主任、干事、职员共十九人，另外还有五位名誉股员。股员中有教育部的佥事、主事、视学、秘书、办事员、编审员等，也有京师警察厅、北京通俗教育会、北京高等师范学校、法政学校、京汉铁路局总

---

[1] 鲁迅1912年7月30日日记，《鲁迅全集》第15卷。

教育部通俗教育研究会会员合影,摄于1916年1月13日。后排左起第四人为鲁迅。鲁迅日记:"十三日晴。……下午开通俗教育会员新年茶话会,摄景而散。"

管理处等单位的代表。经常出席会议并担任实际工作的是教育部的十五六人。[1]

鲁迅先后主持召开了小说股的十一次会议。这些会议在每星期三下午一时至三时举行。小说股的一项工作是禁止淫邪小说，曾查禁鸳鸯蝴蝶派的《眉语》杂志，认为该杂志提倡"聚钗光鬓影，能及时行乐"的淫乱思想，贻害青年。此外陆续查禁了《金屋梦》《鸳鸯梦》等黄色小说。十几年后，鲁迅在《上海文艺之一瞥》的讲演里还曾提及这种害人的文学："这时新的才子+佳人小说便又流行起来，但佳人已是良家女子了，和才子相悦相恋，分拆不开，柳阴花下，像一对胡蝶，一双鸳鸯一样，但有时因为严亲，或者因为薄命，也竟至于偶见悲剧的结局，不再都成神仙了，——这实在不能不说是一个大进步。到了近来是在制造兼可擦脸的牙粉了的天虚我生先生所编的月刊杂志《眉语》出现的时候，是这鸳鸯胡蝶式文学的极盛时期。后来《眉语》虽遭禁止，势力却并不消退，……"[2] 这种文字，总是禁不胜禁的。

当然，小说股也做褒奖的工作。周瘦鹃翻译的《欧美名家短篇小说丛刊》原名《欧美名家小说丛刊》，1916年3月由中华书局出版，全书分上、中、下三卷，共收欧美14个国家47位作家的50篇小说。鲁迅看到周瘦鹃的翻译，同自己在东京翻译俄国东欧小说的主旨一脉相承，非常高兴。据周作人回忆："因为所译的《欧美小说丛刊》三册中，有一册专收英美法以外各国（指俄、德、意、匈、西、瑞士、瑞典、丹麦、荷兰、塞尔维亚、芬兰等）的作品。出版时，中华书局将书稿呈送教育部审查注册，鲁迅看了大为惊异，认为这是'空谷足音'，带回会馆来，同我合拟了一条称赞的评语，用部的名义发表了

---

[1] 《教育部饬派毕惠康等为本会会员文》，见《通俗教育研究会报告书》，1915年。
[2] 鲁迅《二心集·上海文艺之一瞥》，《鲁迅全集》第4卷。

出去。"[1]通俗教育研究会第四十一次会议议决,给该书颁发乙种褒状。

《评语》中有这样一段:"其中意、西、瑞典、荷兰、塞尔维亚,在中国皆属创见,所选亦多佳作。又每一篇署著者名氏,并附小像略传,用心颇为恳挚,不仅志在娱悦俗人之耳目,足为近来译事之光。……当此淫佚文字充塞坊肆时,得此一书,俾读者知所谓哀情惨情之外,尚有更纯洁之作,则固亦昏夜之微光,鸡群之鸣鹤矣。"[2]

---

[1] 周启明《鲁迅的青年时代·鲁迅与清末文坛》,北京:中国青年出版社1957年版。
[2] 原载《教育公报》第4年第15期"公牍"栏。

校友会

1918年1月13日鲁迅参加北京浙江第五中学同学会举办的茶话会，拍摄合影。浙江省第五中学的前身是绍兴府中学堂。周作人也曾在这所学校任教，因此也出现在照片中。

鲁迅从1912年到北京就一直住在绍兴会馆，日常接触的绍兴人颇不少。1915年来京与他同住的周作人说：

> 绍兴人似乎有点不喜欢"绍兴"这个名称，这个原因不曾深究，但是大约总不出这几个理由。第一是不够古雅，於越起自三代，会稽亦在秦汉，绍兴之名则是南宋才有。第二是小康王南渡偷安，但用吉祥字面做年号，妄意改换地名，这是很可笑的事情。第三是绍兴人满天飞，《越谚》也登载"麻雀豆腐绍兴人"的俗语，谓三者到处皆有，实际是到处被人厌恶，即如在北京这地方绍兴人便不很吃香，因此人多不肯承认是绍兴人，鲁迅便是这样，人家问他籍贯，只答说是浙江。[1]

因此，周作人和鲁迅平时很少参加会馆的集体活动。周作人说：

---

[1] 周作人《知堂回想录·绍兴县馆（一）》。

浙江绍兴中学校旅京同学会合影，摄于1918年1月13日。鲁迅日记："晴。星期休息。午后同二弟至留黎厂德古斋，偶检得《上尊号碑》额并他种专、石杂拓片共六枚，付泉一元。又至北京大学访逷卿，并赴浙江第五中学同学会，有照相、茶话等，六时归寓。"浙江省第五中学的前身是绍兴府中学堂，第三排左起第二人为鲁迅，第四人为周作人

> 从前的山会邑馆里也有一间房间，供奉着先贤牌位，这是馆里边的正厅，名字叫做"仰蕺堂"，一望而知是标榜刘蕺山的了……一年内有春秋两次公祭，我也没有参加过。公祭择星期日举行，在那一天鲁迅总是特别早起，我们在十点钟以前逃往琉璃厂，在几家碑帖店聊天之后，到青云阁吃茶和点心当饭，午后慢慢回来了。那公祭的人们也已散胙回府去，一切都已恢复了以前的寂静了。[1]

这张照片中的鲁迅形象常常被放大，作为北京时期生活的见证，尤其是北京前期，也就是家属来北京团聚之前，因为这个时期鲁迅没有拍摄过一张单人照。鲁迅照片上的神情，和他自述精神状态的几段话契合：

> 这寂寞又一天一天的长大起来，如大毒蛇，缠住了我的灵魂了。然而我虽然自有无端的悲哀，却也并不愤懑，因为这经验使我反省，看见自己了：就是我决不是一个振臂一呼应者云集的英雄。只是我自己的寂寞是不可不驱除的，因为这于我太痛苦。我于是用了种种法，来麻醉自己的灵魂，使我沉入于国民中，使我回到古代去，后来也亲历或旁观过几样更寂寞更悲哀的事，都为我所不愿追怀，甘心使他们和我的脑一同消灭在泥土里的，但我的麻醉法却也似乎已经奏了功，再没有青年时候的慷慨激昂的意思了。[2]

---

1 周作人《知堂回想录·绍兴县馆（一）》。
2 鲁迅《呐喊·自序》，《鲁迅全集》第1卷。

鲁迅这个时期大量搜集拓本，抄录古碑，辑校古籍，消极地说，是在逃避政治迫害；积极地说，是在发掘、保护、整理、研究中国古代文化。现存鲁迅辑校古籍手稿五十余种，辑校石刻手稿近八百种，总计六千余页，三百余万字。此外，他还搜集画像、造像、碑铭、墓志等各类石刻、砖刻拓片四千余种，六千余张，其中多为这个时期所购置。

既然住在会馆，就不可能不同绍兴人打交道。实际上，鲁迅还是参加了一些乡友、校友组织的活动。1913年3月24日，他参加了绍兴同乡在厚德福餐馆的聚会，席间曾谈到麻溪坝事件。据资料记载，麻溪坝在绍兴北部与萧山县交界的林浦镇东南，每当洪水泛滥时就会对坝外的住民构成威胁。自明清以来屡有移坝、改坝的争论。民国后，因为改坝，出现了坝内外民众的不和，进而导致省议会和绍兴议会的纷争。这年3月，一些民众开始自发拆除大坝。12月，农林部决定改坝为桥，次年7月竣工。[1]

鲁迅与绍兴中学的校友们也保持着联系。当他得知第五中学校长朱渭侠喜欢收集碑拓，就以磁州所出墓志六枚相赠。

家乡是逃脱不了的记忆。鲁迅后来在文学作品中浓墨重彩写出绍兴时期的体验和感悟。他的第一篇白话小说虽然场景比较模糊，可以是中国任一地方，但其缘起却与家乡有密切联系。1916年10月30日，他接待了因神经错乱由山西逃来的大姨母之子阮久荪。第二天日记记载："下午久荪病颇恶，至夜愈甚，急延池田医士诊视，付资五元。旋雇车送之入池田医院，并别雇工一人守视。"此后数日，鲁迅多次到医院探视，并为其备足一个月的药品。11月6日，鲁迅请人将他送回绍兴老家。周作人认为，此事为后来鲁迅在《狂人日记》中塑

---

[1] 王念祖《麻溪改坝为桥始末记》，1919年戢社印存。

造"狂人"形象提供了素材：

> 这人……忽然说同事要谋害他，逃来北京躲避，可是没有用。他告诉鲁迅他们怎样的追迹他，住在西河沿客栈里，听见楼上的客深夜橐橐行走，知道是他们的埋伏，赶紧要求换房间，……鲁迅留他住在会馆，清早就来敲窗门，问他为什么这样早，答说今天要去杀了，怎么不早起来，声音十分凄惨。午前带他去看医生，车上看见背枪站岗的巡警，突然出惊，面无人色。据说他那眼神非常可怕，充满了恐怖，阴森森的显出狂人的特色，就是常人临死也没有的。鲁迅给他找妥人护送回乡，这病后来就好了。因为亲自见过"迫害狂"的病人，又加了书本上的知识，所以才能写出这篇来，否则是很不容易下笔的。[1]

阮久荪患病在京期间曾写有两份绝命书，一份给他的母亲，一份给他的姐姐，都谈及他将被迫害致死。[2]这些信被鲁迅留下，成了创作的参考资料。

总起来说，鲁迅身上越文化的成分不少。他的同乡、曾任北京大学校长的蒋梦麟说：

> "刑名钱谷酒，会稽之美。"这是越谚所称道的。刑名讲刑法，钱谷讲民法，统称为绍兴师爷。宋室南渡时把中央的图书律令搬到了绍兴。前清末造，我们在绍兴的大宅子门前常见有"南渡世家"匾额，大概与宋室南渡有关。绍兴人就把南渡的文物

---

[1] 周遐寿《鲁迅小说里的人物·狂人是谁》。
[2] 原件现存北京鲁迅博物馆。

当成了吃饭家伙,享受了七百多年的专利,使全国官署没有一处无绍兴人,所谓"无绍不成衙"。因为熟谙法令律例故知追求事实,辨别是非;亦善于歪曲事实,使是非混淆。因此养成了一种尖锐锋利的目光,精密深刻的头脑,舞文弄墨的习惯,相沿而成一种锋利、深刻、含幽默、好挖苦的士风,便产生了一部《阿Q正传》。[1]

---

[1] 蒋梦麟《谈中国的新文艺运动——为纪念"五四"与文艺节而作》,见《西潮与新潮:蒋梦麟回忆录》,北京:东方出版社2006年版。

爱罗先珂

鲁迅与爱罗先珂的合影一共三张。一张是鲁迅、周作人、爱罗先珂等在北京世界语学会的合影，摄于1922年5月23日。另外两张是1923年4月至7月间鲁迅、周作人与爱罗先珂的合影。

爱罗先珂（1889—1952），诗人、童话作家，出生于乌克兰一户农民家庭，幼年患麻疹导致失明。他曾在莫斯科盲童学校学习，凭借自己的勤奋和音乐天赋，靠弹唱有些积蓄，在国际世界语协会的帮助下，转赴伦敦皇家盲人师范学校学习。25岁离开俄罗斯，先后游历暹罗（泰国）、缅甸、印度、日本等地。

爱罗先珂曾被英国殖民当局视为"革命党"和"德国间谍"。在日本，他在大学旁听时结识了当时日本社会主义组织"晓明社"，后又参加由日本马克思主义者山川均、堺利彦等和无政府主义者大杉荣等发起的日本社会主义同盟，因而遭日本政府驱逐。爱罗先珂原本打算回国担任盲校音乐教师，但从海参崴到赤塔时，由于身份没有查清，被拒绝入境，不得已只好转往哈尔滨，在哈尔滨逗留了一个多月，于1921年10月1日前往上海。一位日本世界语学者致信上海世界语学会负责人胡愈之，介绍爱罗先珂的遭遇，希望中国同仁对这位盲人世界语者予以关照。上海世界语学会热情接待了爱罗先珂。

爱罗先珂曲折的经历和在日本的不幸遭遇，引起了鲁迅的同情和

三 北京　135

鲁迅（右三）、周作人（右一）等与爱罗先珂（右五）合影，摄于1923年4月15日。鲁迅日记："午九山招饮，与爱罗及二弟同往中央饭店，同席又有藤冢、竹田、耀辰、凤举，共八人。"

鲁迅、周作人等与爱罗先珂合影，摄于1923年6月。前排左起：周作人、李××，×××、吴空超；后排左起：鲁迅、柳××、爱罗先珂、陈昆三

关注。在爱罗先珂还没有到中国之前，鲁迅就阅读了他的一些著作，而且着手将其中一些译成中文。为了解决爱罗先珂的生活问题，曾在鲁迅任教的中学学习过的胡愈之写信给鲁迅和周作人，请他们帮忙向北京大学校长蔡元培推荐。于是，爱罗先珂于1922年2月应邀来到北京大学教授世界语和俄国文学，月薪200美元。由于爱罗先珂是盲人，生活不能自理，蔡元培先生便把他托付给鲁迅、周作人照料，因为鲁迅懂日语，周作人则日语、世界语都精通。爱罗先珂被安排在八道湾周宅最后一进的东屋。第二天，周作人陪同爱罗先珂前往北大拜访蔡校长以及沈尹默和马幼渔。此后，爱罗先珂每周日上午在北大马神庙二院讲授世界语，并由周作人代领薪金。周作人几乎成了爱罗先珂的专职秘书、向导、翻译，职任代领薪水、兑换货币、代写书信、记录讲演稿、代发电报、陪同并翻译演讲、陪同出游、饮宴应酬等。爱罗先珂的到来，给北京的世界语运动增添了活力。在北京大学，选修世界语课的学生一时增加到五百余人，同时还开办了业余的世界语班。一些学员如王鲁彦、陈树声、冯省三等后来都成了世界语运动的骨干。

　　胡适应蔡元培的嘱托，也曾为爱罗先珂在北大的讲演担任翻译。他在日记中评论爱罗先珂道："他在英国住了几年，在印度又几年，故英语还可听。他双眼于四岁时都瞎了，现在年约三十。他的诗和短篇小说都不坏。"[1]爱罗先珂在女高师演讲《知识阶级的使命》，胡适也来听讲，并在日记中记录了演讲的内容："他说俄国知识阶级的历史，指出他们的长处在于爱小百姓，在于投身到内地去做平民教育，并不在于提倡革命与暗杀。他痛骂上海的新人，说他们自己有一个主张，却要牺牲他人去实行。"对于这个演讲，胡适评价说："他的演说中有

1《胡适日记》1922年2月27日，见《胡适全集》，合肥：安徽教育出版社2003年版。

很肤浅处,也有很动听处。"[1]

周作人记录的爱罗先珂在北京各校的讲演,有《春天与其力量》《俄国文学在世界上的位置》《女子与其使命》等。周作人说:"讲堂有庙会里的那样拥挤,只有从前胡博士和鲁迅,随后还有冰心女士",爱罗先珂是一个"想象丰富,感情热烈,不愧为诗人兼革命家两重人格"的人物。[2]

鲁迅也抽出时间陪同爱罗先珂演讲和参加社会活动。爱罗先珂一到北京,3月26日,就应邀到俄文法政专门学校讲演。警厅却以其有"危险言论",强行干涉,后经学校外国教员调停、学生强烈要求,演讲才如期进行,鲁迅特意前往陪同。4月2日,两人又一同出席了北大第二平民夜校的游艺会,爱罗先珂演唱了俄国歌曲,由鲁迅口译和解说,歌曲歌颂的是哥萨克农民起义领袖拉辛的故事。4月4日,他们又同去观听白俄歌剧团的演出,归来后鲁迅作散文诗《为"俄国歌剧团"》,叹息中国"没有花,没有诗,没有光,没有热,没有艺术,而且没有趣味,而且至于没有好奇心",甚至说"比沙漠更可怕的人世在这里",这恐怕也是爱罗先珂的感想和意见。周作人回忆说:"鲁迅尤和他熟习,往往长谈至夜半,尝戏评之曰'爱罗君这捣乱派'。因为他热爱自由解放,喜赶热闹,无论有集会,都愿意参加,并且爱听青年们热心的辩论,虽然他是听不懂。"有时两人谈得热烈忘情,导致鲁迅忽视了旁人,例如,世界语者吴克刚就抱怨鲁迅"冷漠"。[3]

1923年1月17日,鲁迅在《晨副》上发表了《看了魏建功君的〈不敢盲从〉以后的几句声明》[4],为爱罗先珂受侮辱而动怒。事情的原

---

[1]《胡适日记》1922年3月3日,见《胡适全集》。
[2] 周作人《泽泻集·爱罗先珂君》,上海:北新书局1927年版。
[3] 吴克刚《忆鲁迅并及爱罗先珂》,载1936年11月5日《中流》第1卷第5期。
[4] 鲁迅《集外集拾遗补编·看了魏建功君的〈不敢盲从〉以后的几句声明》,《鲁迅全集》第8卷。

委是:鲁迅陪同爱罗先珂到北大和"燕京女校"欣赏学生们演出托尔斯泰、莎士比亚的戏剧。爱罗先珂随后写了一篇《观北大学生演剧和燕京女校学生演剧的记》,批评北大学生的表演受旧戏的影响,"模仿优伶",而且因为限制男女同台演戏,不能真正表现人物思想感情。演出者、也是北大实验剧社骨干的魏建功和李开先看了文章后表示不满。魏建功写了《不敢"盲"从》一文,在"观""看"等字上用了引号,讽喻爱罗先珂作为盲人没有资格批评戏剧演出。鲁迅的文章里充满了愤怒,甚至用了"我敢将唾沫吐在生长在旧的道德和新的不道德里,借了新艺术的名而发挥其本来的旧的不道德的少年的脸上"这样的语句。

爱罗先珂住进八道湾之后,八道湾的客人渐渐多了起来:世界语爱好者、无政府主义者纷至沓来,有的客人如日本人近藤、清水等有时也住在八道湾的客房。周作人说:

> 爱罗君寄住在我们家里,两方面都很是随便,觉得没有什么窒碍的地方。我们既不把他做宾客看待,他也很自然的与我们相处:过了几时,不知怎的学会侄儿们的称呼,差不多自居于小孩子的辈分了。我的兄弟的四岁的男孩是一个很顽皮的孩子,他时常和爱罗君玩耍。爱罗君叫他的诨名道,"土步公呀!"他也回叫道,"爱罗金哥君呀!"但爱罗君极不喜欢这个名字,每每叹道,"唉唉,真窘极了!"[1]

尽管爱罗先珂受到了热烈的欢迎和周到的接待,然而他依然感到"寂寞",不断地叹气和诉苦:"寂寞呀,寂寞呀,在沙漠上似的

---

[1] 周作人《泽泻集·爱罗先珂君》。

寂寞呀！"[1]

爱罗先珂在北京住了四个月后，于1922年7月3日启程赴芬兰参加第十四次国际世界语大会的年会，周作人等到车站送行。因为预计9月就要回来，所以爱罗先珂把琵琶、长靴以及被褥都留在中国，没有带走。但过了10月份，爱罗先珂还没有回来。这让居停主人周氏兄弟非常挂念。周作人写道："前几天接到英国达特来夫人寄来的三包书籍，拆开看时乃是七本神智学的杂志名《送光明者》(*The Light-bringer*)，却是用点字印出的：原来是爱罗君在京时所定，但等得寄到的时候，他却已走的无影无踪了。"[2]

历尽艰辛，爱罗先珂于11月4日返回北京。但他不想在这"沙漠"一样的国度里住下去了，于次年4月回国，此后音讯全无。鲁迅在《鸭的喜剧》的结尾，还念叨说："爱罗先珂君还是绝无消息，不知道究竟在那里了。"据荆有麟回忆，当时鲁迅从日本友人那里听到一个消息，说爱罗先珂因为"不赞成共产党的做法，于是不明不白的死掉了"。鲁迅曾对荆有麟说：爱罗先珂"主张用和平建立新世界，却不料俄国还有反动势力在与共产党斗争，共产党当然要用武力消灭敌人，他怎么会赞成呢？结果，他是被作为敌人而悄悄消灭了"。[3]但这只是猜测。周作人1931年2月给翻译过爱罗先珂作品的汪馥泉的信中说："爱罗君死耗似系谣传，去秋日本友人福冈君来北平，说爱罗君现在俄国，专为游览的日本人作向导（想必在莫斯科），虽系间接的消息，大抵可靠。福冈君系爱罗君在日本最要好的友人，但亦云未曾得来信，此盖亦系爱罗君之一种脾气如此也。"[4]1934年12月10日，

---

1 鲁迅《呐喊·鸭的喜剧》，《鲁迅全集》第1卷。
2 周作人《怀爱罗先珂君》，载1922年11月7日《晨报副刊》。
3 荆有麟《鲁迅与世界语》，载1941年10月8日《新蜀报》副刊。
4 周作人1931年2月2日致汪馥泉信，收入孔另境编《现代作家书简》，上海：生活书店1936年版。

鲁迅在给萧军、萧红的信中也提到,"爱罗先珂却没有死,听说是在做翻译,但有人寄信去,却又没有回信来"。

爱罗先珂于1952年在故乡去世。

从1921年7月起,鲁迅先后翻译了爱罗先珂三部童话集《天明前之歌》《最后的叹息》《为人类》中的大部分作品,成为中国最早和最重要的爱罗先珂著作的翻译者。鲁迅在《〈爱罗先珂童话集〉序》中说:"我觉得作者所要叫彻人间的是无所不爱,然而不得所爱的悲哀,而我所展开他来的是童心的,美的,然而有真实性的梦。"鲁迅希望"作者不要出离了这童心的美的梦,而且还要招呼人们进向这梦中,看定了真实的虹,我们不至于是梦游者"。[1] 鲁迅曾经谈到翻译爱罗先珂作品的意图:"其实,我当时的意思,不过要传播被虐待者的苦痛的呼声和激发国人对于强权者的憎恶和愤怒而已,并不是从什么'艺术之宫'里伸出手来,拔了海外的奇花瑶草,来移植在华国的艺苑。"[2]

不过,鲁迅也说:"对于他的作品的内容,我自然也常有不同的意见。"[3]

---

[1] 鲁迅《〈爱罗先珂童话集〉序》,《鲁迅全集》第10卷。
[2] 鲁迅《杂忆》,《鲁迅全集》第1卷。
[3] 鲁迅《看了魏建功君的〈不敢盲从〉以后的几句声明》,载1923年1月17日《晨报副刊》。

世界语

中国的世界语教育事业，蔡元培与有力焉。

蔡元培1907—1911年在德国留学期间，自学过世界语，对于柴门霍夫创造世界语的理想以及世界语的优点有所了解。他支持在巴黎出版的、用中文刊行的《新世纪》周刊宣传世界语，使该刊成为最早把世界语介绍到中国来的报刊之一。蔡元培任中华民国政府教育总长期间通令全国师范学校开设世界语选修课，并在教育部专门教育司设世界语传习所，由该部职员、早期的世界语者杨曾诰讲授，有时蔡元培同教育部的部员一起到讲习班学习。同年，他应邀到上海世界语学会发表演说，讲述国际通用语的必要及中国采用世界语为辅助语的好处。他指出："我国语言，与西语迥异，而此时所处地位，决不能不与世界各国交通，亦决不能不求知识于世界，不可不有一辅助语，而以世界语为最善。"又说："外人正研究我国事状者至多而苦于学语之难，若告国人皆能为世界语，则不特世界语社会中，增多数分子，而且外人之欲来中国者，学世界语而已足，则亦足以广世界语之推行，而为吾人所应尽之义务也。"[1]

---

[1] 蔡元培《在世界语学会欢迎会上的演说词》，见高平叔编《蔡元培教育论著选》，北京：人民教育出版社2011年版，第20—21页。

鲁迅、周作人、爱罗先珂等在北京世界语学会合影，摄于1922年5月23日。据周作人日记："下午至世界语会送别禅林，照相。"照片背面有周作人题字。前排左起：王玄、吴空超、周作人、张禅林、爱罗先珂、鲁迅、索福克罗夫、李世璋；后排左起：谢凤举、吕傅周、罗东杰、潘明诚、胡企明、陈昆三、陈声树、冯省三。照片由"京记华美照相馆"拍摄，地址是"北京西安门外大街"

1916年12月，蔡元培就任北京大学校长，决定从1917年开始在北大增设世界语课，聘请孙国璋（1886—1965）为讲师。1921年，北大将世界语列为必修课。同年，在广州举行的第七届全国教育联合会上，蔡元培又提出议案，请求全国学校和教育行政机关，促进和实施1912年教育部下达的把世界语加入师范学校课程的命令，并将世界语推广到小学校中去，获得通过。1921年8月，蔡元培代表中国政府出席了檀香山太平洋教育会议，并为会议起草两项提案，交付讨论。其中之一是建议"与会诸国于小学校中十岁以上的学生，均教授世界语，并用此语翻译各国书籍"。为了加强北京大学世界语的教学和研究工作，他发起成立了世界语研究会并亲任会长。

1922年12月15日，北京大学举行世界语联合大会，到会者有两千多人，蔡元培亲临大会并讲话。他阐述了国际语和人造公用语言的必要性，赞扬世界语的简明、科学，并强调在中国普及世界语的重要意义。为了造就一批世界语的专门人才和师资，蔡元培同李石曾等人于1923年创办了北京世界语专门学校，设在北京西城区孟端胡同，招收各省教育厅及男女师范学校人员。蔡元培被推举为该校校长。鲁迅作为该校的董事之一，对学校的开办和发展非常热心。1923年6月，鲁迅将一笔捐款送给该校。后来，学校聘请他讲授《中国小说史略》。当时鲁迅已在北大、北师大、北京女子高等师范学校兼课，而且译著任务也很重，时间并不宽裕。但鲁迅对学校负责人说："论时间，我现在难于应允了，但你们是传播世界语的，我应帮忙，星期几教，我现在还不能确定。等一两天，我把时间调配一下，再通知你们。"第二天，鲁迅就把通知送到学校，并同意每周去上两节课，直到1925年这所学校停办为止。

世界语专门学校有近二百名学生，选修鲁迅课的，先是四十多人，在小教室讲；但一两个星期后，听课的人越来越多，只好改大教室。当时世界语专门学校的经费十分困难。起初,每月付给鲁迅10到15元的"车马费",后来学校经济拮据,连这点儿"车马费"也发不出了。负责教务的陈昆三最后一次给鲁迅送"车马费"时,鲁迅说:"学校经费困难,我是晓得的,所以这钱我不收,你还是带回去。我觉得,一个世界语学者,在目前环境下,应尽自己力量贡献到世界语,然后世界语才能传播出去。……我是支持这个运动的,因为我赞成她。"[1] 从1923年9月到1925年3月,除收55元"车马费"(鲁迅日记写作"薪水")外,鲁迅一直是义务授课。

鲁迅曾发表文章支持世界语:

> 我是赞成世界语的,要问赞成的理由,便只是依我看来,人类将来总当有一种共同的言语,所以赞成世界语。至于将来通用的是否世界语,却无从断定。大约或者便从世界语改良,更加圆满;或者别有一种更好的出现;都未可知。但现在既是只有世界语,便只能先学这世界语,现在不过草创时代,正如未有汽船,便只好先坐独木小舟;倘使因为预料将来当有汽船,便不造独木小舟,或不坐独木小舟,那便连汽船也不会发明,人类也不能渡水了。[2]

鲁迅在北京世界语专门学校任教期间,勉励学员多翻译一些世界语的文学著作。他曾支持胡愈之、周作人、王鲁彦、孙用等人翻译世界语文学作品,并在自己创办的刊物上,为世界语译作提供发表园地。

1936年8月《世界》杂志写信征询鲁迅对世界语的意见,当时鲁

---

[1] 荆有麟《鲁迅与世界语》,见《鲁迅回忆断片》,上海:上海杂志公司1943年版。
[2] 鲁迅《集外集·渡河与引路》,《鲁迅全集》第7卷。

迅虽已重病在身，但仍勉强支撑，复信说：

> 我自己确信，我是赞成世界语的，赞成的时候也早得很，怕有二十年了吧。但理由却很简单，现在回想起来：一是因为可以由此联合世界上的一切人——尤其是被压迫的人们；二是为了自己的本行，以为它可以互相绍介文学；三是因为见了几个世界语家都超乎口是心非的利己主义者之上。后来没有深想下去，所以现在的意见也不过这一点，我是常常如此的：我说这好，但说不出一大篇它所以好的道理来。然而虽然如此，它究竟会证明我的判断并不错。[1]

鲁迅逝世后，中国世界语者为翻译出版他的著作做了很多的努力。1937年冯文洛将《孔乙己》译成世界语，发表在匈牙利出版的《文学世界》上；1939年世界语版的《鲁迅小说选》出版；1949年以后，鲁迅的《野草》《朝花夕拾》和《鲁迅小说集》等被翻译成世界语。

---

[1] 鲁迅《集外集拾遗补编·答世界社信》，《鲁迅全集》第8卷。

雅 集

1923年1月5日，鲁迅、蔡元培、许寿裳与日本友人聚餐并合影。鲁迅当天日记记载："晚访季市。永持德一君招饮于陶园，赴之，同席共九人，至十时归。"

宴会的东道主是永持德一。永持德一研究中国文化，著述颇丰，如《友邦支那》（明善社1938年版）、《支那剧鉴赏》（东亚研究会1938年版）、《支那文明的基础知识》（高阳书院1939年版）、《日支习俗异同漫描》（东京东亚研究会1939年版）、《中国人生活的变迁》（东京东亚研究会1941年版）等。

永持德一举办这次聚会的意图，是将前来北京大学学习中国文学的竹田复介绍给蔡元培、鲁迅和许寿裳，请求关照。

蔡元培时任北京大学校长；鲁迅是教育部官员，更是知名的小说家和学者。1920年8月，鲁迅接受蔡元培校长聘请，担任北大讲师——按当时学校规定，兼职者只能任讲师，而不能任教授——讲授中国小说史，并陆续编出讲义，后来以《中国小说史略》之名出版。这门由新小说家讲古代小说史的课口碑不错。北大学生冯至回忆说，鲁迅的课"在引人入胜、娓娓动听的语言中蕴蓄着精辟的见解，闪烁

鲁迅、蔡元培、许寿裳与日本友人合影,摄于1923年1月5日。居中者为蔡元培,右四为鲁迅,左一为许寿裳

着智慧的光芒"[1]。

永持德一为这次宴会准备了册页,请求墨宝。[2]

鲁迅写的是《诗经》句:"昔我往矣,杨柳依依;今我来思,雨雪霏霏。一九二三年一月五日,永持先生属书,鲁迅。"蔡元培写了《孟子·滕文公下》的一节:"居天下之广居,立天下之正位,行天下之大道;得志,与民由之;不得志,独行其道。富贵不能淫,贫贱不能移,威武不能屈,此之谓大丈夫。写孟子一节,请永持先生正之。"

一位叫于硕的画家在宴会两天后为册页写了《大学》章句:"大学之道在明明德,在亲民,在止于至善。永持先生属,江都于硕敬呈。时改国后十二年一月七日。"推测起来,于硕可能没有参加宴会。

册页上有两个日本人题辞,一个是藤塚邻,写的是《易经》句:"终日乾乾夕惕若厉,永持先生正字。大正十二年一月五日,藤塚邻。"另一个就是竹田复,写的是:"振衣千仞岗,濯足万里流。癸亥正月,竹田复。"

题辞中,只有竹田没有写"永持德一属"或"呈永持德一"之类的客套话。而题辞的纪年则显示了多样性:蔡元培竟不缀纪年;鲁迅使用公元,竹田却使用了干支,藤塚邻则坚持日本纪年法。最奇特的是画家于硕,特意标上"改国后十二年",也就是"中华民国十二年",但强调国体改变,饶有趣味。全部题辞者中,只有蔡元培用了印。

日本大正时代,朝野重视研究中国,各教育机构的中国研究科目显著增加。为了提高水准,除文部省提供资助外,一些民间财团也出资设立奖学金,鼓励学生到中国学习,如东京的岩崎奖和京都的上野奖。1916年文部省派遣的留学生是铃木虎雄,1921年是藤塚邻,1922

---

1 冯至《笑谈虎尾忆犹新》,《鲁迅研究资料》第1辑。
2 现藏北京鲁迅博物馆。

年羽田亨，1925年是和田清和青木正儿。竹田复是1921年由岩崎奖学金派来中国学习的，但他后来转为文部省研究员，所以1923年继续在华学习。

竹田复（1892—1968）的研究方向是亚洲史和东西方关系史，在这些领域均留下开拓性成果。著有《长安之春》《诗经与楚辞》《中国文艺思想》等，编纂《支那语新词典》（博文馆1941年版）。其中《中国文艺思想》有隋树森中文译本（交通书局1944年3月版）。

竹田复在北京期间，与鲁迅交往比较多。1923年4月15日，鲁迅日记记载："晴，风。星期休息。上午寄周嘉谟君信。午丸山招饮，与爱罗及二弟同往中央饭店，同席又有藤塚、竹田、耀辰、凤举，共八人。"这是日本记者丸山昏迷主持的欢送爱罗先珂回国的告别午宴。这次雅集的两位日本留学生也参加了送别宴会。藤塚邻1922年2月经由丸山昏迷引见结识鲁迅，后来担任日本名古屋高等学校教授，在中日文化交流方面做了不少工作。他曾将两部《水浒传》日文译本赠给鲁迅，鲁迅则以再版《中国小说史略》答谢。

竹田复后来致力于元杂剧和明清小说研究，著有《汉魏南北朝故事诗》《游仙窟的性格》等论文。日本战败后，汉学一度寥落，竹田作为日本中国学会的核心人物，坚持以传统汉学授业。他的弟子内山知也著有《隋唐小说研究》（1977年版），在国际汉学界享有盛誉。这部著作就是以鲁迅的《中国小说史略》为起点，就中国某个时期的小说做深入细致的探究，在研究过程中还从鲁迅的老朋友内山完造夫妇那里得到很多帮助。

有关画家于硕的资料不多，只知道他是江都人，出生于1873年，字啸轩、啸仙，书画印俱佳，尤擅长浅刻瓷器、竹器，其作品至今流传。

《阿Q正传》

1925年5月28日,鲁迅为俄译本《阿Q正传》拍摄照片两张。《阿Q正传》是鲁迅的代表作,也是中国现代文学史上不可多得的杰作。鲁迅叙述这部作品的创作缘起说:

> 那时我住在西城边,知道鲁迅就是我的,大概只有《新青年》《新潮》社里的人们罢;孙伏园也是一个。他正在晨报馆编副刊。不知是谁的主意,忽然要添一栏称为"开心话"的了,每周一次。他就来要我写一点东西。
>
> 阿Q的影像,在我心目中似乎确已有了好几年,但我一向毫无写他出来的意思。经这一提,忽然想起来了,晚上便写了一点,就是第一章:序。因为要切"开心话"这题目,就胡乱加上些不必有的滑稽,其实在全篇里也是不相称的。署名是"巴人",取"下里巴人",并不高雅的意思。……
>
> 第一章登出之后,便"苦"字临头了,每七天必须做一篇。我那时虽然并不忙,然而正在做流民,夜晚睡在做通路的屋子里,这屋子只有一个后窗,连好好的写字地方也没有,那里能够静坐一会,想一下。伏园虽然还没有现在这样胖,但已经笑嘻嘻,善于催稿了。每星期来一回,一有机会,就是:"先生《阿

鲁迅为《阿Q正传》俄译本拍照,摄于1925年5月28日。俄国人瓦西里耶夫(王希礼)为翻译《阿Q正传》,通过曹靖华写信给鲁迅,请鲁迅赐序和照片,并作《自叙传略》

鲁迅为《阿Q正传》英译本照相,摄于1925年7月4日。鲁迅日记:"午后往中央公园,在同生照相二枚。"《阿Q正传》英译本的译者梁社乾,在翻译过程中曾得到鲁迅的帮助。译本于1926年由上海商务印书馆出版,但鲁迅的照片未被印入。鲁迅日记1926年12月11日:"收梁社乾所寄赠英译《阿Q正传》六本。"

Q正传》……明天要付排了。"于是只得做,心里想着"俗语说:'讨饭怕狗咬,秀才怕岁考。'我既非秀才,又要岁考,真是为难……"然而终于又一章。但是,似乎渐渐认真起来了;伏园也觉得不很"开心",所以从第二章起,便移在"新文艺"栏里。[1]

《阿Q正传》的俄文译本是1925年开始翻译的。译者瓦西里耶夫翻译这部小说,得力于一个中国人的推荐,此人就是曹靖华。

曹靖华(1897—1987),字联亚,河南卢氏人。1921年夏赴苏联学习,毕业于莫斯科东方大学。1923年回国后,经韦素园介绍认识鲁迅。大革命期间参加北伐,大革命失败后再次赴苏联,在莫斯科中山大学列宁格勒东方学院任教并研究苏联文学。其间与鲁迅多有通信,并为鲁迅收集苏俄木刻作品。1933年回国,先后在北平大学女子文理学院和中国大学任讲师,与鲁迅保持密切联系。瓦西里耶夫(中文名王希礼,1899—1937),出生于圣彼得堡一个普通职员家庭。1922年毕业于列宁格勒大学社会科学系中国部,1924年春来中国实习,先后担任苏联驻华总领事馆苏联驻华武官秘书、河南国民军第二军俄国顾问团成员。归国后在列宁格勒大学和东方语言学校教授中国语言和文学,编辑过中国语文教科书,翻译过中国古典文学作品和中国左翼作家作品,写过研究中国戏剧的文章。

1925年春,王希礼被分派到以斯卡洛夫为团长的苏联军事顾问团,来到开封的国民军第二军工作。不久,曹靖华也受李大钊派遣,到达开封。两人成为好友。王希礼请曹靖华推荐中国当代文学作品,想借以认识中国的现实。曹靖华推荐了《阿Q正传》并把一本《呐喊》送给王希礼。王希礼看后,认为《阿Q正传》是一篇杰作,鲁迅

---

[1] 鲁迅《华盖集续编·〈阿Q正传〉的成因》,《鲁迅全集》第3卷。

跟自己国家的果戈理、契诃夫、高尔基一样是世界级大作家。于是他决定将《阿Q正传》翻译成俄文。但在翻译过程中遇到一些难以解决的问题。两人决定把疑难问题集中起来，直接向鲁迅求教。于是，由曹靖华写信给鲁迅，说明他有一个中文名字叫王希礼的苏联朋友请求帮助；信中还附有王希礼的一封信，假托王希礼在由上海往汉口的路上，无意中读到《呐喊》，对中国新文学产生了强烈兴趣。信中还说，他已着手翻译《阿Q正传》，拟寄往莫斯科出版，恳请鲁迅先生为俄译本写序言，并提供作者自传和一张照片。[1]

鲁迅5月8日得信，第二天就回复了。同月28日，鲁迅"午后往容光照相"。

6月6日，鲁迅"晚往容光取照相"。6月8日"下午以阿Q正传序、自叙传略及照相一枚寄曹靖华"。鲁迅在信中不仅解答了疑难，还特意为阿Q参与的赌博场面绘了一张图，说明"天门""角回"的位置和赌法。他在序言中清晰明白地讲出自己的创作意图："要画出这样沉默的国民的魂灵来，在中国实在算一件难事，因为，已经说过，我们究竟还是未经革新的古国的人民，所以也还是各不相通，并且连自己的手也几乎不懂自己的足。我虽然竭力想摸索人们的魂灵，但时时总自憾有些隔膜。在将来，围在高墙里面的一切人众，该会自己觉醒，走出，都来开口的罢，而现在还少见，所以我也只得依了自己的觉察，孤寂地姑且将这些写出，作为在我的眼里所经过的中国的人生。"[2]

鲁迅还将附在曹靖华信中的王希礼的信，以《一个俄国的中国文学研究者对于〈呐喊〉的观察》为题，寄给《京报》副刊，于6月9日刊出。

---

[1] 曹靖华《飞花集·好似春燕第一只》，郑州：黄河文艺出版社1988年版。
[2] 鲁迅《集外集·俄文译本〈阿Q正传〉序及著者自叙传略》，《鲁迅全集》第7卷。

王希礼离开开封时，从曹靖华处得到鲁迅的住址，到北京拜访了鲁迅。鲁迅日记记载：1925年8月11日，"午后往北京饭店看王希礼，已行。"同年10月25日："下午王希礼来，赠以《苏俄文艺论战》及《中国小说史略》各一本。"10月28日鲁迅去王希礼下榻处回访："下午往六国饭店访王希礼，赠以《语丝》合订本一、二各一本。"直到1927年5月27日上午，他们还有联系："上午得王希礼信，五日上海发。"

《阿Q正传》俄译本直到1929年才由列宁格勒激浪出版社出版，书名为《阿Q正传——鲁迅短篇小说集》。书中除《阿Q正传》外，还收入什图金、卡扎克维奇等翻译的鲁迅小说《孔乙己》《风波》《故乡》《幸福的家庭》《高老夫子》《头发的故事》和《社戏》等。俄译本出版后，王希礼立即送给曹靖华一本，还请他将另一本转给鲁迅，扉页上写道："鲁迅留念，王希礼赠，一九二九年八月。"但这个译本中并没有收入鲁迅的照片。

1925年7月4日，鲁迅又为英译本《阿Q正传》拍照两张。鲁迅晚年并不热心把自己的照片拿出去发表，但在早年，成名之初，对于编者、译者、出版者希望刊出他的照片，总是热情给予配合的。

鲁迅拿出去准备发表的第一张照片，正是应《阿Q正传》俄文译者王希礼之请寄去的那张，如上所述原因，没有刊出。鲁迅拿出去准备发表的第二张照片，是应《阿Q正传》英文本译者梁社乾之请寄去的单人半身照。梁社乾译的英文本《阿Q正传》于1926年由上海商务印书馆出版，但鲁迅的照片也未被印入。

梁社乾（1889—？）是在美国新泽西州大西洋城出生的一名华侨，祖籍广东新会，1918年毕业于大西洋城中学，后至纽约研究戏剧和音乐，返国后曾在北京、上海、广州、杭州等地居住。1924年翻译了苏曼殊的小说《断鸿零雁记》。1925年开始翻译鲁迅的《阿Q正传》，5月2日与鲁迅通信。1926年后，他专门研究戏剧，著有《梅兰芳》

《中国今日戏剧》等。鲁迅日记1925年6月14日记载:"得梁社乾信并赍印本《阿Q正传》二本。"1925年6月20日又记:"寄梁社乾信并校正《阿Q正传》。"章衣萍在《窗下随笔》中提到过梁译《阿Q正传》,说,书面包皮上画的阿Q,小辫赤足,坐在那里吃旱烟,据说出自一位德国人手笔。鲁迅见过这个本子,对这幅画的评价是:"阿Q比这还要狡猾些,没有这样老实。"[1]

鲁迅曾指出,梁社乾的译本"译得很恳切","只是偶然看见还有可以商榷的两处:一是'三百大钱九二串'当译为'三百大钱,以九十二文作为一百'的意思;二是'柿油党'不如译音,因为原是'自由党',乡下人不能懂,便讹成他的能懂的'柿油党'"。[2]

郑振铎认为,梁社乾的"译笔颇不坏;只可惜《阿Q正传》太难译了,所以有许多特殊的口语及最好的几节,俱未能同样美好地在英文中传达出来。这部译书还有一个小错,就是把鲁迅当作了周作人的笔名"。[3]

此外,1926年,商务印书馆出版了敬隐渔的法译本,是《阿Q正传》的最早法译文,其节要曾经罗曼·罗兰推荐,在《欧罗巴》杂志上刊登过。《阿Q正传》的日文译本则很多,最早的版本为山上正义所译[4],鲁迅也曾给予指导。

---

[1] 章衣萍《随笔三种》,上海:现代书局1934年版。
[2] 鲁迅《华盖集续编·〈阿Q正传〉的成因》,《鲁迅全集》第3卷。
[3] 郑振铎《〈呐喊〉》,载1926年11月21日《文学周报》。
[4] 《支那小说集·阿Q正传》,东京:四六书院1931年版。

唐朝的天空下

1924年7月至8月,鲁迅应陕西省教育厅及西北大学的邀请,赴西安作暑期讲学,为期36天。

当时,陕西省省长兼督军刘镇华,为了提倡学术、文化,委派西北大学校长傅铜,联合陕西省教育厅,举办一个"暑期学校",邀请北京、天津、南京、广州的知名学者到陕西讲学,授课对象是陕西各县抽调来的学员,多是教师和教育界的"干部"。据同行的北京师范大学历史系教授王桐龄的《陕西旅行记》记载,除鲁迅和王桐龄外,此次赴陕的,还有天津南开大学教授陈定谟、李济之、蒋廷黻,北京师范大学教授李干臣、林砺儒,东南大学教授陈钟凡、刘文海、吴宓,前北京大学理科学长夏元瑮,法国大学法学博士王凤仪,北京法政大学教授柴春霖,广州大学法学院院长梁龙。新闻记者随行的有《晨报》的孙伏园和《京报》的王小隐。[1]

鲁迅一行乘车从京汉路到郑州,转陇海路到陕州(当时陇海路只通至陕州),登舟追黄河而上,夜泊灵宝。此地向西可乘骡车到潼关再换汽车到西安,也可由水路乘船至潼关。讲演团一行选择了水路。行船中遭遇大雨,船身摇荡,桡人裸体入水,与逆风相搏了两个小时

---

[1] 王桐龄《陕西旅行记》,北京:北京文化学社1928年版。

陕西教育厅国立西北大学合办暑期学校开学式合影，摄于1924年7月20日。鲁迅日记："晴。上午买杂造象拓片四种十枚，泉二元。赴夏期学校开学式并摄景。"第二排右起第十一人为鲁迅才得以脱险。

7月20日，在西北大学礼堂举行了开学式。据当地报纸报道：

> 是日到者有陕西省长代表郭涵、督军代表范滋泽，教育厅长马凌甫、实业厅长刘宝濂、警察厅长马浩、西北大学校长傅铜以及其他军政界要人、讲师、职员、听讲员约二百人，上午十时开会，于未开会以前，先在后院合摄一影始入场……西大校长傅铜介绍各讲师之略历，并谓暑期学校在陕省是第一次开办……此次所聘讲师，均国内外学术专家、各大学教授，今冒暑跋涉而来，为吾陕灌输新的知识，我们应同申谢云云。……继由省长代表郭涵致词，略谓陕西僻处西北，一切事业，常落人后；此次暑期开办，请讲师对于吾陕军事、政治、教育、实业、交通，必有极大贡献也云云……次由教长马凌甫致词，略谓陕西因交通不便，以致文化闭塞；今夏西大与本厅商办暑期学校，聘请国内外学者为讲师，因仅在省城讲演，不能普及，外赴外县，又为事实上所不许，故召集各县人士来省听讲，须知此次即普及全省文化之先声，望勿忽略焉云云。由王桐龄代表讲师全体致答词。[1]

此次鲁迅外出讲学，使因兄弟失和带来的苦闷得以排解，同时也得到一个实地考察古代中国的文物遗迹的机会。他游碑林，看孔庙，观赏荐福寺及大小雁塔，还观赏了曲江灞桥和昭陵石刻，并在市场购得石刻拓片和古董多种。他在《看镜有感》一文中说："遥想汉人多少闳放，新来的动植物，即毫不拘忌，来充装饰的花纹。唐人也还不算弱，例如汉人的墓前石兽，多是羊，虎，天禄，辟邪，而长安的昭

---

[1] 王桐龄《陕西旅行记》。

陵上，却刻着带箭的骏马，还有一匹驼鸟，则办法简直前无古人。"[1] 参观孔庙的所见所闻，为他撰写《说胡须》一文提供了素材。鲁迅购买的出土文物与碑帖，见于日记的有：7月15日午后游碑林。在博古堂买耀州出土之石刻拓片二种，为《吴〔蔡〕氏造老君象》四枚，《张僧妙碑》一枚，共泉二元。……晚……阅市，历三四古董肆，买得乐妓土寓人二枚，四元；四喜镜一枚，二元；魌头二枚，一元。7月20日买杂造像拓片四种十枚。7月29日买弩机一具，小土枭一枚。7月31日买《苍公碑》并阴二枚，大智禅师碑侧画像二枚，《卧龙寺观音像》一枚。8月1日买小土偶人二枚，磁鸠二枚，磁猿首一枚，彩画鱼龙陶瓶一枚，买弩机大者二具，小者二具。

关于购买弩机，还有一件趣事。因为方言问题，商贩误以为鲁迅要的是"卤鸡"。同行的孙伏园后来致函张辛南说："当年与鲁迅先生到西安街上所买音同'卤鸡'之物，乃是'弩机'。此为一种黄铜器，看去机械性十足，鲁迅先生爱其有近代军器之风，故颇收藏了好几具（自北京古董铺购得），形似今日之手枪，铜绿斑斑，极饶古味。惟用法则始终未明。据鲁迅先生云：当时必有若干皮带与铜连系，今已腐朽，无可辨认，即'弩机'之名亦为鉴赏家所定云。"[2] 后来，鲁迅创作《故事新编》中的《奔月》时，就安排羿的堂屋墙壁上挂着"弩机"。[3]

鲁迅此行还有为撰写历史小说《杨贵妃》搜集资料的意图。许寿裳回忆说："他的写法，曾经对我说过，系起于明皇被刺的一刹那间，从此倒回上去，把他的生平一幕一幕似的映出来。他看穿明皇和贵妃两人间的爱情早就衰歇了，不然何以会有'七月七日长生殿'，两人

---

1 《华盖集·看镜有感》，《鲁迅全集》第3卷。
2 见1924年7月21日《新秦日报》；参见张辛南《追忆鲁迅先生在西安》，载1942年6月22日《中央日报·艺林》。
3 《故事新编·奔月》，《鲁迅全集》第2卷。

密誓愿世世为夫妇的情形呢？在爱情浓烈的时候，哪里会想到来世呢？他的知人论世，总是比别人深刻一层。"[1]郁达夫也说："鲁迅想把唐玄宗和杨贵妃的事情来做一篇小说。他的意思是：以玄宗之明，哪里看不破安禄山和她的关系？所以七月七日长生殿上，玄宗只以来生为约，实在心里有点厌了，仿佛是在说：'我和你今生的爱情是已经完了！'到了马嵬坡下，军士们虽说要杀她，玄宗若对她还有爱情，哪里会不能保全她的生命呢？所以这时候，也许是玄宗授意军士们的。后来到了玄宗老日，重想起当日行乐的情形，心里才后悔起来了，所以梧桐秋雨，生出一场大大的神经病来。一位道士就用了催眠术来替他医病，终于使他和贵妃相见，便是小说的收场。"[2]而据孙伏园回忆，鲁迅还曾想把《杨贵妃》写成剧本："原计划是三幕，每幕都用一个词牌为名，我还记得它的第三幕是'雨淋铃'。而且据作者的解说，长生殿是为救济情爱逐渐稀淡而不得不有的一个场面。"本来想写小说，后来却又说是戏剧，可见鲁迅的想法还不成熟。

后来，鲁迅在给友人的信中说："五六年前我为了写关于唐朝的小说，去过长安。到那里一看，想不到连天空都不像唐朝的天空，费尽心机用幻想描绘出的计划完全打破了，至今一个字也未能写出。原来还是凭书本来摹想的好。"[3]

什么样的天空能产生爱情呢？

《蒋廷黻回忆录》里，有一节写到鲁迅在西安的活动：

> 演讲人中有鲁迅（周树人），他后来成为名小说家，"支持"中国共产党。一九二五年我还闻不出他有什么共产味道。他曾出

---

[1] 许寿裳《亡友鲁迅印象记·杂谈著作》。
[2] 郁达夫《达夫全集·奇零集》，上海：北新书局1929年版，第67—68页。
[3] 鲁迅1934年1月11日致山本初枝信，《鲁迅全集》第14卷。

版过一本《中国小说史略》。书中铺陈的全是旧说,很少有新义,据我所知,他在西安所讲的仍为他那本书中的旧套。他有点瘸,走起路来慢吞吞的。他和我们相处不仅很客气,甚至可以说有点胆怯。有一天我和他看到一群孩子们在一起玩一门青铜造的玩具炮。他告诉我,如果把一个小石子放在适当的位置上,可以弹出二十码远,像弹弓一样。他说那门玩具炮可能是唐代设计的,但他买时价钱很低,所以他不相信是唐代的东西。我问他为什么不相信?他说:"如果我一定说是唐代的古物,别人就一定说它不是。如果我一开始说它可能不是,就不会引起争论了。"在鉴定古物方面,他倒是个不与人争的人。别人绝不会料到他居然是一个文学与政治纷争中的重要人物。[1]

---

[1] 蒋廷黻《蒋廷黻回忆录》,北京:东方出版社2011年版。

学　潮

　　1926年1月13日上午，鲁迅参加女师大师生欢迎易寅村校长大会，会后合影（照片见书前拉页）。

　　北京女子师范大学前任校长是鲁迅的好友许寿裳。1923年7月，鲁迅收到这样一通聘书：

　　北京女子高等师范学校敬请周树人先生于十二年九月起至十三年六月止，担任本校国文学系小说史科兼任教员，每周一小时，月薪拾叁元伍角，按本校兼任教员例致送，此订。

　　　　校长　许寿裳
　　　　中华民国十二年七月　日

　　许寿裳离职后，杨荫榆继任校长。这位女校长治校严格以至于苛刻，与学生产生了矛盾。学生称她推行的是奴化教育，因此发动"驱杨运动"。杨荫榆处分学生，引发更大不满。鲁迅曾寄还女师大聘书，但因学生热切挽留，辞职未果。后来杨荫榆下令开除六名学生，教育总长章士钊袒护校方，宣布解散学校。一些支持学生的教员起而反对，组成校务维持会。鲁迅为该委员会委员，曾与沈尹默、钱玄同、周作人等教授联名发表《对于北京女子师范大学风潮宣言》，称：

溯本校不安之状，盖已半载有余，时有隐显，以至现在，其间亦未见学校当局有所反省，竭诚处理，使之消弭。迨五月七日校内讲演时，学生劝校长杨荫榆先生退席后，杨先生乃于饭馆召集教员若干燕饮，继即以评议部名义，将学生自治会职员六人（文预科四人、理预科一人、国文系一人）揭示开除，由是全校哗然，有坚拒杨先生长校之事变，而杨先生亦遂遍送感言，又驰书学生家属，其文甚繁，第观其已经公表者，则大概谆谆以品学二字立言，使不谙此事始末者见之，一若此次风潮，为校长整饬风纪之所致。然品性学业，皆有可征，六人学业，俱非不良，至于品性一端，平素尤绝无惩戒记过之迹，以此与开除并论，而又若离若合，殊有混淆黑白之嫌，况六人俱为自治会职员，倘非长才，众人何由公举，不满于校长者，倘非公意，则开除之后，全校何至哗然？所罚果当其罪，则本系之两主任何至事前并不与闻，继遂相率引退？可知公论尚在人心，曲直早经显见，偏私谬戾之举，究非空言曲说所能掩饰也。同人忝为教员，因知大概，义难默尔，敢布区区，惟关心教育者察焉。[1]

　　被开除的学生之一许广平在她保存的这一宣言的铅印件上附注："鲁迅拟稿，针对杨荫榆的《感言》仗义执言，并邀请马裕藻先生转请其他先生联名的宣言。"学校被解散后，鲁迅仍坚持到宗帽胡同临时校舍授课，同时与章士钊、杨荫榆及"现代评论派"的文人学士们打起了笔战。鲁迅讽刺章士钊古文不高明，例如，将出自《庄子》的成语"每下愈况"错成"每况愈下"[2]——然而，现在以讹传讹，章士

---

[1] 鲁迅《集外集·拾遗补编》，《鲁迅全集》第8卷。
[2] 鲁迅《华盖集·答KS君》《华盖集续编·再来一次》等，《鲁迅全集》第3卷。

钊式的错误竟然约定俗成地变成"正确"——当时鲁迅和章士钊论争的许多笔墨算是白费了。

鲁迅身为教育部佥事，却公然站在学生一方，与学校当局作对，显系违抗教育部的命令，让教育总长章士钊十分恼火。章士钊于8月12日，呈请执政段祺瑞将鲁迅免职。13日，段祺瑞明令照准。14日，免职令发表。

8月15日《京报》刊出的报道《周树人免职之里面》说："自女师大风潮发生，周颇为学生出力，章士钊甚为不满，故用迅雷不及掩耳手段，秘密呈请执政准予免职。"据徐森玉回忆，当时教育部中，"虽然也有一小撮拍马的人和反动家伙，为当局辩护，但很大部分的人是拥护鲁迅的。我们和鲁迅并不同属一司，但也参加了反对当局非法免去鲁迅职务一事的活动，鲁迅所属社会教育司的司长高步瀛先生亦加入了这一斗争。我们都提出了辞职来抗议当局的无理举动，这说明了，即使在当时的教育部内，鲁迅也不是孤立的，他之所以能获得同事的拥护，主要由于他们代表的是真理"[1]。8月25日，许寿裳（时任教育部常任编译员）、齐宗颐（教育部视学）在《京报》发表《反章士钊宣言》，谴责章"秘密行事，如纵横家，群情骇然，以为妖异"，表示"今则道揆沦丧，政令倒行，虽在部中，义难合作。自此章士钊一日不去，即一日不到部，以明素心而彰公道"。

同时，鲁迅到平政院提起诉讼，控告章士钊非法将其撤职。平政院裁决鲁迅胜诉复职。

杨荫榆离任后，易培基到女师大任校长职。女师大全体师生及女师大教育维持会、国立各校校长、各校学生会代表共五百余人举行欢迎会。许寿裳主持大会，鲁迅代表校务维持会致欢迎词。1926年1月

---

[1] 徐森玉《和鲁迅在教育部同事》，载《上海文学》1961年第10期。

18日《女师大周刊》第118期上刊登的《校务维持会代表周豫才先生致欢迎词》说：

> 欢迎校长，原是极平常的事，但是，以校务维持会欢迎校长，却是不常有的。回忆本校被非法解散以来，在外有教育维持会，在内有校务维持会，共同维持者，计有半年。其间仍然开学、上课，以至恢复校址。本会一面维持，一面也无时不忘记恢复，并且希望有新校长到校，得以将这重大责任交出。现在，政府居然明令恢复……这才将向来的希望完全达到，同人认为自己的责任已尽，将来的希望也已经有所归属，这是非常之欢喜的。从此本会就告了一个结束，自行解散。但是这解散，和去年本校的解散很不同，乃是本校更进于光明的路的开始……这希望的达到，也几乎是到现在为止中国别处所没有希望达到的创举，所以今天的盛会，实在不是单用平常的欢迎的意思所能表现的。

易培基（1880—1937），字寅村，号鹿山，湖南善化人。曾任教育总长。后任上海劳动大学校长。鲁迅定居上海后，劳动大学曾邀请鲁迅去演讲、任课。

此时，鲁迅已与女子师范大学国文系学生许广平确定了恋爱关系。1926年8月，鲁迅离开北京，经上海赴厦门，就任厦门大学国文系教授兼国学院研究教授。

鲁迅像传

四

厦门、广州

鲁迅很快离开厦大,到广州中山大学任职。真所谓"不是冤家不聚首",顾颉刚随后也来到中山大学。据许寿裳回忆:"有一天,傅孟真(其时为文学院院长)来谈,说及顾某可来任教,鲁迅听了就勃然大怒,说道:'他来,我就走',态度异常坚决。"结果,顾颉刚真的来了,鲁迅也真的离开广州……

教　授

鲁迅1926年9月到达厦门大学。

这张厦大教职员合影,摄于1926年11月17日。照相后,校方还举办了恳亲会。据鲁迅日记,会上"林玉霖妄语,缪子才痛斥"。林玉霖是林语堂(曾用名玉堂)的哥哥,时任厦门大学学生指导员。他在"恳亲会"上吹捧校长说:"我们的老校长,好比家长父亲,教员好比年长的大哥,同学好比年幼的弟妹,整个学校,就像一个大家庭。"哲学系教授缪子才(第四排左起第一人)立即予以驳斥,说:"我们都不是妇人孩子,怎么可以这样比喻呢?"鲁迅次日给许广平写信说:"昨天出了一件可笑可叹的事。下午有恳亲会,我向来不赴这种会的,而玉堂的哥哥硬拉我去,(玉堂有二兄一弟在校内。这是第二个哥哥,教授兼学生指导员,每开会,他必有极讨人厌的演说。)我不得已,去了。不料会中他又演说,先感谢校长给我们吃点心,次说教员吃得多么好,住得多么舒服,薪水又这么多,应该大发良心,拼命做事,而校长之如此体贴我们,真如父母一样……我就真要立刻跳起来,……而别一个教员起来驳斥他,闹得不欢而散。"信中还说,"我才知道在金钱下的人们是这样的,我决计要走了。"[1]这时,鲁迅到

---

[1] 鲁迅1926年11月18日致许广平信,《鲁迅全集》第11卷。

厦大才两个月。

鲁迅为厦大学生准备了三门课：一、声韵文字训诂专书研究，每周一节；二、小说选及小说史，每周二节；三、文学史纲要，每周二节。他在给许广平的信中说："我的功课，大约每周当有六小时，……其中两点是小说史，无须豫备；两点是专书研究，须豫备；两点是中国文学史，须编讲义。看看这里旧存的讲义，则我随便讲讲就很够了，但我还想认真一点，编一本较好的文学史。"[1] 开学后选课结果，专书研究两小时无人选，只剩下文学史、小说史各两小时。

鲁迅的课很受学生欢迎。据当时的学生回忆："本来在文科教室里，除了必修的十来个学生之外，老是冷清清的。可是从鲁迅先生来校讲课以后，钟声一响，教室里就挤满了人，后来的只好凭窗站着听了，教室里非但有各科学生来听讲，甚至助教和校外的报馆记者也来听讲了。"[2]

厦门大学校长林文庆，曾留学英国，虽然平日满口洋文，却极力主张尊孔读经，鲁迅对他这种派头和陈旧思想很看不惯。学校聘请了很多知名学者，显得很重视学术的样子。但在鲁迅看来，却不以学术为上，而时时处处以金钱为中心，校方依仗金钱，视教职员为奴仆。他在给友人的信中说，在厦门生活是很无聊的，虽然肚子不饿，但却头痛："来信问我在此的生活，我可以回答：没有生活。学校是一个秘密世界，外面谁也不明白内情。据我所觉得的，中枢是'钱'，绕着这种东西的是争夺，骗取，斗宠，献媚，叩头。没有希望的。"[3]

1926年11月，银行家马寅初到厦大访问，学校当局热情招待，忙

---

[1] 鲁迅1926年9月14日致许广平信，《鲁迅全集》第11卷。
[2] 俞荻《回忆鲁迅先生在厦门大学》，载1956年10月号《文艺月报》。
[3] 鲁迅1927年1月12日致翟永坤信，《鲁迅全集》第12卷。

厦门大学教职工合影,摄于1926年11月17日。第四排右起第一人为鲁迅。鲁迅日记:"下午校中教职员照相毕开恳亲会,终至林玉霖妄语,缪子才痛斥。夜大风。"照片背面显示为厦门鼓浪屿美璋照相馆拍摄。Mee Cheung, Kulangyu, Amoy

得不亦乐乎。有人拉鲁迅作陪,鲁迅予以拒绝。校长林文庆邀鲁迅出席招待会,鲁迅在通知单上签了个"知"字,但并没有去。他解释"知"字的意思是"不去可知矣"。11月22日,国学院召开会议讨论经费问题,林文庆以学校缺乏资金为由,提议裁减国学院的预算,不少人表示反对。林文庆立刻摆出老板的架势,傲慢地说:"学校经费是有钱人拿出来的,只有有钱的人,才有发言权!"鲁迅气愤地掏出两个银角,"啪"的一声摔在桌上,说"我也有钱,我也有发言权",使林文庆十分尴尬。[1]

为了表示对鲁迅的尊重,林文庆特邀鲁迅演说。1926年10月14日,鲁迅作了《少读中国书,做好事之徒》的演讲。鲁迅在给友人的信中解释自己的用意道:"这里的校长是尊孔的,上星期日(应为星期四——本书作者注)他们请我到周会演说,我仍说我的'少读中国书'主义,并且说学生应该做'好事之徒'。他忽而大以为然,说陈嘉庚也正是'好事之徒',所以肯兴学,而不悟和他的尊孔冲突。"《厦大周刊》第160期以《鲁迅先生演讲》为题记载了"做'好事之徒'"讲词大要:"世人对于好事之徒,每致不满,以为好事二字,一若有遇事生风之意,其实不然。我以为今之中国,却欲好事之徒之多,盖凡社会一切事物,惟其有好事之人,而后可以推陈出新,日渐发达。试观科伦布(通译哥伦布——本书作者注)之探新大陆,南生(通译南森,挪威探险家——本书作者注)之探北极,及各科学家之种种新发明,其成绩何一非由好事而得来……"但关于"少读中国书"的观点,因为与林文庆的见解不合,被删去了。

学校请知名学者来,自然是希望其学术成就能为学校争光。鲁迅甫一就任,学校当局就问履历、问著作、问计划、问年底能有什么成

---

[1] 厦门大学中文系《鲁迅在厦门·批判"金钱世界"》,福州:福建人民出版社1978年版。

绩发表,希望快出、多出成果。鲁迅把《古小说钩沉》稿子交出去,但"放了大约至多十分钟罢,拿回来了,从此没有后文"[1]。雷声大,雨点小。

主持学校行政工作的理学院院长兼总务长刘树杞排挤文科,对鲁迅也没有好声气。林语堂说:

> 鲁迅真受过刘树杞的气……刘獐头鼠目,但实在能干。这是大家所知道的。单说鲁迅吃他的亏。刘那时大概是兼总务,三易鲁迅的住房。最后一次,派他住在理学院大楼的地窖。这回真使鲁迅气得目瞪口呆,胡须尽翘起来。这时许女士已先往广州,他一人独宿。居住既不便,吃饭更叫苦,我认为失了地主之谊,但我真不耐烦管杂务。那时记得他在写《小说旧闻钞》,只有孙伏园有时陪他。他们是绍兴同乡。鲁迅只有在一人孤住的房间,吸烟,喝绍兴酒,吃火腿当饭。这样鲁迅自然是在厦门大学待不下去了,要到广州大学去。[2]

鲁迅独身一人在厦门,生活的确很不方便。

他在厦大生活上的一些不便之处,后来被演绎成不无夸张的传说。例如1938年7月27日上海《力报》上刊登了一篇短文《鲁迅与厦大》(署名"青鸟"),说鲁迅受不了当地的环境,写了一首打油诗:"到校二三月,挨饿三四顿。包饭五六家,还要等一等。"其实,这并非出自鲁迅的手笔,而是卓治在《鲁迅是这样走的》一文中引用的当时学校流行的一段顺口溜:"……他的住所,他的饮食,全不舒服;

---

[1] 鲁迅1926年11月8日致许广平信,《鲁迅全集》第11卷。
[2] 林语堂《无所不谈合集·忆鲁迅》,台北:开明书店1985年版。

学校的庶务，常常要请他搬家，为桌椅多少等等也向他麻烦，厨房时常变换。厦门的一个副刊——《鼓浪》上有过这么几句，'到校二三月……'，足见一般了。"[1]鲁迅在给许广平的信中对厦门大学伙食的不满情绪是确实的，如1926年9月14日："校内的饭菜是不能吃的，我们合雇了一个厨子……但仍然淡而无味。"10月12日："但饭菜总不见佳。从后天起，要换厨子了，然而大概总还是差不多的罢。"11月7日："从昨天起，吃饭又发生问题了，须上小馆子或买面包来，这种问题都得自己时时操心，所以也不大静得下。"12月12日："现在我们的饭是可笑极了，外面仍无好的包饭处。"

更让他不愉快的是与一些教员的矛盾。顾颉刚是教师群体中较为活跃的一个。鲁迅在给许广平的信中就常常提到他："此地所请的教授，我和兼士之外，还有顾颉刚。这人是陈源之流，我是早知道的，现在一调查，则他所荐引之人，在此竟有七人之多，先前所谓不管外事，专看书云云，乃是全都为其所欺。他颇注意我，说我是名士派，可笑。好在我并不想在此挣子孙帝王万世之业，不去管它了。"[2]鲁迅在北京时期，曾同陈源笔战。顾颉刚曾宣扬说，他最佩服的学者是胡适和陈西滢。更关键的是，顾颉刚并不认为鲁迅是一位学者，而将其视为凭热情和意气发言的"文人"。

顾颉刚是史学家，所谓"疑古派"的中坚，对中国上古史许多成说（传说）提出了质疑。例如，他质疑"禹"及其治水，说："人的力量怎能够铺陈山河？……在'洪水横流，禽兽偪人'的时候又应做多少年？……现在导一条淮河，尚且费了许多时间无数工力还没有弄好，何况举全国的山川统干一下，而谓在几年之间可以成功，这不是

---

[1] 卓治《鲁迅是这样走的》，载1927年1月29日《北新》第23期。
[2] 鲁迅1926年10月4日致许广平信，《鲁迅全集》第11卷。

梦话吗！"《说文解字》将禹训作"虫"，顾颉刚因此断言："禹或是九鼎上铸的一种动物"，"大约是蜥蜴之类"的虫。[1]鲁迅的家乡绍兴，古称会稽，传说禹治水后在此论功行赏，死后也葬于此地，是为大禹陵，成为越文化的精神象征之一。鲁迅从小耳濡目染，对大禹十分推崇："于越故称无敌于天下，海岳精液，善生俊异，后先络驿，展其殊才；其民复存大禹卓苦勤劳之风，同勾践坚确慷慨之志，力作治生，绰然足以自理。"[2]顾颉刚的论断使鲁迅很不满。

1927年8月17日，鲁迅在给章廷谦的信中，讽刺顾颉刚道："遥想一月以前，一个獐头鼠目而赤鼻之'学者'，奔波于'西子湖'边而发挥咱们之'不好'，……禹是虫，故无其人；而据我最近之研究：迅盖禽也，亦无其人，鼻当可聊以自慰欤。案卂即迅，卂实即隼之简笔，与禺与禹，也与它无异，如此解释，则'凖'字迎刃而解，即从水，隼声，不必附会从'淮'之类矣。我于文字亦颇有发明，惜无人与我通信，否则亦可集以成'今史辨'也。"写完这段，仍不解气，又讽刺道："近偶见《古史辨》，惊悉上面乃有自序一百多版。查汉朝钦犯司马蛆，因割掉卵鳅而发牢骚，附之于偌大之《史记》之后，文尚甚短，今该学者不过鼻子红而已矣，而乃浩浩洋洋至此，殆真所谓文豪也哉，禹而尚在，也只能忍气吞声，自认为并无其人而已。"在司马迁的"迁"字上加个"虫"旁，也是顺手一刺。

鲁迅不但蔑视顾颉刚的学说，而且还拿顾颉刚的口吃和鼻子红开玩笑。

1934年7月6日鲁迅致郑振铎的信中说："三根（指鼻梁，代指顾颉刚——本书作者注）是必显神通的，但此公遍身谋略，凡与接触

---

[1] 顾颉刚《与钱玄同先生论古史书》，见《古史辨》第1册，北京：朴社1926年版。
[2] 鲁迅《集外集拾遗·〈越铎〉出世辞》，《鲁迅全集》第7卷。

者，定必麻烦，倘与周旋，本亦不足惧，然别人那有如许闲工夫。嘴亦本来不吃，其呐呐者，即因虽谈话时，亦在运用阴谋之故。在厦大时，即逢迎校长以驱除异己，异己既尽，而此公亦为校长所鄙，遂至广州，我连忙逃走，不知其又何以不安于粤也。现在所发之狗性，盖与在厦大时相同。最好不要与相涉，否则钩心斗角之事，层出不穷，真使人不胜其扰。其实，他是有破坏而无建设的，只要看他的《古史辨》已将古史'辨'得没有，自己也不再有路可走，只好又用老手段了。"1935年11月，鲁迅在小说《理水》中刻画这样一位学者：

  吃吃的说，立刻把鼻尖胀得通红。"你们是受了谣言的骗的。其实并没有所谓禹，'禹'是一条虫，虫虫会治水的吗？……"
  "至于禹，那可一定是一条虫，我有许多证据，可以证明他的乌有，叫大家来公评……"[1]

分明是在影射顾颉刚。

顾颉刚后来分析鲁迅对自己不满的原因，大致有：他大学毕业后一段时间协助胡适做《红楼梦》研究，搜集曹雪芹身世相关资料，深得胡的赏识。顾颉刚认为，鲁迅厌恶他，是在迁怒："而彼所以致此讥讽者，只因五四运动后，胡适以提倡白话文得名过骤，为北大浙江派所深忌，而我为之辅佐，觅得许多文字资料，助长其气焰，故于小说中下一刺笔。"[2] 所谓"刺笔"，就是《阿Q正传》序章中的"有'历史癖和考据癖'的胡适之先生的门人们"那句话。另外，他原来与同乡潘家洵有矛盾，而潘家洵也到了厦门大学，日常说他的

---

[1] 鲁迅《故事新编·理水》，《鲁迅全集》第2卷。
[2] 顾潮《历劫终教志不灰——我的父亲顾颉刚》，上海：华东师范大学出版社1997年版。

坏话，他认为潘与鲁迅沆瀣一气，共同来反对他："值鲁迅来，渠本不乐我，闻潘言，以为彼与我同为苏州人，尚且对我如此不满，则我必为一阴谋家，惯于翻云覆雨者，又有伏园川岛等从旁挑剔，于是厌我愈深，骂我愈甚矣。"[1]

实际上，两人不和还有一个重要原因：顾颉刚认为鲁迅的《中国小说史略》抄袭了日本人盐谷温的著作。

1926年，陈源发表文章，指责鲁迅道："他常常挖苦人家抄袭。有一个学生抄了沫若几句诗，他老先生骂到刻骨铭心的痛快，可他自己的《中国小说史略》，却是根据日本人盐谷温的《支那文学概论讲话》里面的'小说'一部分。拿人家的著述做你自己的蓝本，本可以原谅，只要你在书中有那样的声明，可鲁迅先生就没有那样的声明。在我们看来，你自己做了不正当的事情也就罢了，何苦再去挖苦一个可怜的学生，可是他还尽量把人家刻薄。'窃钩者诛，窃国者为诸侯'，本来是自古已有的道理。"[2]

鲁迅断然否认抄袭，多次为自己辩解，直到去世前不久，还在《且介亭杂文二集》的后记里提及此事："当一九二六年时，陈源即西滢教授，曾在北京公开对于我的人身攻击，说我的这一部著作，是窃取盐谷温教授的《支那文学概论讲话》里面的'小说'一部分的；《闲话》里的所谓'整大本的剽窃'，指的也是我。现在盐谷教授的书早有中译，我的也有了日译，两国的读者，有目共见，有谁指出我的'剽窃'来呢？呜呼，'男盗女娼'，是人间大可耻事，我负了十年'剽窃'的恶名，现在总算可以卸下，并且将'谎狗'的旗子，回敬自称'正人君子'的陈源教授，倘他无法洗刷，就只好插着生活，一

---

[1] 顾潮《历劫终教志不灰——我的父亲顾颉刚》。
[2] 陈源《致志摩》，见1926年11月30日《晨报副刊》。

直带进坟墓里去了。"用语毒辣，可见鲁迅怨恨之深。

顾颉刚参与了《中国小说史略》抄袭日本盐谷温的《支那文学概论讲话》之说的传播，顾颉刚的女儿写道："鲁迅作《中国小说史略》，以日本盐谷温《支那文学概论讲话》为参考书，有的内容就是根据此书大意所作，然而并未加以注明。当时有人认为此种做法有抄袭之嫌，父亲即持此观点，并与陈源谈及，1926年初陈氏便在报刊上将此事公布出去。随后鲁迅在《不是信》中说道：'盐谷氏的书，的确是我的参考书之一，我的《小说史略》二十八篇的第二篇，是根据它的，还有论《红楼梦》的几点和一张"贾氏系图"，也是根据它的，但不过是大意，次序和意见就很不同。'为这一件事，鲁迅自然与父亲亦结了怨。"[1]这段文字引述了鲁迅承认参考盐谷温著作的话，意在说明，鲁迅引述他人观点而"未加以注明"，不合乎学术规范。

不过，鲁迅在厦大期间，并没有与顾颉刚发生直接冲突。他1926年9月4日抵达厦门后，一度还曾与顾颉刚同在一处办公、就餐。在9月8日的鲁迅日记中，还有"顾颉刚赠宋濂《诸子辨》一本"的记载。当胡适来信让顾颉刚撰写《封神榜》序言时，顾颉刚回信谈到鲁迅："《封神榜》的序，接信后即从事搜集材料，并将本书看了一遍。只因到厦门后参考书太少，尚未下笔。鲁迅先生已为我函日本友人，嘱将内阁书库所藏明本之序文抄出，因看书目上有'明许仲琳编'字样，序文必甚重要。两星期后，必可得到覆书。"[2]但查阅鲁迅日记，从1926年9月4日到15日并没有给日本友人寄信的记录。大概是人来求助，不好推辞，照此办理，不想留下记录；但也可能是口头答应，实

---

[1] 顾潮《历劫终教志不灰——我的父亲顾颉刚》。
[2] 《顾颉刚书信集》第1卷，北京：中华书局2010年版。

际却没有"函日本友人"。

鲁迅很快离开厦大,到广州中山大学任职。真所谓"不是冤家不聚首",顾颉刚随后也来到中山大学。据许寿裳回忆:"有一天,傅孟真(其时为文学院院长)来谈,说及顾某可来任教,鲁迅听了就勃然大怒,说道:'他来,我就走',态度异常坚决。"[1]结果,顾颉刚真的来了,鲁迅也真的离开了广州。

---

1 许寿裳《亡友鲁迅印象记·广州同住》。

"我坐在厦门的坟中间"

1927年1月2日,得知鲁迅要离开厦门,厦门大学文学社团"泱泱社"几位成员邀请鲁迅和林语堂到南普陀寺西南小山岗上留影。

这里有鲁迅喜欢的龙舌兰。陈梦韶回忆说:

> 当时厦门大学附近的田野,是龙舌兰繁殖的天下。这种龙舌兰,厦门人叫"番莺",也叫"芦荟"。它的叶扁长而尖,丛叶从根柢周围一片一片长出来。龙舌兰叶的两边,有锯齿形的刺,农民多栽在田园的四周,让它长大了,当作天然的篱笆。虽然是草本的植物,然而年老的却会从丛叶中,长出"木柱"似的花茎来。这种花茎高可二三丈,大可合握,末梢开累累的黄花,就像放大的兰花一样。……鲁迅先生常对这奇异植物和它的壮美花茎,表示其欣赏赞叹的心情。他曾对我说:"厦门大学只有一件值得骄傲的,就是在它的周围有这么丰富的宝物。你们闽南人也真可自豪。倘在北京,这种植物,靠着满清皇帝的大力,也只能够在所谓'御苑'里,看见一两株。"他说这话,并不是讽刺。[1]

---

1 陈梦韶《鲁迅在厦门》。

除合影外，鲁迅还照了两张单身照。他当天写信给许广平说："今天照了一个照相，是在草木丛中，坐在一个洋灰的坟的祭桌上。"

日本友人长尾景和回忆，他在上海期间曾到鲁迅府上拜访，鲁迅拿出一些照片给他看："其中有一张是鲁迅先生穿着中国长袍站在墓穴里，一具棺材放在他身旁的稀有的照片。我看了说：'这是一张难得的照片呀！'鲁迅先生说：'中国因为有许多迷信，所以中国人是不喜欢拍这种照片的。'我说：'日本人也讨厌在墓穴里和棺材一同拍照片的。世界上不论哪里，恐怕没有一个国家会喜欢的。'说完两人便哈哈大笑起来。"[1] 长尾景和记忆不准确，把坟地描述为墓穴了。

在厦大期间，鲁迅热情支持并指导厦门大学爱好文艺的青年所创办的文艺团体"泱泱社"和"鼓浪社"。泱泱社成员俞荻回忆社团成立经过时说："我们向鲁迅先生说出我们心里的愿望，想努力写一点东西，想办一个文艺刊物，并且希望他支持我们，他毫不踌躇地满口答应：'好的，好的！我一定来帮助你们！'鲁迅先生这种最直爽的、最热情的、最亲切的帮助青年的态度，怎能不令人感动！他是我们的真正的文学导师，又好像是我们的知心的朋友！""鲁迅先生像一阵温暖的春风，把沉睡的厦大学生吹醒了。尤其是文科学生，掀起了学习文学的热潮。爱好写作的学生，我和谢玉生、崔真吾、王方仁、朱斐、洪学琛、卓治，在鲁迅先生的帮助下成立了'泱泱社'，并出版《波艇》月刊。"[2] 鲁迅写信给许广平说："我先前在北京为文学青年打杂，耗去生命不少，自己是知道的。但到这里，又有几个学生办了一种月刊，叫作《波艇》，我却仍然去打杂。"[3] "鼓浪社"是1926年11月，在鲁迅指导下，厦门大学青年学生成立的另一个文学社团，办有

---

1 长尾景和《在上海"花园庄"我认识了鲁迅》，载1956年《文艺报》第19号。
2 俞荻《回忆鲁迅先生在厦门大学》，载1956年10月号《文艺月报》。
3 鲁迅1926年11月15日致许广平信，《鲁迅全集》第11卷。

"我坐在厦门的坟中间",摄于1927年1月2日

四 厦门、广州　　183

"我坐在厦门的坟中间",鲁迅将照片赠矛尘(章廷谦),摄于1927年1月2日。照片上标有:The China Studio, Amoy. 中国照相馆,厦门

《鼓浪》周刊,每星期三附于鼓浪屿《民钟报》发行,共出六期。第六期为"送鲁迅专号",可谓与鲁迅始终相伴。《鼓浪》之名含有"鼓起新时代的浪潮"的意思,内容以文艺作品为主,并登科学性论文。鲁迅在本月28日给许广平的信中说:"又在日报添了一种文艺周刊。"《鼓浪》大受读者欢迎,第一期很快售完再版。鲁迅为《波艇》《鼓浪》审稿、改稿并为刊物撰稿,他的《厦门通讯》就登在《波艇》创刊号上。

俞荻回忆说:"鲁迅先生看到那种坟墓感到很有兴趣,因为他在不久之前,编了一本杂文集,叫做《坟》,所以他要单独在坟边照个相。我们全体拍了照之后,我就扶着他,走到那高低不平的龙舌兰丛生的坟的祭桌上,他就在那儿照了一个相。他对我们说,这张照片将寄到上海,赶印到那本《坟》上去。因为《坟》里的文章,有几篇是用古文写的。这张照片就算表示那集子里几篇杂文,是被埋葬了的坟。"[1]

与鲁迅一起照相的青年中,谢玉生是"泱泱社"发起人之一,原为南京金陵大学学生,1926年秋转学到厦门大学国文系,并兼任厦门中山中学教员,曾邀鲁迅到中山中学讲演。鲁迅到广州后,他又与七位同学转学至中山大学。崔真吾,笔名采石,"泱泱社"成员,《波艇》主编。1924年入厦门大学外语系三年级学习。后在上海与鲁迅、柔石等合办"朝花社"。王方仁原在上海南洋大学读书,因看到厦大革新消息,于1926年9月转入厦大国文系,后在上海与鲁迅、柔石等合办"朝花社"。卓治,原名魏兆淇,本为上海南洋大学工科学生。1926年鲁迅来厦大,他便转入厦大理科电讯工程系,参加了"泱泱社"。鲁迅离厦后,他又退学回上海。

---

[1] 俞荻《回忆鲁迅先生在厦门大学》,载1956年10月号《文艺月报》。

邀请鲁迅来厦大的福建漳州籍的林语堂在《鲁迅》一文中，详细叙述了鲁迅在厦门的生活和离开厦门的原因。他称鲁迅是"现代中国最深刻的批评家"和"少年中国之最风行的作者"，具有"叛逆的思想"，其作品具有"闪烁的文笔，放浪的诙谐，和极精明的辩证"。文章说到他们在其中照相的场地：

> 那地方的四周是中国人的公共坟地，并不是"神圣之野"（CAMPO AMTO——按即意大利国内的一公葬场），绝不是呵，不过是一些小山，山上面遍布一些土堆和一些张口于行人过道中的坟坑罢了，这正是普通的公共坟地之类，在那里有乞丐的和北兵的尸体腐烂着而且毫无遮拦地发出臭气来。而那知识界的空气呢，比起来也只好得一点。鲁迅在这种地方实在是一只"令人担忧的"白象，与其说是一种敬礼，毋宁说是一种累物。不管他如何担心，他本可以在这个窟窿里安居十年而且可以每天徘徊于空旷之所，没有什么人知道他是谁，而且全中国也不知道关于他的事。他曾经对我说，他的主意是想在这个地方致献两年的工夫于学问的研究，其著作则由这大学付款出版，这本是那学校的当局们所满口答应的。他所得的结果却是用了他一腔热诚走去上当，或者他是不知不觉地上了他的一个朋友并敬爱他者的当。那已经允许的预算竟成画饼，鲁迅的专心研究两年之计划便如人类的一切脆弱的希望一样地结局了；就是他所在的那机关的经常费也核减了；那机关实在是靠不定的。空气严重起来了；有些谰言和攻击居然说鲁迅实在不曾辞去他北京的职务，说鲁迅是故意地不远数千里而来使这平静的地方发生风潮，——用了什么魔怪的引力呢，他们可没有说。当时的事实分明是不利于他的，凡属他所到的地方，那里便有青年学生们之显著的活动，写白话文的恶趋

势,非孔的空气之增长,如此等等,这都是难以否认的。是的,当时的事实是大不利于他的。鲁迅曾经把自己比之于一种乌鸦,它带给恶运和火灾于它所落在的家里,——看一看他的头发和胡须之暗黑,这比拟倒也不错。以一种尼采式的坦然态度,他便离却了那个大城。[1]

乌鸦和坟地颇有些关系,鲁迅的小说《药》的结尾华大妈和夏四奶奶为儿子上坟的时候,就有一只乌鸦先是铁铸般立在树枝上,最后箭一般飞走。鲁迅去世后,林语堂写了《悼鲁迅》一文,回顾两人的交往,对鲁迅的精神风貌更做铺张描写道:

> 鲁迅与其称为文人,不如号为战士。战士者何?顶盔披甲,持矛把盾交锋以为乐。不交锋则不乐,不披甲则不乐,即使无锋可交,无矛可持,拾一石子投狗,偶中,亦快然于胸中,此鲁迅之一副活形也。德国诗人海涅语人曰,我死时,棺中放一剑,勿放笔。是足以语鲁迅。
>
> 鲁迅所持非丈二长矛,亦非青龙大刀,乃炼钢宝剑,名宇宙锋。是剑也,斩石如棉,其锋不挫,刺人杀狗,骨骼尽解。于是鲁迅把玩不释,以为嬉乐,东砍西刨,情不自已,与绍兴学童得一把洋刀戏刻书案情形,正复相同,故鲁迅有时或类鲁智深。故鲁迅所杀,猛士劲敌有之,僧丐无赖、鸡狗牛蛇亦有之。鲁迅终不以天下英雄死尽,宝剑无用武之地而悲。路见疯犬、癫犬、及守家犬,挥剑一砍,提狗头归,而饮绍兴,名为下酒。此又鲁迅之一副活形也。

---

[1] 载1929年1月1日《北新》第3卷第1期。

然鲁迅亦有一副大心肠。狗头煮熟，饮酒烂醉，鲁迅乃独坐灯下而兴叹。此一叹也，无以名之。无名火发，无名叹兴，乃叹天地，叹圣贤，叹豪杰，叹司阍，叹佣妇，叹书贾，叹果商，叹黠者，狡者，愚者，拙者、直谅者、乡愚者；叹生人、熟人、雅人、俗人、尴尬人、盘缠人、累赘人、无生趣人、死不开交人，叹穷鬼、饿鬼、色鬼、谗鬼、牵钻鬼、串熟鬼、邋遢鬼、白蒙鬼、摸索鬼、豆腐羹饭鬼、青胖大头鬼。于是鲁迅复饮，俄而额筋浮胀，睚眦欲裂，须发尽竖；灵感至，筋更浮，眦更裂，须更竖，乃磨砚濡毫，呵的一声狂笑，复持宝剑，以刺世人。火发不已，叹兴不已，于是鲁迅肠伤，胃伤，肝伤，肺伤，血管伤，而鲁迅不起，呜呼，鲁迅以是不起。[1]

　　林语堂写得性起，笔下鬼物活蹦乱跳，与那天在坟地里照相的情景颇为契合。

　　鲁迅对厦门的印象不佳：富人居住的区域到处是洋房别墅、酒吧、饭店，而郊外及一般居民区则野草丛生、荒冢累累。鲁迅因此赞同一位来过厦门的荷兰人的话："中国全国就是一个大墓场。"鲁迅还说："大概因为和南洋相距太近之故罢，此地实在太斤斤于银钱，'某人多少钱一月'等等的话，谈话中常听见。"[2]

　　在这荒凉中，鲁迅尝试将他的人生体验升华。他特意坐在坟地里照相，还有一层原因：喜欢坟的意象。不久前，他刚写过一篇对话体文章《过客》，其中提到过客向前走要遇到的景象：许多野百合，野蔷薇——其实是坟地。

1　林语堂《悼鲁迅》，载1937年1月1日《宇宙风》第32期。
2　鲁迅1926年10月20日致许广平信，《鲁迅全集》第11卷。

过客明知道前面是坟，可是不得不往前走，因为以往的经历已经深深伤害了他，使他不愿回转，但前途却又在未知之数。鲁迅曾以过客自比："我只很确切地知道一个终点，就是：坟。然而这是大家都知道的，无须谁指引。问题是在从此到那的道路。那当然不只一条，我可正不知那一条好，虽然至今有时也还在寻求。"[1]

其实，鲁迅和许广平离京南下，已经有了切实的目标，不像《过客》中的那个困顿的中年人，心中没底，却又不得不走。鲁迅正在摆脱失望和迷惘。厦门，在他看来，"风景佳绝"，他每月领取400块大洋的薪水，在物质方面较为舒适（只是无人照管饮食，有些不便）。他在给许广平的信中说自己"心情平静得多了"，能睡了，人也胖了。衣食无忧，生活平静而闲散，但"总有些无聊，有些不满足，仿佛缺了什么似的……"。[2]

缺什么呢？鲁迅在这个坟场中，还有一个不寻常的举动：在一个刻有"许"字的墓碑旁照了一张相。这一张照片寄给谁，不言而喻：他的心里，是早已铭刻了一个"许"字的。

虽然戴着教授的冠冕，拿着高薪，鲁迅的心仍难安定。爱人不在身边是主要原因。此外，他对职业选择也不无迷惘：未来走哪条路？是创作，还是学术研究？前者令人亢奋，已经给他带来极大声誉；后者平静安稳，收入固定，适合家庭生活。他写信给许广平说：

> 但我对于此后的方针，实在很有些徘徊不决，那就是：做文章呢，还是教书？因为这两件事，是势不两立的：作文要热情，教书要冷静。兼做两样的，倘不认真，便两面都油滑浅薄，倘都

---

[1] 鲁迅《坟·写在〈坟〉后面》，《鲁迅全集》第1卷。
[2] 鲁迅1926年10月4日致许广平信，《鲁迅全集》第11卷。

认真，则一时使热血沸腾，一时使心平气和，精神便不胜困惫，结果也还是两面不讨好。看外国，兼做教授的文学家，是从来很少有的。我自己想，我如写点东西，也许对中国不无小好处，不写也可惜；但如果使我研究一种关于中国文学的事，大概也可以说出一点别人没有见到的话来，所以放下也似乎可惜。但我想，或者还不如做些有益的文章，至于研究，则于余暇时做，不过倘使应酬一多，可又不行了。[1]

就在这个时期，他编集了自己从东京留学时期到现在的论文，文言和白话都有。他给文集取名《坟》，在后记中说："我的生命的一部分，就这样地用去了，也就是做了这样的工作。然而我至今终于不明白我一向是在做什么。比方做土工的罢，做着做着，而不明白是在筑台呢还在掘坑。所知道的是即使是筑台，也无非要将自己从那上面跌下来或者显示老死；倘是掘坑，那就当然不过是埋掉自己。总之：逝去，逝去，一切一切，和光阴一同早逝去，在逝去，要逝去了。——不过如此，但也为我所十分甘愿的。"[2]

鲁迅在一张单身照上题写"我坐在厦门的坟中间"，赠送给同乡章川岛（矛尘）。川岛回忆说：

  鲁迅先生是在一九二七年一月十五日离开厦门的，那时我到厦门刚二十天。当他将要离去厦门的时节，一月上旬吧，他送给我一张在厦门刚照的相，在粘贴相片的硬纸板上角，还写了"我坐在厦门的坟中间"九个字，又题了上下款，盖了名章。（现存

---

[1] 鲁迅1926年11月1日致许广平信，《鲁迅全集》第11卷。
[2] 鲁迅《坟·写在〈坟〉后面》，《鲁迅全集》第1卷。

北京鲁迅博物馆）过了几天，我又送去一幅册页（也叫"斗方"）请他题写。他就钞写了司马相如《大人赋》中从"时若曖曖将混浊兮"到"必长生若此而不死兮，虽济万世不足以喜"的一段，又写了"将去厦门行箧束缚俱讫案头遂无一卷书翻废纸偶得司马相如大人赋数十字录应斐君矛尘两君钧命——鲁迅"四十余字，并且盖了"鲁迅"的名章，于行前亲自送到我家交给我们。还笑着向我们说："不要因为我写的字不怎么好看就说字不好，因为我看过许多碑帖，写出来的字没有什么毛病。"我们答说："不难看，不难看。"尽管鲁迅先生不自许为书法家，亦无心作书家，所遗手迹确都不难看。笔致绢秀，不媚不俗……

…………

自我获得这一张照相，这一幅册页，曾经由南而北，又由北而南的播迁，以及北京被日寇侵占，我都一直珍藏着保存下来了。这张照相，于一九四九年十月间，北京图书馆举办"鲁迅先生作品展览会"时借去，在展览时丢失，七年后的一个夏天又自动寄回来。现存北京鲁迅博物馆，并见一九七七年由北京鲁迅博物馆编辑、文物出版社出版的《鲁迅》照片集中。这幅册页的遭遇也有些类似，还有一张海婴生后百日，由"鲁迅代记"从上海寄赠斐君的照相与手迹，都在一九六八年春间散失，于过了十年后，一九七七年夏秋间查得下落，十月间由北京鲁迅博物馆派人到山东取回。两件文物居然都"失而复得"。[1]

---

[1] 川岛《关于鲁迅手书司马相如〈大人赋〉》，《鲁迅研究资料》第3辑。

"厦岛留别"

本来,鲁迅与许广平约定,两人分别在广州和厦门工作两年,有些积蓄,再走到一起。但生活的不便,加之处在不良的人际关系中,鲁迅的忍耐很快达到极限。1926年12月31日下午,他"同矛尘访玉堂",递交了正式辞呈。

厦大学生随即掀起了"挽留鲁迅先生运动",并逐渐转为改革学校运动,"打倒刘树杞,重建新厦大"的标语出现在校园里。为平息学潮,学校当局出面挽留鲁迅,多次送来聘书——虽然可能只是做做样子。鲁迅说:"校长林文庆博士是英国籍的中国人,开口闭口,不离孔子,曾经做过一本讲孔教的书,……他待我实在是很隆重,请我吃过几回饭;单是钱行,就有两回。……但前天所听到的是他在宣传,我到厦门,原是来捣乱,并非豫备在厦门教书的,所以北京的位置都没有辞掉。"[1]

据鲁迅说,他辞去厦大的一切职务,"这事很给厦大一点震动,因为我在此,与学校的名气有些相关,他们怕以后难于聘人,学生也要减少,所以颇为难。为虚名计,想留我,为干净,省得捣乱计,愿放走我。但无论如何,总取得后者的结果的。因为我所不满意的是校

---
[1] 鲁迅《华盖集续编·海上通信》,《鲁迅全集》第3卷。

厦门大学欢送鲁迅合影,摄于1927年1月4日。第二排右起第十一人为鲁迅。厦大学生会于1月4日下午召开全体学生送别鲁迅大会,鲁迅作了演讲。鲁迅日记:"下午赴全体学生送别会。"

"厦岛留别鲁迅先生"合影,摄于1927年1月4日。在全校师生送别鲁迅合影后,文科学生特邀鲁迅在群贤楼后面另照一相。鲁迅日记:"晚文科送别会。"鲁迅坐在第一排的中央。"泱泱""鼓浪"两个文学社的成员如李觉民、谢玉生、王方仁、崔真吾、俞念远、洪学琛参加了送别会和合影长,所以无可调和。……我这一走,搅动了空气不少,总有一二十个也要走的学生,他们或往广州,或向武昌,倘有二十余人,就是十分之一,因为这里一总只有二百余人。……听说这回我的搅乱,给学生的影响颇不小;但我知道,校长是决不会改悔的。他对我虽然很恭敬,但我讨厌他,总觉得他不像中国人,像英国人"[1]。

1927年1月15日,他写了一封信给林文庆,客客气气地说:

> 文庆先生足下:前蒙惠书,并嘱刘楚青先生辱临挽留,闻命惭荷,如何可言。而屡叨盛饯,尤感雅意,然自知薄劣,无君子风,本分不安,速去为是。幸今征轮在望,顷即成行。肃此告辞,临颖悚息。聘书两通并还。
>
> 周树人启 一月十五日[2]

送行会、饯别宴接二连三。1927年1月6日,鲁迅在给许广平的信中说:

> 这一两天内苦极,赴会和饯行,说话和喝酒,大约这样的还有两三天。自从被勒做"名人"以来,真是苦恼。这封信是夜三点写的,因为赴会后回来是十点钟,睡了一觉起来,已是三点了。
>
> 这些请吃饭的人,有的是佩服我的,在这里,能不顾每月四百元的钱而捣乱的人,已经算英雄。有的是憎而且怕我的,想以酒食封我的嘴,所以席上的情形,煞是好看,简直像敷衍一个恶鬼一样。前天学生送别会上,为厦大未有之盛举,有唱歌,有

---

[1] 鲁迅1927年1月2日致许广平信,《鲁迅全集》第12卷。
[2] 据1927年2月17日香港《华侨日报》所载《鲁迅君的作风》(署名"探秘"),见郑树森、黄继持、卢玮銮编《早期香港新文学资料选》,香港:天地图书公司1998年版。

颂词，忽然将我造成一个连自己也想不到的大人物，于是黄坚也称我为"吾师"，而宣言曰"我乃他之学生也，感情自然很好的"。令人绝倒。今天又办酒给我饯行。[1]

1月4日下午，学生会召开送别鲁迅大会，其"送鲁迅先生大会致语"就是鲁迅所说的"颂词"：

> 猗嗟先生，明哲大成。并作稗官，久著徽声。四海共钦，如玉如冰。惠然来斯，天动地惊。不倦不厌，化我顽冥。普陀生色，校运乍亨。方期附骥，自兹可能。奈何半载，飘然南征。攀辕弥切，去志弥坚。岂伊南海，何止仙霞。蕞尔鹭门，未足重轻。先生乃言，是未必然。吾身虽远，吾心岂捐。知存海内，天涯若邻。再来有期，第视天缘。镇国可赎，圆岗足登。华林虽好，素馨虽妍。越鸟巢南，胡马北倾。循循嘉训，敢不恭呈。时节不居，何日欢迎。厦大全体学生鞠躬。[2]

厦大女生同学会也奉上一篇颂词：

> 闽粤行看各一方，何时缩地得长房。
> 羊城人喜来仙侣，鹭屿偏难絷凤凰。
> 相留无计，第愿永不相忘。相留无计，第愿从此不相忘。
> 他年重许睹容光，重睹容光。
> 镇国宝珠照香浦，衣冠灵气聚圆冈。

---

[1] 鲁迅1927年1月6日致许广平信，《鲁迅全集》第12卷。
[2] 原件藏厦门鲁迅纪念馆。

> 本来胜地不寻常，昌华刬有荔支香。
>
> 相留无计，第愿永不相忘。相留无计，第愿从此不相忘。
>
> 他年重许睹容光，重睹容光。

全体学生送别大会合影后，学生会总委员、轮值主席罗扬才召集部分学生，邀请鲁迅到厦大群贤楼后合影，照片上题写"厦岛留别鲁迅先生"。鲁迅坐在第一排中央。

鲁迅每周四节课。每逢他上课，教室里就坐满了人，后到的学生只能凭窗倚墙站着听讲。因为听课的人远远超出预计的数目，讲义不够，拿不到讲义的人，上课只好记笔记，下课赶紧借讲义抄录核对。人们议论说："文科今年有生气了。"[1] 据当时的学生回忆："鲁迅讲学，并不像一般'名教授'那样，只干巴巴地一句一句地读讲义，枯燥无味地下定义。他的讲话也和他的作品那样地丰富多彩。他讲到某时代的代表作家及其作品的时候，善于引证适当的、丰富的资料来详尽地加以分析，雄辩地加以批判，说明什么应当吸取，什么应当摒弃。"[2] 鲁迅的课之所以特别吸引听众，是因为他态度认真，思想新颖，史料翔实，分析透辟。两节中国文学史课程需要编写讲义，但厦大图书资料严重不足，鲁迅为了编好讲义，自己设法到外地购买或向友人借书。这本中国文学史讲义，从文字的起源讲到汉代的两司马，先在厦门大学，后又在中山大学使用。1938年版《鲁迅全集》第10卷将其收入，定名为《汉文学史纲要》。鲁迅本打算写一部完整的中国文学史，并做了长期的资料搜集工作，但因为种种限制，去世前未能再动笔。

---

[1] 陈梦韶《鲁迅在厦大》。
[2] 同上。

鲁迅在厦门期间写了不少作品，如《旧事重提》五篇、《故事新编》两篇、《华盖集续编的续编》，还有《华盖集续集·小引》、《坟》的《题记》及《后记》、《〈争自由的波浪〉小引》、《〈绛洞花主〉小引》、《〈走到出版界〉的"战略"》、《新的世故》等，共17万多字，其中以《从百草园到三味书屋》《藤野先生》两篇文章最脍炙人口。此外，他还完成了好几部书的编辑、校订工作。

居 中

厦大浙江同乡会也开会欢送鲁迅。两个月前,浙江同乡会欢迎马寅初,拉鲁迅去合影,被鲁迅拒绝了。这次的会是专为他举办的,必须出席。

同乡会中有位学生名叫盛配,1926年夏毕业于杭州安定中学。正当他准备报考高等学校时,鲁迅离开北京到厦门大学任教的消息传开了,于是,他报考了厦门大学。当时,从北京大学、青岛大学和南京的金陵大学、上海的南洋大学、河南的中州大学等校,都有学生转学到厦大。仅从浙江去投考的就有三四十人。

盛配第一次见到鲁迅是在学校的邮务代办所。那天,他在代办所门前见到矮矮的穿黄色制服的孙伏园和一位比孙伏园身材略高的人正站在那里看信。当时的信箱是一个一个的格子,学生五六人合一格,教师则每人一格。盛配在找自己的信格时,听到一句带着浙江口音的"官话":"怎么,没有周树人的信吗?"眼前这位穿着朴素的人正是国学院教授鲁迅。

1月7日,浙江同乡会举办的欢送鲁迅大会在大礼堂举行。坐在鲁迅旁边的盛配调皮地问鲁迅:"周先生,我很想问问你,为什么人家要一天到晚地叫你鲁迅呢?"鲁迅指着盛配亲切地答道:"你这个人啊,鲁迅是笔名,用得很多,很久了,人家就叫鲁迅,我自己也叫

厦大浙江同乡会欢送鲁迅赴粤,摄于1927年1月7日。鲁迅日记:"下午收去年十二月分薪水泉四百。晚赴语堂寓饭。夜赴浙江同乡送别会。"厦门中国照相馆拍摄鲁迅，这有什么好奇怪的啊！"说着便笑了，大家也都笑了。欢送会结束，同乡会的职员邀请鲁迅到礼堂东北部的空地上拍照留念。

本地报纸曾登载一篇《鲁迅访问记》，说鲁迅"没有一点架子，也没有一点派头，也没有一点客气，衣服也随便，铺盖也随便，说话也不装腔作势"。[1]的确，鲁迅的形象跟一般的西装革履、衣冠楚楚的教授和学者很不同，不免遭受一些势利人的冷遇和白眼。有这么一个传说：厦门大学给教职员发薪水，是由总务处开支票到市区的集通银行去领取。鲁迅第一次去领薪水，来到柜台前，将400大洋支票递过去，柜台里的人见他模样寒酸，却手持如此高额的支票，心生疑窦，便提高嗓门打起官腔问："这张现金支票是你自己的吗？"鲁迅懒得回答他，就吸了一口烟。银行职员又问："你这人是干什么差事的？"鲁迅两只眼望着前方，仍不作答，又吸了一口烟。银行职员又问："你每月有这么高的薪水吗？"鲁迅仍未回答，望着银行职员，又狠狠地吸了一口烟。最后，这张国币400大洋薪水的支票，还是在鲁迅连吸三口烟的沉默中一分不少地兑现了。[2]

关于领薪水的故事，还有一个版本：鲁迅到银行，说明自己的身份是厦门大学教授，遭到质疑，银行里的工作人员请鲁迅"先坐坐"，跑去打电话向厦门大学核实后才给兑现。而鲁迅日记的记录则是：1927年1月11日，"午后往厦门市中国银行取款，因签名大纠葛，由商务印书馆作保始解"。名人的小事能被传说成大事，名人的坏事也能被演绎成好事。鲁迅不是一般的教授，他是文人，而且是很有名的文人，传说自然会找上他。

但名人并不好做。刚到厦大一个多月，他就向许广平报告说：

---

[1]《鲁迅访问记》，载1927年10月16日《厦声日报》。
[2] 陈梦韶《鲁迅在厦门二三事》，载《西湖》1981年9月号。

"我在这里又有一事不自由,学生个个认得我了,记者之类亦有来访,或者希望我提倡白话,和旧社会闹一通;或者希望我编周刊,鼓吹本地新文艺;而玉堂他们又要我在《国学季刊》上做些'之乎者也',还有到学生周会去演说,我真没有这三头六臂。"[1]有些应酬实在推脱不掉。有一次,他应邀参加南普陀寺及闽南佛学院公宴太虚和尚的晚餐,他在给许广平的信中写道:"我决计不去,而本校的职员硬要我去,说否则他们将以为本校看不起他们。个人的行动,会涉及全校,真是窘极了,我只得去。……入席,他们要我与太虚并排上坐,我终于推掉,将一位哲学教员供上完事。太虚倒并不专讲佛事,常论世俗事情,而作陪之教员们,偏好问他佛法,什么'唯识'呀,'涅槃'哪,真是其愚不可及,此所以只配作陪也欤。"[2]

厦大有些学生颇热衷政治运动。共产党人罗扬才是厦大学生自治会主席,同时加入国民党,担任厦大国民党区分部书记。鲁迅对他们的观察是:"本校学生中,民党不过三十左右,其中不少是新加入者,昨夜开会,我觉得他们都没有历练,不深沉,连设法取得学生会以供我用的事情都不知道,真是奈何奈何。开一回会,空嚷一通,徒令当局者因此注意,那夜反民党的职员就在门外窃听。"[3]对政党政治,鲁迅是懂得的,但他并不参加,只做一个旁观者。[4]

在厦大全体学生送别会上,鲁迅发表了讲话,被称为"古怪演说",因为其中打了"小偷""土匪"的比方。1936年11月22日,陈梦韶为《闽南文艺协会会报》的"追悼鲁迅先生专号"撰文说:

---

1 鲁迅1926年10月16日致许广平信,《鲁迅全集》第11卷。
2 鲁迅1926年10月23日致许广平信,《鲁迅全集》第11卷。
3 鲁迅1926年10月16日致许广平信,《鲁迅全集》第11卷。
4 鲁迅1926年11月26日致许广平信,《鲁迅全集》第11卷。

厦大同学开送别会，一位同学致欢送词，把"夫子温良恭俭让"一句子贡称赞老师孔子的话，搬来褒扬这位大文豪。他的答词是："我不敢当！说不定我明儿，会变成一个小偷，或一个土匪的。"临走前夕，我不免俗，带点"鸡丝面"去送行。他推让了半日，终不肯接受。我恼了说："这东西太粗俗了吧！"他于是笑着说："既是这么诚意，我便收下了。"[1]

鲁迅成了全校瞩目的人物。为他举办的活动，照起合影来，自然是他居中。

---

[1] 1936年11月29日《闽南文艺协会会报》，收入陈梦韶《鲁迅在厦门的鳞爪》，也编入鲁迅先生纪念委员会1937年初版《鲁迅先生纪念集》。

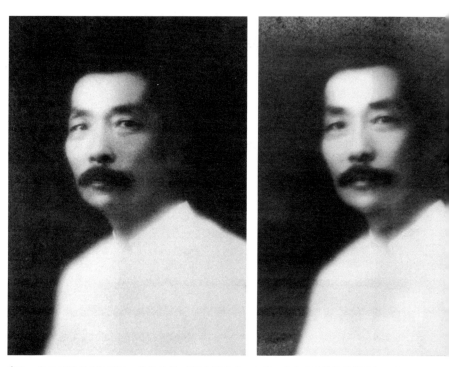

鲁迅，摄于1927年8月19日。鲁迅日记："下午同春才、立峨、广平往西关图明馆照相，又自照一象，出至在山茶店饮茗。"两张相片，一张曝光四次，显示出他的"多面"，另一张是四人合影

多面,抑或动感

林语堂曾称鲁迅为"战士"。现在这位战士到了"革命的策源地"广州。他应该现战士身,叱咤风云,勇往直前吧?他不是没有这想法:"其实我也还有一点野心,也想到广州后,对于'绅士'们仍然加以打击,至多无非不能回北京去,并不在意。第二是与创造社联合起来,造一条战线,更向旧社会进攻,我再勉力写些文字。"[1]

但这想法落空了。他发现,这里不是什么"前沿阵地",而是"大后方"。

1927年1月25日,鲁迅在中山大学学生会为他举行的欢迎大会上演说,声明:"我不是什么'战士''革命家'。倘若是的,就应该在北京、厦门奋斗;但我躲到'革命后方'的广州来了,这就是并非'战士'的证据。"谈到对广州的看法,他指出,"广州地方实在太沉寂了",他号召青年们"有声音的,应该喊出来了。因为现在已再不是退让的时代,因为说话总比睡觉好。有新思想的喊出来,有旧思想的也喊出来,可以表示他自己(旧思想)之快将灭亡。顶怕是沉静不做声,以致新其衣裳,旧其体肤。只要你喊,如果你有声音,喊得不好听,创作得幼稚,这决不是可羞的事情,你看孩子们是不以自己的

---

[1] 鲁迅1926年10月16日致许广平信,《鲁迅全集》第11卷。

幼稚为可耻的"。[1]

在中山大学开学典礼上演说，歌颂革命的先行者自然是题中应有之义："中山先生一生致力革命，宣传，运动，失败了又起来，失败了又起来，这就是他的讲义。他用这样的讲义教给学生，后来大家发表的成绩，即是现在的中华民国。中山先生给后人的遗嘱上说，'革命尚未成功，同志仍需努力'。这中山大学就是'努力'的一部分。"鲁迅希望中大青年"读书不忘革命，革命不忘读书"，"要把不革命反革命的脾气去掉"。中国"地方上的一切还是旧的，人们的思想还是旧的"，因此，青年要敢于向"一切旧制度，宗法社会的旧习惯，封建社会的旧思想"猛烈开火，做中山先生事业的继承者。[2]虽是这么说，他自己却少有行动。

鲁迅在广州虽然时间很短，但在革命大本营复杂环境中的遭遇使他的观念发生了很大变化。他的思想，就像在广州一次照相一样，显示出"多面"来。

在他看来，革命的大本营并不大有革命气象，却以旧的东西居多：

> 我于广州无爱憎，因而也就无欣戚，无褒贬。我抱着梦幻而来，一遇实际，便被从梦境放逐了，不过剩下些索漠。我觉得广州究竟是中国的一部分，虽然奇异的花果，特别的语言，可以淆乱游子的耳目，但实际是和我所走过的别处都差不多的。倘说中国是一幅画出的不类人间的图，则各省的图样实无不同，差异的只在所用的颜色。黄河以北的几省，是黄色和灰色画的，江浙是

---

[1] 鲁迅《而已集·通信》，《鲁迅全集》第3卷；毕磊《欢迎了鲁迅以后》，载1927年2月7日《做什么？》第1期。
[2] 记录稿初载1927年3月出版的《国立中山大学开学纪念册》，题为《本校教务主任周树人（鲁迅）演讲辞》。

淡墨和淡绿，厦门是淡红和灰色，广州是深绿和深红。我那时觉得似乎其实未曾游行，所以也没有特别的骂詈之辞，要专一倾注在素馨和香蕉上。——但这也许是后来的回忆的感觉，那时其实是还没有如此分明的。[1]

鲁迅接触了当时在政治舞台上很活跃的党派人士，包括共产党人。因为那时国共合作，这种接触并无危险。他到黄埔军校演讲，就由共产党人陪同。1927年春，在中山大学学生、共产党员毕磊陪同下，他会晤了中共广东区委负责人、陈独秀之子陈延年。他们究竟谈了什么，因为陈延年、毕磊不久相继被杀，现已无从得知。据徐文雅回忆："有一回鲁迅和我谈起党的事情，问陈延年是否负责广东党的工作，还说陈延年是他的'老仁侄'，人很聪明。这件事我向陈延年谈了，陈延年也说鲁迅是他的父执。不久，鲁迅向毕磊表示希望与陈延年见面，陈延年听到毕磊的反映，立即同意了，后来鲁迅和陈延年就作了一次秘密会见。这事是由毕磊和陈延年的秘书任旭（此人后是托派，改名任曙）安排的，所以他们在什么地方（不知是在区委机关还是在陆园茶室）见的面，谈了些什么，我都不清楚。""大约在二七年三月间，陈延年去武汉，让我留下来。他走前把我和毕磊找去，指示如何继续做鲁迅的工作，并总结了前一段做鲁迅工作的经验。他已经改变了过去认为鲁迅是'自由人'的看法，谈到他和鲁迅见面的情况，认为鲁迅思想发展得很好，已经是我们的人了。"[2]

当时共产党的刊物《少年先锋》旬刊第二卷第十五期发表《第三样世界的创造——我们所应当欢迎的鲁迅》，署名"一声"，文章指

---

1 鲁迅《三闲集·在钟楼上》，《鲁迅全集》第4卷。
2 徐彬如《回忆鲁迅一九二七年在广州的情况》，载《鲁迅回忆录》一集，上海：上海文艺出版社1978年版。

出:"我们觉得鲁迅之所以值得我们青年人的欢迎,是他在'思想革命'这项工作上的努力。我们应该站在革命的观点上来观察一切,批评一切,因为不如此便一切的观察批评都没有意思。对于鲁迅也应该如此。"文章认为鲁迅的杂文"所攻击的对象都是所谓礼教,所谓国粹,精神文明,东方文化等等一类的封建思想,除了以推翻整个旧制度为专业的共产主义者而外,在中国的思想界中,像鲁迅一般的坚决彻底反抗封建文化的理论,是很少的"。"鲁迅始终是向前的,他和我们一样,是20世纪时代的人。他不但在卢骚、孟德斯鸠之后,并且在马克思、列宁之后,不但在法国革命之后,并且在俄国革命之后。在这个新时代的巨潮中,他自然是受着震荡的。所以他不但在消极方面反对旧时代,同时在积极方面希望着一个新时代。"文中号召革命青年正确地认识鲁迅,以最大的决心和勇气,去"创造中国历史上未曾有过的第三样时代"。

鲁迅接触各种政治势力,或者说各种政治势力在接近他。

但没过多久,国共合作破裂,大批共产党人遭到逮捕和屠杀。鲁迅思想上受到极大震动。他在给友人的信中说:"这里现亦大讨其赤,中大学生被捕者有四十余人,别处我不知道,报上亦不大记载。其实这里本来一点不赤,商人之势力颇大,或者远在北京之上。被捕者盖大抵想赤之人而已。也有冤枉的,这几天放了几个。"鲁迅在总结这个时期的遭遇和思想变化时说:"我的一种妄想破灭了。我至今为止,时时有一种乐观,以为压迫,杀戮青年的,大概是老人。这种老人渐渐死去,中国总可以比较地有生气。现在我知道不然了,杀戮青年的,似乎倒大概是青年,而且对于别个的不能再造的生命和青春,更无顾惜。"严酷的斗争现实,使鲁迅认识到青年是隶属于不同阶级,分成不同营垒的,深感自己以往用进化论观点看待青年的偏颇。"总而言之,现在倘再发那些四平八稳的'救救孩子'似的议论,连我自

己听去，也觉得空空洞洞了。"¹

　　教学是鲁迅的本业。他在中山大学担任的是文学系主任兼教务主任，行政事务比在厦门大学时多。鲁迅写道："在钟楼上的第二月，即戴了'教务主任'的纸冠的时候，是忙碌的时期。学校大事，盖无过于补考与开课也，与别的一切学校同。于是点头开会，排时间表，发通知书，秘藏题目，分配卷子，……于是又开会，讨论，计分，发榜。"² 看他主持召开的历次教务会议的记录，就知道他的忙碌程度了。然而学校并不是洁净的地方，中山大学的纷争不比厦门大学少。鲁迅没有感到顺心、惬意。他在给章廷谦的信中说："里面的情形，非常曲折，真是一言难尽……"又说："我在这里，被抬得太高，苦极。作文演说的债，欠了许多。"³

　　在革命风起云涌的时代，恋爱也是压抑不住的。于是就有了"革命加恋爱"的生活方式，也同样滋生了描写"革命加恋爱"的文学作品。然而，爱情和政治有矛盾，常常不能兼得，因此生出诸多苦恼。鲁迅曾写到一位革命领导者对文学青年的评价：

　　　　"你知道有一个叫爱而的么？他写了一封长信给我，我没有看完。其实，这种文学家的样子，写长信，就是反革命的！"有一天，K委员对柏生说。

　　　　又有一天，柏生又告诉了爱而，爱而跳起来道："怎么？……怎么说我是反革命的呢？！"⁴

---

1 鲁迅《而已集·答有恒先生》，《鲁迅全集》第3卷。
2 鲁迅《三闲集·在钟楼上》，《鲁迅全集》第4卷。
3 鲁迅1927年2月25日致章廷谦信，《鲁迅全集》第12卷。
4 鲁迅《三闲集·在钟楼上》，《鲁迅全集》第4卷。

这长信即便不是情书,也可能成为革命事业的妨碍。这是革命逻辑。在革命时代,情书的命运更可想而知。鲁迅虽然没有从事革命工作,但从他的演讲内容看,是倾向革命的。然而,他当时却正在恋爱。

他的恋情——师生恋——那时还没有完全公开,但社会上已经有了很多传言。在北京,他以前曾经提携的文学青年高长虹等人以此攻击他。

1926年11月21日,高长虹在上海《狂飙》周刊发表了情诗《给——》第28首:

我在天涯行走,
月儿向我点首,
我是白日的儿子,
月儿啊,请你住口。

我在天涯行走,
夜作了我的门徒,
月儿我交给他了,
我交给夜去消受。

夜是阴冷黑暗,
月儿逃出在白天,
只剩着今日的形骸,
失却了当年的风光。

我在天涯行走,

太阳是我的朋友,
月儿我交给他了,
带她向夜归去。

夜是阴冷黑暗,
他嫉妒那太阳,
太阳丢开他走了,
从此再未相见。

我在天涯行走,
月儿向我点首,
我是白日的儿子,
月儿啊,请你住口。

高长虹自比太阳,而把许广平比做月亮,"月儿我交给他了",指的是他把许广平让给了鲁迅。高长虹在1926年11月9日所写的《时代的命运》一文里说:"我对于鲁迅先生曾献过最大的让步,不只是思想上,而是在生活上,这倒是我最大的遗憾呢!"鲁迅在同年12月29日致信韦素园说:"至于关于《给——》的传说,我先前倒没有料想到。《狂飙》也没有细看,今天才将那诗看了一回。我想原因不外三种:一,是别人神经过敏的推测,因为长虹的痛哭流涕的做《给——》的诗,似乎已很久了;二,是《狂飙》社中人故意附会宣传,作为攻击我的别一法;三,是他真疑心我破坏了他的梦,——其实我并没有注意到他做什么梦,何况破坏——因为景宋(指许广平——本书作者注)在京时,确是常来我寓,并替我校对,抄写过不少稿子。这回又同车离京,到沪后,她回故乡,我来厦门,而长虹遂以为我带她到了厦门了。倘这推测是真的，则长虹大约在京时，对她有过各种计画，而不成功，因疑我从中作梗。其实是我虽然也许是'黑夜'，但并没有吞没这'月儿'。"鲁迅写信给许广平说："北京似乎也有流言，和在上海所闻者相似，且云长虹之拼命攻击我，乃为此。""用这样的手段，想来征服我，是不行的。我先前的不甚竞争，乃是退让，何尝是无力战斗。现既逼迫不完，我就偏又出来做些事，而且偏在广州，住得更近点，看他们躲在黑暗里的诸公，其奈我何？然而这也许是适逢其会的借口，其实是即使并无他们的闲话，我也还是要到广州的。"[1]他1927年1月11日给许广平的信中还有这样的话："我这才明白长虹原来在害'单相思病'，以及川流不息到我这里来的原因，他并不是为《莽原》，却在等月亮。"

于是，鲁迅在小说《奔月》中加入影射高长虹的情节。逢蒙忘恩负义，想"射死"羿，取而代之。但他的箭法虽然算得高明，却还没有学到羿的绝技"啮镞法"，也没有看出老师是在装死。羿从地上爬起来，吐出逢蒙射来的箭，笑道："难道连我的'啮镞法'都不知道么？这怎么行。你闹这些小玩意儿是不行的，偷去的拳头打不死本人，要自己练练才好。"还说，"你真是白来了一百多回"，暗讽高长虹曾对外宣扬他到鲁迅家里一百多回。

1927年9月10日，鲁迅撰写《唐宋传奇集》序例到结尾——此时他已决定与许广平一起离开广州去上海——顺笔加上这样几句话："鲁迅校毕题记。时大夜弥天，璧月澄照，饕蚊遥叹，余在广州。"爱人就在身边，而远方那背叛的弟子——或曰情敌——的箭，无能伤及他。

与许广平会合，自然是鲁迅最大的快乐。他聘请许广平担任自己的助教和翻译，去香港演讲时就由许广平陪同。让他欣慰的是，他终

---

[1] 鲁迅1926年12月29日致许广平信，《鲁迅全集》第11卷。

于有能力把许寿裳招到中山大学来,算是对老朋友的报答。许寿裳回忆那时两人相聚的兴奋道:"我航海既到广州,便在逆旅中,遣使送信去通知鲁迅。使者回,说人不在家。到了第二天的下午,景宋见访,始知鲁迅才从香港讲演回来,因足受伤,不良于行,教她来接我至校同住。那时候,他住在中山大学的最中央而最高最大的一间屋——通称'大钟楼',相见忻然。书桌和床铺,我的和他的占了屋内对角线的两端,这晚上,他邀我到东堤去晚酌,肴馔很上等、甘洁。次日又到另一处去小酌,我要付账,他坚持不可,说先由他付过十次再说。从此,每日吃馆子,看电影,星期日则远足旅行,如是者十余日,豪兴才稍疲。"[1]

开书店是鲁迅在广州时期的一个副业。据许广平回忆,"最先找到了几间屋,在芳草街四十四号楼上"。不久,"书籍陆续的寄到了"。书店怎么命名呢?"书籍多是北新书局的,但这里又不是书局,倒是人家,那么,叫做'北新书屋'吧。从此这北新书屋,就于三月二十五日在芳草街出现。"[2] 书店由许广平的妹妹许月平照看,主要销售鲁迅和朋友们自己印行的书籍。

1927年1月26日,鲁迅写信给韦素园说:"旧历年一过,北新拟在学校附近设一售书处,我想:未名社书亦可在此出售,所以望即寄《坟》五十本,别的书各二十本,《莽原》合本五六部,二卷一号以下各十本来。"鲁迅对自己著作在南方的畅销颇为自豪,写信对友人说:"我所做的东西,买者甚多,前几天至涨到照定价加五成,近已卖断。而无书,遂有真笔板之《呐喊》出现,千本以一星期卖完。《坟》如出版,可寄百本来。"鲁迅在组织货源方面颇费心思,1927年4月9日

---

[1] 许寿裳《亡友鲁迅印象记·广州同住》。
[2] 许广平《北新书屋》,载1927年3月31日广州《国民新闻》副刊《新时代》第35期。

致信李霁野说:"前回寄来的书籍《象牙之塔》《坟》《关于鲁迅》三种,俱已卖完,望即续寄。《莽原》合本也即卖完,要者尚多,可即寄二十本来,此事似前信也说过。这里的学生对于期刊,多喜欢卖[买]合本,因为零本忽到忽不到,不容易卖[买]全。合本第二册,似可即订,成后寄卅本来。《穷人》卖去十本,可再寄十本来。《往星中》及《外套》各卖去三本。《白茶》及《君山》如印出,望即各寄二十本来。《黑假面人》也如此。托罗兹基的文学批评如印成,我想可以销路较好。"[1]

后来,鲁迅、许广平离开广州,把书屋交给共和书局,结束了代售书籍的业务。

鲁迅在广州期间还做了一件事,即拒绝诺贝尔文学奖候选人提名,表现出谦虚而又倔强,也表现出清醒和理性。[2]

人是多面的,一天之中,有时决绝,有时犹豫,有时愤怒,有时温和。

---

1 鲁迅1927年3月17日致李霁野信,《鲁迅全集》第12卷。
2 鲁迅1927年9月25日致台静农信,《鲁迅全集》第12卷。

弟子和义子

1927年8月19日,鲁迅与许广平、廖立峨、何春才在广州照相。一张单身照曝光四次,显示出他的"多面";另一张是四人合影,也曝光四次,但现存只有两次曝光的相片。

何春才回忆说:

八月十九日,鲁迅先生约广平、月平、立峨和我去照相留念。我和立峨吃过午饭就到白云楼去。鲁迅先生和广平、月平已穿好衣服等我们。临出发时鲁迅先生对我和月平开一玩笑,月平不好意思,脸色绯红,一转身就走开去,不肯参加照相。广平知道妹妹的脾气,劝不了的,也就不理她了。

鲁迅先生做事小心细腻,特地到西关一条小巷子里的图明馆去照相,意在避免别人的注意,以免引起麻烦。由东堤到西关去,除乘公共汽车外,还要走一段很长的路。那天鲁迅先生穿件白长衫,黑帆布鞋,走起路来,腰板挺直,举步快而有力,勇往直前,绝不左顾右盼。到了图明馆,照相师校对镜头光圈时,一种不可拒抗的自卑感使我的心卜卜的跳,我便躲在相机后面,不参加照相。广平走前来,拖着我的手,用广州话轻声对我说:"周先生快要离开广州,不照他会不高兴。"她边说边拖,直把我拖到站好位置照相为止。

....

照相的第二天,广平、立峨和我到西关图明馆取刚洗出来的八张样片给鲁迅先生选择,回时风雨交加,我们只得雇乘小汽车。那天的暴风雨确实厉害,沿途的树木都有被拔起来的。我们乘坐的汽车是没有玻璃窗的,大雨泼过来,广平打开小伞遮住我们,三个人的衣服还泼湿了一些。鲁迅先生看见我们在暴风雨中回来,又高兴又抱歉似的亲自泡了热茶给我们喝。他看见样片张张都好,十分欢喜,大赞图明馆的照相技术高明。他把四人合照的和他自己的各选二张,决定晒十六张,各人四张。他起来喝茶,偶然从窗口望出去,大喊一声:"你们来看落汤鸡!"原来月平在对面马路上擎翻了顶的小雨伞,全身湿透,确是狼狈。他说罢赶快到厨房去取了一些姜冲了开水,加一点酒,开了门等着给月平喝。月平换了衣服出来,鲁迅先生催她喝了姜汤,我们便漫谈起来。[1]

在这张照片上,许广平没有同鲁迅并排坐下,而是与何春才一起站在后排。这排位并不恰当。原来,当四人合影时,鲁迅不同意与许广平并排坐下,而要何春才和许广平站在后排。因为当时许家老辈反对许广平与鲁迅恋爱,所以两人的关系在广州并未公开。

何春才是广东兴宁人,在读高小的时候就崇拜鲁迅。1927年他16岁,是广州知用中学的学生,1927年6月通过廖立峨在广州认识了鲁迅。鲁迅日记多处提到"春才"。1927年6月26日:"晚立峨与其友来,赠以《桃色之云》一本。"鲁迅送这本书给何春才时,还笑说看了这

---

[1] 何春才《回忆鲁迅在广州的一些事迹和谈话》,《鲁迅研究资料》第3辑。

鲁迅与许广平、何春才、廖立峨合影,摄于1927年8月19日。照片多次曝光,今存两张。何春才(与许广平并立者)是广州知用中学的学生,敬仰鲁迅。廖立峨是厦大学生,跟随鲁迅到广州

四　厦门、广州

鲁迅、许广平与蒋径三合影，摄于1927年9月11日。鲁迅日记："下午蒋径三来，同往艳芳照相，并邀广平。阅书坊。"蒋时任广州中山大学图书馆馆员兼文科历史语言研究所助理，曾邀鲁迅至学术讲演会演讲，讲题为《魏晋风度及文章与药及酒之关系》

本书是不会被杀头的。何春才观察到，鲁迅寓所里备有两种烟，他自己抽彩凤之类的次等货，给朋友或学生抽的却往往是美丽牌之类较好的香烟。鲁迅喜欢开玩笑，有一次在饭桌上，鲁迅对他说："你叫何春才，春字下面加两个虫就变成了何蠢才。"[1]

何春才1932年11月在北平美术学院上学时，与鲁迅重逢，彼此非常高兴。鲁迅说："你长得这么高大，乍一见，几乎认不出来了。"鲁迅还请母亲出来相见。鲁老太太说："你长得这么高大，南人北相。"何春才一生命运坎坷，曾在贵州教书，后因病瘫痪在床多年，1956年任广东省文史馆研究员，发表过《鲁迅在广州的剪影》《鲁迅在广州的生活点滴》等文章，1994年去世。他一生珍藏着这张与鲁迅、许广平、廖立峨的合影。

鲁迅在厦门大学有一些忠实的追随者，其中一个叫廖立峨，广东兴宁人。从鲁迅日记多次提到他的名字来看，他和鲁迅的来往很密切。1927年2月，鲁迅离厦到穗，廖立峨即随鲁迅转入中山大学外语系学习。8月15日，经营了不到五个月的北新书屋关门后，廖立峨与陈延进、何春才三人随鲁迅、许广平、许月平一起到位于芳草街的书屋，把所剩的书籍包好，提到马路上，乘五部人力车，点交给共和书局。鲁迅和许广平乘船去上海，只有廖立峨一人去码头送行。鲁迅到上海三个月后，廖立峨也到了上海。他还带了另外两个人，一个是他的妻子曾立珍，另一个是他大舅哥曾其华。鲁迅以朋友之礼待之，安排他们住在自己家里。鲁迅住楼上，他们住楼下。此后一段时间，每逢鲁迅走下扶梯，则书声琅琅，不绝于耳。但稍一走远，则戛然而止。原来那一片读书声，是故意读给鲁迅听的，为的是要鲁迅担负他们三个人的学费。廖立峨把自己的文章拿给鲁迅，要他介绍发表，鲁

---

[1] 何春才《鲁迅在广州的生活点滴》，载1951年9月15日《文艺新地》。

迅没能满足他的心愿。廖立峨托鲁迅帮他找事做。鲁迅不得已，跟某书店说定，让廖立峨去做个练习生，由鲁迅每个月拿出30元来，托书店转手给他，算是薪水，可谓用心良苦。但这番好意却被廖立峨一口回绝了，理由是薪水太少，职位太低。[1]有一天，廖立峨对鲁迅说，创造社的人，知道他住在鲁迅家里，就看不起他，不和他来往了。廖立峨的这些言行很伤鲁迅的心。后来，廖立峨妻子的哥哥走了，他自己的哥哥却又来了，照样要鲁迅帮助找事做。他们就一直住在鲁迅家中，俨然鲁迅的家庭成员。有一天，廖的妻子无意间泄露了秘密。她告诉邻居，廖立峨是来给鲁迅做"儿子"的，她自然就是儿媳妇；他们夫妻俩本以为是来享清福的，没想到却是这样。这话传到鲁迅和许广平的耳朵里，自然让鲁迅更失望。廖也自觉没趣。他们在鲁迅家住了八个多月后，告辞回家。临行前一天晚上，廖立峨向鲁迅要旅费。鲁迅计算了一下，大约一百元就足够了。但廖立峨嫌少，说："我们是卖了田地出来的，现在回去了，要生活，还得买地，你得给我一千元。"鲁迅回答说："我自己没有饭吃，却拿出钱来给人家去买田，你以为我该这样做么？况且我从哪里去弄到这些钱呢？"廖立峨不依不饶，说："错是不错，不过你总比我好想法，筹备的地方也比我多，你一年数万版税，只要肯，有什么弄不到？非替我找一千元不可！"几乎就是勒索的口气了。双方闹得很不愉快。1928年8月24日鲁迅日记记载，最终"立峨回去，索去泉一百二十，并攫去衣被什器十余事"。1930年3月13日，鲁迅又收到廖立峨的信，因为他看鲁迅没有倒掉，又请鲁迅帮助他。鲁迅未予理会。两人从此断绝了关系。

廖立峨后来曾在广州市二中当历史教师。1957年被错划为"右派

---

[1] 郁达夫《回忆鲁迅》，载香港1938年《星岛周刊》第2期，未完，后刊于1939年3—9月上海《宇宙风乙刊》和1939年6—8月新加坡《星洲日报半月刊》。

分子",受降职处分。在经济困难时期的1962年,他因严重水肿致死。"文革"结束后,廖立峨获得平反。

  蒋径三1922年毕业于浙江五师,先在杭州民众教育馆任职,后回家乡小学执教。1926年随郭沫若到广州,任广州中山大学图书馆馆员兼文科历史语言研究所助理。1927年年初,鲁迅到广州中山大学不久,他就带着自己的译作登门求教。鲁迅日记记载:3月15日,"蒋径三来,未遇,留赠《现代理想主义》一本"。4月22日,"蒋径三来,未遇,留赠天台王以仁著《孤雁》一本"。5月8日,两人终于见面。从此以后,"蒋径三来""径三来"的记载,便常在鲁迅日记中出现。有一天鲁迅"晨睡中盗潜入,窃取一表而去,……午后蒋径三来。下午雨一隙。蒋径三来"。一个下午竟来访两次,可见蒋径三对鲁迅的关心。7月10日,"下午,蒋径三,陈次二来约讲演"。23日,"上午蒋径三,陈次二来邀至学术讲演会讲两小时。广平翻译",讲题是《魏晋风度及文章与药及酒之关系》。因鲁迅讲的是蓝青官话,广东人听不大懂,由许广平翻成粤语。那天下午,鲁迅"同径三,广平至山泉饮茗"。"四一五"大屠杀后,广州处在白色恐怖之中,人人自危。鲁迅也有成为"危险人物"的可能。有些刊物便撤换了鲁迅的题签,有些文学青年也不要鲁迅作序了,但蒋径三始终保持与鲁迅的交往。鲁迅辞去中山大学一切职务,蛰居在广州东堤的白云楼,编纂《唐宋传奇集》时,蒋径三帮助鲁迅搜集资料,为他借到《唐国史补》等书籍。鲁迅在该书《序例》中写道:"本集篇卷无多,而成就颇亦匪易。……蒋径三君为致书籍十余种,俾得检寻,遂以就绪。"1927年9月11日,鲁迅、许广平邀蒋径三照相。鲁迅在广州仅生活八个多月,但日记中却20次提到蒋径三,其中18次是见面晤谈。鲁迅要离开广州时,"径三来,并赠茗二盒,饼干一大箱"。可惜这些礼物在途经香港时遭到破坏——检查者"用铁签在蒋径三君送我的装着含有荔枝香味的茶叶的瓶上钻了一个洞"。[1]

鲁迅1927年10月定居上海后，仍与蒋径三保持往来。后来，蒋径三也到了上海，任职于商务印书馆。鲁迅日记上常见这样的记载："夜蒋径三来"，"晚蒋径三来"，"赠以《建设者》一本"，"赠以《进化和退化》一本"，"晚蒋径三招饮于古益轩，同席十一人"，"夜同蒋径三，增田涉，冯雪峰往西谛寓，看明版插画"，"以《唐宋传奇集》分寄径三……"，"收蒋径三所寄《荷闸丛谈》《星槎胜览》《木棉集》各一部"，"下午往内山书店，遇蒋径三，值大雨，呼车同到寓，夜饭后去"。在短短两年左右的时间里，鲁迅在寓所接待蒋径三达24次之多。"一·二八"事变后，鲁迅因寓所临近战区，为安全起见，"全寓中人俱迁避内山书店，只携衣物数事"，后又避居福建路南京路附近的大江南饭店，直至3月19日迁返原寓。18日，"夜蒋径三来"，20日，"上午蒋径三来"，可见蒋径三对鲁迅安全的牵挂。

因商务印书馆在"一·二八"事变中被毁，蒋径三离开上海，到安徽大学任教。5月3日，蒋径三向鲁迅告别。10日，鲁迅"夜得蒋径三信"，11日，"上午寄三弟（周建人）信，附径三笺"。16日，"夜三弟乘'江安'轮船往安徽大学教授生物学"，可知周建人去安徽大学任教，蒋径三应该是尽了力的。

蒋径三去安徽后，曾将自己的著作《西洋教育思想史》寄赠给鲁迅，鲁迅也曾寄蒋径三自己的译作《一天的工作》。蒋径三每到上海，都要去拜望鲁迅。

1934年，蒋径三应广东省立勷勤大学之聘，任该校师范学院哲学教授。

1936年7月2日，蒋径三回临海省亲，路过杭州，5日上午9时与

---

[1] 鲁迅《而已集·再谈香港》，《鲁迅全集》第3卷。

两位胞弟向同乡好友浙江省教育厅厅长许绍棣借了三匹马游览西湖。不料遇上防空演习，所乘马受惊狂奔，致蒋坠地身亡，终年38岁。蒋径三去世后，鲁迅、陈望道、郑振铎、林淡秋、钟敬文、顾颉刚、王任叔、许杰等36人联名发表《蒋径三讣告》，痛惜英才早逝。许杰主编《蒋径三先生纪念专号》，在《晨光》半月刊出版。讣告说："广东勷勤大学教授蒋径三先生，英年硕学，近年努力西洋教育思想之介绍与整理；对教育学术界，殊多贡献。不幸暑假北返，便道游杭，于七月五日坠马惨死。同人等忝在交好，遽闻之下，殊深哀悼……再，蒋先生一生努力学术，身后萧条，所遗子女，均在童年，无以自立。蒙赐赙仪，恳祈折现金，留为蒋先生子女教育经费，则不仅同人等感激无既，亦所以慰英魂于泉下也。"鲁迅于8月29日"赙蒋径三泉十元，广平同署名"。许杰函请鲁迅为《晨光·蒋径三先生纪念专号》撰文，鲁迅复信说："许杰先生：来信收到。径三兄的纪念文，我是应该做的。我们并非泛泛之交，只因久病，怕写不出什么来，但无论如何，我一定写一点，于十月底前寄上。"[1]鲁迅身患重病，却仍答应写纪念文章，足见他们的友情非同一般。

不幸的是，鲁迅一个月后就去世了。

鲁迅、许广平珍藏了《蒋径三讣告》《蒋径三年谱》及在广州分别前三人的合影。

---

[1] 鲁迅1936年9月18日致许杰信，《鲁迅全集》第14卷。

鲁迅像传

五

上海

1927年10月3日鲁迅携许广平到达上海,先住在离码头不远的爱多亚路(今延安东路)的共和旅馆,10月8日迁入景云里23号。在景云里寓所,鲁迅让许广平住楼上,自己住楼下,对外仍称许广平是自己的助手……

兄 弟

1927年10月3日鲁迅携许广平到达上海,先住在离码头不远的爱多亚路(今延安东路)的共和旅馆,10月8日迁入景云里23号。

在景云里寓所,鲁迅让许广平住楼上,自己住楼下,对外仍称许广平是自己的助手。

但流言颇不少。这流言,自打他们离开北京,就一直跟随,到厦门、广州,又到上海。

不多久,鲁迅到内山书店买书,对书店老板内山完造说:"老板,我结婚了。"内山问:"跟谁呀?"鲁迅回答道:"跟许。人们太为我们操心了,说这说那的,不结婚,反而于心不安了。"[1] 公开宣示与许广平同居,在鲁迅也是不得已的。他后来写信给友人说:

> 似乎是京沪都在传说,说我携了密斯许同住于厦门了。那时我很愤怒。但也随他们去罢。其实呢,异性,我是爱的,但我一向不敢,因为我自己明白各种缺点,深恐辱没了对手。然而一到爱起来,气起来,是什么都不管的。后来到广东,将这些事对密斯许说了,便请她住在一所屋子里——但自然还有别的人。前年

---

1 [日]内山完造《花甲录》,东京:岩波书店1960年版,第156页。

五　上　海　　225

鲁迅到达上海与亲朋好友合影,摄于1927年10月4日。鲁迅日记:"午前伏园、春台来,并邀三弟及广平至言茂源午饭,玉堂亦至,下午六人同照相。"前排右起:鲁迅、许广平、周建人;后排右起:孙伏园、林语堂、孙福熙。

来沪，我也劝她同来了，现就住在上海，帮我做点校对之类的事——你看怎样，先前大放流言的人们，也都在上海，却反而哑口无言了。[1]

10月4日，鲁迅、许广平与上海的亲友聚餐合影。这张照片中有两对兄弟，周氏兄弟和孙氏兄弟，都是绍兴人。

孙氏兄弟，哥哥孙伏园（1894—1966），原名福源，笔名伏庐、柏生等，著有《伏园游记》《鲁迅先生二三事》；弟弟孙福熙（1898—1962），字春苔，著有《山野掇拾》《归航》《大西洋之滨》《春城》《孙福熙画集》等。孙伏园一直跟随鲁迅，既得到鲁迅的提携，也对鲁迅有所帮助。孙福熙习画，兼习写作，得到鲁迅的帮助也不少。他为鲁迅的《野草》《小约翰》等著译设计过封面。

孙福熙从1925年开始，每有著作出版，都送给鲁迅，并郑重题词。他1919年11月19日与他的哥哥孙伏园在北京拜访鲁迅，经鲁迅介绍到北京大学图书馆工作，1921—1924年赴法留学，就读于法国国立美术专科学校。鲁迅日记1923年8月12日载："夜校订《山野掇拾》一过"，翌日又"夜校订《山野掇拾》毕"，8月14日"上午寄伏园信并还《山野掇拾》稿本。又附寄春台笺"，这是在为孙福熙书的出版做工作。孙福熙对鲁迅的感激之情，从送给鲁迅书的题词中可见："豫材先生：当我要颓唐时，常常直接或间接从你的语言文字的教训得到鞭策，使我振作起来；这次，你欲付印《山野掇拾》也无非借此鼓励我罢了。我不敢使你失望，不得不从新做起；而我没有时候再来说这书中的缺点了。"鲁迅日记统计，两人的通信有数十封，其中孙福熙写给鲁迅的信有30封，鲁迅写给孙福熙的信有16封。可惜这些

---

[1] 鲁迅1929年3月22日致韦素园信，《鲁迅全集》第12卷。

信件全部散失。

鲁迅到上海的最初几天，孙氏兄弟不断访问鲁迅。10月4日在"言茂源"吃过午饭后，10月5日两兄弟又拜访鲁迅，赠合锦两盒，并在"言茂源"吃午饭，晚上，又应李小峰邀请，一起在"全家福"吃饭；10月9日，在"中有天"夜餐。但进入1928年，他们的交往突然减少，除了孙氏兄弟到国外留学等原因外，也有鲁迅对他们两个的某些行为表示不满而主动疏远他们的因素。

实际上，这次上海见面前后，鲁迅与他们兄弟二人之间已经有了隔膜。7月28日，鲁迅在写给川岛的信中说："小峰和春台之战，究竟是如何的内情，我至今还不了然；即伏园与北新之关系，我也不了然。我想，小 and 春之间，当尚有一层中间之隔膜兼刺戟品；不然，不至于如此。我以为这很可惜，然而已经无可补救了。至于春台之出而为叭儿辈效力，我也觉得不太好，何至于有深仇重怨到这样呢？"在孙氏兄弟与北新书局之间的争吵中，鲁迅不大赞成兄弟这一面。同年的12月3日鲁迅日记载："收春台所赠《贡献》一束"。《贡献》是孙氏兄弟所办的国民党改组派刊物，鲁迅对其办刊方针很不满意，日记中称为"一束"，就有蔑视之意，与讽刺有的青年的"情书一捆"类似。收到刊物六天后，鲁迅在写给川岛的信中批评说："伏园则在办一种周刊，曰《贡献》，实在客气之至"。鲁迅在《我和〈语丝〉的始终》一文还提到"江绍原先生介绍了一篇油印的《冯玉祥先生……》来，我不给编入之后，绍原先生也就从此没有投稿了。并且这篇油印文章不久便在也是伏园所办的《贡献》上登出，上有郑重的小序，说明着我托辞不载的事由单"。1928年6月24日鲁迅日记出现了"晚得春台信，其字甚大"，口气明显有不满。1929年3月20日以后，孙福熙从鲁迅的生活中消失了。

林语堂此时也已从厦门到了上海。在上海，最初几年，林语堂同鲁迅的关系相当亲密，但随着时间的推移，两人渐渐失去了和睦。原因之一，是鲁迅看不惯林语堂搞幽默、提倡语录体，并与周作人等所谓"京派"一班人打得火热。他在给曹聚仁的信中说："语堂是我的老朋友，我应以朋友待之，当《人间世》还未出世《论语》已很无聊时，曾经竭了我的诚意，写一封信，劝他放弃这玩意儿，我并不主张他去革命，拼死，只劝他译些英国文学名作，以他的英文程度，不但译本于今有用，在将来恐怕也有用的。他回我的信是说，这些事等他老了再说。这时我才悟到我的意见，在语堂看来是暮气，但我至今还自信是良言，要他于中国有益，要他在中国存留，并非要他消灭。他能更急进，那当然很好，但我看是决不会的，我决不出难题给别人做。不过另外也无话可说了。看近来的《论语》之类，语堂在牛角尖里，虽愤愤不平，却更钻得滋滋有味，以我的微力，是拉他不出来的。"[1]他还在给许寿裳的信中说："语堂为提倡语录体，在此几成众矢之的，然此公亦诚太浅陋也。"[2]

鲁迅和林语堂都是民权保障同盟的成员。1933年6月18日，中国民权保障同盟会总干事杨杏佛被杀害，6月20日，鲁迅前往灵堂吊唁，没有见到林语堂。有人就说，林语堂胆小得连杨杏佛的悼念活动也不敢参加了。许寿裳在《亡友鲁迅印象记》里也说，鲁迅当时觉得"语堂太小心了"。[3]冯雪峰《回忆鲁迅》中记录的鲁迅谈话透露出鲁迅的不满："这种时候就看出人来了，林语堂就没有去，其实，他去送殓又有什么危险！"[4]实际情形是，悼念杨杏佛的活动共举办两次，一次是6月20日，即鲁迅批评林语堂没有去的那一次；一次是7月2日的

---

[1] 鲁迅1934年8月13日致曹聚仁信，《鲁迅全集》第13卷。
[2] 鲁迅1935年3月23日致许寿裳信，《鲁迅全集》第14卷。
[3] 许寿裳《亡友鲁迅印象记·上海生活——后五年》。
[4] 冯雪峰《回忆鲁迅·"左联"时期》，北京：人民文学出版社1952年版。

下葬仪式，鲁迅没有参加，林语堂却参加了。

鲁迅参加吊唁回来，悲愤交加，当夜致信林语堂，拒绝为《论语》写"打油诗"："盖打油亦须能有打油之心情，而今何如者？重重迫压，令人已不能喘气，除呻吟叫号而外，能有他乎？""天王已无一枝笔，仅有手枪，则凡执笔人，自属全是眼中之钉，难乎免于今之世矣。"[1] 鲁迅写的《悼杨铨》并不是"打油诗"。当然，鲁迅的不满和愤怒主要是冲着当局而不是冲着林语堂去的。

鲁迅去世后，林语堂撰文对他与鲁迅关系的变化过程有所说明：

> 鲁迅与我相得者二次，疏离者二次，其即其离，皆出自然，非吾与鲁迅有轻轩于其间也。吾始终敬鲁迅；鲁迅顾我，我喜其相知，鲁迅弃我，我亦无悔。大凡以所见相左相同，而为离合之迹，绝无私人意气存焉。我请鲁迅至厦门大学，遭同事摆布追逐，至三易其厨，吾尝见鲁迅开罐头在火酒炉上以火腿煮水度日，是吾失地主之谊，而鲁迅对我绝无怨言，是鲁迅之知我。《人间世》出，左派不谅吾之文学见解，吾亦不愿牺牲吾之见解以阿附初闻鸦叫自为得道之左派，鲁迅不乐，我亦无可如何。鲁迅诚老而愈辣，而吾则向慕儒家之明性达理，鲁迅党见愈深，我愈不知党见为何物，宜其刺刺不相入也。然吾私心终以长辈事之，至于小人之捕风捉影挑拨离间，早已置之度外矣。[2]

这样的表白，在党派激烈斗争的氛围里，是不被考虑的。1977年发行的文物出版社出版的《鲁迅》照片集收录鲁迅与林语堂三张合影

---

[1] 鲁迅1933年6月20日致林语堂信，《鲁迅全集》第13卷。
[2] 林语堂《悼鲁迅》，载1937年1月1日《宇宙风》第32期。

上，林语堂的形象均被涂却。第一张是在厦门普陀的坟地里他们与青年文学爱好者的合影（第42图），林语堂变成一块石头；第二张就是鲁迅从广州到上海后第二天，与许广平、周建人、林语堂等的合影（第55图）；第三张是1933年2月17日，在上海宋庆龄寓所欢迎萧伯纳时，鲁迅与宋庆龄、蔡元培、萧伯纳、林语堂等人的合影（第78图）。

在这张初到上海的合影上，与林语堂一起被涂掉的，还有孙福熙。孙伏园之所以没有被抹掉，乃是因为他虽然并不算标准的进步人士，但毕竟在宣传鲁迅思想和文学成就方面，特别是在促成《阿Q正传》的写作和发表上有过功劳，编辑者也就手下留情了。

鲁迅刚到上海，对于前途还在观望、思考，不知道究竟做什么更适合自己："这里的情形，我觉得比广州有趣一点，因为各式的人物较多，刊物也有各种，不象广州那么单调。我初到时，报上便造谣言，说我要开书店了，因为上海人惯于用商人眼光看人。也有来请我去教国文的，但我没有答应。"[1] 刚到上海，鲁迅应邀到复旦大学、光华大学、暨南大学、大夏大学、劳动大学等校演讲。原北京女子师范大学校长易培基此时担任劳动大学校长，聘请他去教课。不巧的是，适逢学校闹起了学潮，学校当局认为，学校不稳定的原因是共产党煽动捣乱，所以命令校警荷枪持棒搜查学生宿舍并逮捕和开除倾向共产党的学生。加之易培基有了新职务，顾不上鲁迅兼课的事，使鲁迅感到受了冷落。鲁迅于1928年1月10日再次致信易培基提出辞职，并退回薪水60元。

没有固定的职业，生活费的筹措就是问题。关键时刻，老友许寿裳又出面帮了他："他初回上海，即不愿教书，我顺便告知蔡孑民先生，即由蔡先生聘为大学院特约著作员，与李审言同时发表。"[2] 蔡元培

---

[1] 鲁迅1927年10月21日致廖立峨信，《鲁迅全集》第12卷。
[2] 许寿裳《亡友鲁迅印象记·上海生活——前五年》。

说:"大学院时代,设特约著作员,聘国内在学术上有贡献而不兼有公职者充之,听其自由著作,每月酌送补助费。吴稚晖、李石曾、周豫才诸君皆受聘。"[1]

鲁迅1927年12月18日日记记载:"晚收大学院聘书并本月分薪水泉三百。"大学院于1928年10月改称教育部。1931年12月鲁迅的撰述员资格被裁撤。蔡元培竭力为之保留,但没有成功。鲁迅1932年3月2日写信给许寿裳表示:"被裁之事,先已得教部通知,蔡先生如是为之设法,实深感激。惟数年以来,绝无成绩,所辑书籍,迄未印行,近方图自印《嵇康集》,清本略就,而又突陷兵火之内,存佚盖不可知。教部付之淘汰之列,固非不当,受命之日,没齿无怨。现北新书局尚能付少许版税,足以维持,希释念为幸。"

---

[1] 蔡元培《我在教育界的经验》,载《宇宙风》第56期。

演 讲

1927年11月16日,鲁迅应邀到上海光华大学讲演,演讲前后各摄一影。1925年"五卅"惨案发生后,上海圣约翰大学美籍校长压制中国教授和学生参加抗议游行,导致师生离校另立"光华大学",取"光复华夏"之意。

此次演讲的题目是《文学与社会》。据当时该校学生郭子雄的记录,鲁迅在演讲中分析和批评了文学界存在的种种不良倾向,例如逃避现实斗争、专造象牙之塔的"为艺术的艺术"文学,止于叫苦和鸣不平的消极文学,以及歌颂杀人的国民党帮凶文艺等。他认为文学是反映社会的、受社会所制约的,各种社会都是政治先行,文艺后变。他在演讲中还对"新月派"献媚投靠国民党,以及国民党政府操纵和毁灭文化的罪行进行了揭露,并希望中国文坛有一种新的人来创造新的文学。[1]

鲁迅并不十分善于也不很愿意演讲,但作为名人,总不免接到邀请,讲完之后又被报刊报道,引发议论。因此,给人的印象,好像他很喜欢演讲似的。曾有报刊记者这样评论:"鲁迅很喜欢演说,只是

---

[1] 洪绍统、郭子雄记录《鲁迅在光华大学演讲记录稿》,载1927年11月28日《光华周刊》第2卷第7期。王若海、文景迅《鲁迅在光华大学演讲的内容及经过》,载1977年《南开大学学报》第5期。

鲁迅到上海光华大学讲演,摄于1927年11月16日。鲁迅日记:"云,下午往光华大学讲。"讲题为《文学与社会》。右图:前往光华大学途中;左图:演讲完留影有些口吃，并且是'南腔北调'，然而这是促成他深刻而又滑稽的条件之一。""讲演时，常常把手放在长衫的后大襟里，在台上像动物园内铁笼里的老熊一样地踱来踱去。话里处处是牢骚，与冷嘲冷刺。他会说出令听众捧腹的笑话，可是当听众张着大嘴哈哈地哄笑时，他却板着冰冷的面孔，瞪着眼睛向听众发呆，现出莫名其妙的神气。听他讲演的学生，比听什么人讲演的听众都多。"[1]鲁迅编辑1933年的杂文集，干脆取名《南腔北调集》，还在该书题记中回应道："我不会说绵软的苏白，不会打响亮的京腔，不入调，不入流，实在是南腔北调。"[2]

增田涉曾这样写下他对鲁迅的印象："清澈澄明的眼睛毫无纤尘，走路的姿态甚至带有飘飘然的'仙骨'。"[3]从这张赴演讲会的照片中可以约略看出这种姿态。

鲁迅不修边幅，也不刻意衣装打扮。这次正式演讲，也看不出穿得多么周正，大致整齐而已。内山完造《鲁迅先生》一文中记载鲁迅曾讲给他的一件趣事：有一天，鲁迅照常穿着粗朴的蓝布长衫，廉价的橡皮底中国跑鞋，到大马路CATHAY HOTEL去看一个英国人：

"据说房间在七层楼，我就马上去搭电梯。哪晓得司机的装着不理会的脸孔，我以为也许有谁要来罢，就这么等着。可是谁也没有来，于是我就催促他说'到七层楼'。一催，那司机的家伙便重新把我的神气从头顶到脚尖骨溜骨溜地再打量一道，于是乎说'走出去'！终于被赶出了电梯。"

"那才怪呢！后来先生怎样呢？"

---

[1] 老庸《几个文人的素描——鲁迅》，载1933年1月14日《白河》第2卷第15期。
[2] 鲁迅《南腔北调集·题记》，《鲁迅全集》第5卷。
[3] ［日］增田涉著，钟敬文译《鲁迅的印象·鲁迅的性情、状貌等》，长沙：湖南人民出版社1980年版。

"没有办法,我便上扶梯到七层楼;于是乎碰见了目的的人,谈了两小时光景的话,回来的时候,那英国人送我到电梯上。恰巧,停下来的正是刚才的那一部电梯。英国人非常殷勤,所以这次没有赶出我,不,不是的,那个司机非常窘呢。——哈哈哈。……"[1]

内山书中描写的鲁迅头发翘耸耸地养到一寸多长,脸上蓬蓬地蓄着胡子,随随便便地穿着粗朴的蓝布长衫,和廉价的橡皮底中国跑鞋的形象,从这天拍摄的照片中也可模拟一二。

---

[1] 载《译文》第2卷第3期,日文原文见《改造》第18卷第12号。

景云深处

许广平写有《景云深处是吾家》一文,记述她和鲁迅初到上海寓居景云里的情况。景云里即今上海横浜路35弄,建于1925年,是砖木结构的普通石库门房屋,外形仿欧洲联排式条形状住宅,外墙立面红砖嵌灰缝,坡顶覆盖着青色平瓦。每户住宅围墙的大铁门装于一侧,有庭院可供植树种花。

鲁迅和许广平1927年10月8日搬到景云里第2弄23号,当时只打算暂时安身,因此除随身行李外,只添了一张铁床,一张书桌,一个书架和几把椅子。景云里住过很多文化人。鲁迅寓所的前门斜对着茅盾家的后门,搬到景云里的第三天,鲁迅就在三弟周建人的陪同下,到景云里11号拜访了茅盾。周建人一家住景云里10号。周围有不少商务印书馆的职员。

但景云里寓所周边的环境并不令人满意。许广平说,这里"隔邻大兴坊,北面直通宝山路,竟夜行人,有唱京戏的,有吵架的,声喧嘈闹,颇以为苦。加之隔邻住户,平时搓麻将的声音,每每于兴发时,把牌重重敲在红木桌面上。静夜深思,被这意外的惊堂木式的敲击声和高声狂笑所纷扰,辄使鲁迅掷笔长叹,无可奈何。尤其可厌的是在夏天,这些高邻要乘凉,而牌兴又大发,于是径直把桌子搬到石库门内,迫使鲁迅竟夜听他们的拍拍之声,真是苦不堪言了"[1]。这吵闹,加上邻居律师孩子的无理骚扰,最终促使鲁迅移居到弄内18号,并约周建人一家从10号搬来同住。

周建人夫妇和快满一周岁的小女儿住底楼,鲁迅和许广平住二楼,周建人的大女儿住三楼,兄弟两家在景云里18号这样住了五个多月。随后隔壁17号空出来了,鲁迅喜欢它朝南又兼朝东,可以两面见到太阳,就于次年2月迁入17号。为方便两家往来,他们把17号与18号之间打通,装了一扇木门。

1928年12月9日,冯雪峰由柔石陪同到景云里17号来看鲁迅。次年2月冯雪峰住到茅盾家三楼后,由于11号甲的后门斜对着鲁迅住的17号前门,所以,冯雪峰经常去鲁迅家。晚饭后,他到晒台上看一看,如果鲁迅家没有客人,他就过去和鲁迅聊天。那段时间,冯雪峰正在翻译马克思主义文艺理论著作,与鲁迅合译了"科学的艺术论丛书"。他还参加了鲁迅等人发起的中国自由运动大同盟,与鲁迅一起参与筹备左联并编辑《萌芽》月刊。在景云里居住期间,鲁迅除了翻译外,还主编了《语丝》《萌芽》《文艺研究》等刊物,并与柔石合编《朝华旬刊》,与郁达夫合编《奔流》月刊。

柔石曾任浙江宁海县教育局局长。1928年因参与家乡农民暴动失败逃至上海,住在景云里。一天,他在弄堂口见到鲁迅,对鲁迅说,自己曾在北大听过他的课。当得知鲁迅住在弄内18号时,他提出拜访的请求,鲁迅表示同意。当时,鲁迅正在编《奔流》,柔石把自己刚写的小说拿给鲁迅看,请鲁迅推荐发表。不久,柔石与另外两位青年一起租下了鲁迅搬走后还空着的景云里23号。柔石的小说《二月》《为奴隶的母亲》就是在景云里23号写成的。在鲁迅的帮助指导下,

---

[1] 许广平《景云深处是吾家》,载1962年11月21日《文汇报》。

鲁迅在景云里寓所书房，摄于1928年3月16日

鲁迅在景云里寓所书房照片,摄于1928年3月16日

柔石担起了编辑《语丝》的责任。鲁迅还和柔石等青年联合创办了"朝花社"。柔石和他的女友冯铿曾多次携手出入景云里,鲁迅对冯铿也有些印象。1931年1月17日,柔石在东方旅社开会时被捕。2月7日,他和冯铿等在龙华被害。

鲁迅住在景云里期间,正遭受着文字"围剿"。1928年1月,创造社与太阳社提倡"革命文学",扩大了左翼文艺运动的影响,但也出现了严重的主观主义和宗派主义倾向,其表现之一是对鲁迅及其他一些进步作家采取了排斥以致无原则攻击的态度。双方展开了一场持续两年的"革命文学"论争。杜荃(郭沫若)的《文艺战线上的封建余孽》[1]称鲁迅为"封建余孽""二重反革命",此外,李初梨《怎样的建设革命文学》[2]、钱杏邨《死去了的阿Q时代》[3]、冯乃超《艺术与社会生活》[4]等文章都对鲁迅进行了猛烈攻击。

1931年,鲁迅写了《上海文艺之一瞥》[5],回顾了"革命文学"论争,特别指出:创造社、太阳社"将革命使一般人理解为非常可怕的事,摆着一种极左倾的凶恶的面貌,好似革命一到,一切非革命者就都得死,令人对革命只抱着恐怖。其实革命是并非教人死而是教人活的"。"我有一件事要感谢创造社的,是他们'挤'我看了几种科学底文艺论,明白了先前的文学史家们说了一大堆,还是纠缠不清的疑问。并且因此译了一本蒲力汗诺夫的《艺术论》,以救正我——还因我而及于别人——的只信进化论的偏颇。"

许广平到上海之后的最初几个月,编刊物,写文章,关注社会事件。她和几位女师大校友办了个妇女杂志,名为《革命的妇女》,也

---

1 载1928年《文化批判》创刊号。
2 载1928年《文化批判》第2号。
3 载1928年《太阳月刊》3月号。
4 载1928年《文化批判》创刊号。
5 载1931年《文艺新闻》第21号。

为别的刊物写文章。许广平当过教师，因此很想重回教育界。有一天，许寿裳来到上海，许广平向他表达想出去工作的意愿，许寿裳没有征求鲁迅的意见，就为许广平找了份工作。许广平以为鲁迅一直以来在讲提高妇女的社会地位，一定会同意她外出工作的。但鲁迅知道后，叹息着说："这样，我的生活又要改变了，又要回到以前一个人干的生活中去了。"许广平见鲁迅很不情愿，只好打消了念头，专心做家庭妇女。

许广平的女伴们对此很不以为然。一天，几个人闲谈，有人就说了一句："鲁迅讲的，'假使有十个娜拉出走，倒没有什么，假使有一百个娜拉出走到社会上，那就麻烦了'。鲁迅怕娜拉多啦！"

后来，鲁迅名声越来越大，原来对鲁迅"言行不一"有意见的女性，为尊者讳，就不再讲牢骚话了。当时编辑《妇女生活》杂志的吴似鸿后来回忆说：

> 又有一天，沈兹九从外边回来，一上楼便对我说："我们到鲁迅先生家里，动员许广平出来干妇女工作。我说了半天，鲁迅先生却说：'广平你不要出去！'"当时，我们还以为鲁迅先生管许广平太严太死了。他口头上说妇女要解放，却把自己的老婆关在家里。……直到第二年鲁迅先生逝世，我们才了解到，原来这时鲁迅先生肺病已经严重，家中再也不能缺少主妇；鲁迅先生自己的许多文稿，当时也已托许广平抄写了。而我们这些娜拉式的个性的女子，还拼命劝许广平离家外出，干妇女运动，甚至还一度错怪了鲁迅先生。现在想来，真感到有说不出的内疚和后悔呀！[1]

---

[1] 吴似鸿《关于鲁迅先生的片段回忆》，《鲁迅研究资料》第20辑。

1929年9月27日,许广平在四川北路上的福民医院生下一个男婴。

鲁迅在景云里住了将近三年。1930年5月,经内山完造介绍,搬进四川北路的拉摩斯公寓。

《良友》

鲁迅生前在报刊上发表的照片不多。最先发表鲁迅照片的报刊可能是《良友》画报。鲁迅1928年3月16日日记记有："晚梁得所来摄影二并赠《良友》一本"。

梁得所是《良友》画报的编者兼摄影师。1928年4月号《良友》画报刊出两张鲁迅照片和画家司徒乔的鲁迅速写像，加上一篇鲁迅的《自传》，占了两个版面。3月21日，鲁迅日记载："晚得梁得所信并照相三枚"。

梁得所生于1905年，广东连县人，家境贫寒，少年苦学，考入齐鲁大学，1926年进入上海良友图书公司，次年即任《良友》画报总编辑。梁得所的同事马国亮回忆说："梁得所并没有一副使人一见倾倒的仪表。相反，他矮小瘦削，终其一生，体重未超过八十磅。举止文弱，说话也提不起嗓子。"[1] 但他不负老板厚望，很快就把《良友》画报改革成顺应潮流、颇有影响力的大画报。但梁得所性格孤傲，不甘久居人下，1933年8月离开《良友》，另辟天地，编辑《大众画报》，共出19期（1933年11月—1935年5月），同时还办了《小说》半月刊、

---

[1] 马国亮《良友忆旧——一家画报与一个时代》，北京：生活·读书·新知三联书店2002年版。

鲁迅在景云里寓所，摄于1928年3月16日

鲁迅在景云里寓所书房照片，摄于1928年3月16日

《科学图解》月刊、《文化》和《时事旬报》等刊物。但时运不济，经营亏损，几个刊物相继停刊。梁得所只得转投邵洵美的《时代画报》，出版几期后也停刊。因事业不顺，过度劳累，梁得所肺病发作，几经治疗，不见好转，于1938年8月在家乡去世，年仅33岁。

鲁迅平时不愿自己的照片登载杂志。1936年初，孟十还筹办《作家》月刊，计划在每期目录页印上世界著名作家的头像，其中包括鲁迅。孟十还向鲁迅征求意见，鲁迅于3月22日复信说："目录的顶端放小像，自无不可。但我希望将我的删去，因为官老爷是禁止我的肖像的，用了上去，于事实无补，而于销行反有害。"这说出了当时报刊较少刊载鲁迅照片的一个原因。

书斋生活

鲁迅在上海以写作为生，过的是书斋生活。他在广州期间，翻译了日本作家厨川白村的随笔集《出了象牙之塔》中的一篇《书斋生活与其危险》，颇有"夫子自道"的意味。今天的读者或能从中感知他的生活和思想状态：

> 然而太深的内省，却使人成为怀疑底和冷嘲底。对于别人大声疾呼的国家论和修身讲话之类，觉得很像呆气的把戏，甚至于以为深刻的伪善和欺骗。于是就总想衔着烟卷，静看着那些人们的缎幕戏文。这在头脑优良的人，尤其是容易堕进去的陷阱。
> 专制主义使人们变成冷嘲，约翰·穆勒所说的这话，可以用了新的意思再来想一想。专制治下的人民，没有行动的自由，也没有言论的自由。于是以为世间都是虚伪，但倘想矫正它，便被人指为过激等等，生命先就危险。强的人们，毅然反抗，得了悲惨的末路了。然而中人以下的人们，便以这世间为"浮世"，吸着烟卷，讲点小笑话，敷衍过去。但是，当深夜中，涌上心来的痛愤之情，是抑制不住的。独居时则愤慨，在人们之前则欢笑，于是他便成为极其冷嘲的人而老去了。生活在书斋里，沉潜于内心的人们，一定是昼夜要和这样的诱惑战斗的。

鲁迅在景云里寓所书房,摄于1928年3月16日

但是，比起这个来，还有一种平凡的危险，在书斋生活者的身边打漩涡。我们对于自己本身，总有着两样的评价。一样是自己对于自己的评价，还有一样是别人对于自己本身所下的评价。这两样评价间的矛盾，是多么苦恼着人间之心呵。对于所谓"世评"这东西，毫不关心者，从古以来果有几人呢？听说便是希腊的圣人梭格拉第斯，当将要服毒而死的那一夜，还笑对着周围的门徒们道，"我死后，雅典的市民便不再说梭格拉第斯是丑男人了罢。"在这一点，便可以窥见他没有虚饰的人样子，令人对于这老人有所怀念。虽是那么解脱了的哲人，对于世评，也是不能漠不关心的。

…………

这样的书斋生活者的缺点，有两层。就是：他本身的修业上的影响，和及于社会一般的影响。第一层姑且勿论，第二层我却痛切地感得。凡书斋生活者，大抵是作为学者，思想家，文艺家等，有效力及于实社会的。因此，他所有的缺点，便不是他个人的缺点，而是他之及于社会上的缺点。于是书斋生活者所有的这样的唯我独尊底倾向，乃至独善的性癖，对于社会一般，就有两种恶影响。一种，是他们的思想本身的缺点，即容易变成和社会毫无关系的思想。还有一种，是社会对于他们的思想的感想，即社会轻视了这些自以为是的思想家的言论。其结果，是成了思想家和实社会的隔绝。思想和实生活的这样的隔绝，自然并非单是思想家之罪，在专制政治之下，这事就更甚。因为反正是说了也不能行，思想家便容易流于空谈放论了。

如果我们人类生活的目的，是在文化的发达，则有贡献于这文化的发达的这些思想家们的努力，我们是应该尊重，感谢的。但若书斋生活者因了上述的缺点，和实生活完全隔绝，则在社会的文化发达上,反有重大的障碍。因此,社会也就有省察一番的必要了。[1]

书斋中的鲁迅,努力保持对社会的观察和批判。

鲁迅也难免感到书斋生活的沉闷和工作的压力。1929年3月22日在给韦素园的信中说,"近来总是忙着看来稿,翻译,校对,见客,一天都被零碎事化去了","我的'新生活'却实在并非忙于和爱人接吻,逛公园,而苦于终日伏案写字"。

---

[1] [日]厨川白村著,鲁迅译《出了象牙之塔》,《鲁迅译文全集》第3卷,福州:福建教育出版社2008年版。

回眸时看小於菟

1929年9月，鲁迅近五十岁得子，非常喜悦。他悉心照料母子，在孩子成长过程中，很注重为孩子照相留念。

孩子出生百日，夫妇两个抱着他去照相。1930年1月4日，鲁迅日记："海婴生一百日，午后同广平携之往阳春馆照相。"孩子满六个月，鲁迅两手托着儿子照相："雨。海婴满六阅月，午广平携之来，同往福井写真馆照相，照迄至东亚食堂午餐。"当时，鲁迅因参加中国自由运动大同盟被政府通缉，避居在外。便是在生活艰难，乃至有生命危险的时期，也没有省略这个仪式。一岁，当然更要照相，而且要照全家福。

在海婴百日全家福上，摄影师抓拍到鲁迅回头一看的瞬间，这张照片也许催生了鲁迅的一句诗"回眸时看小於菟"，见于1932年写的《答客诮》：

无情未必真豪杰，怜子如何不丈夫。
知否兴风狂啸者，回眸时看小於菟。

鲁迅老年得子，也成了文坛上一个议论对象。1930年3月27日，鲁迅在给章廷谦的信中说："有几种报章，又对我大施攻击，自然是人身攻击，和前两年'革命文学家'攻击我之方法并同，不过这回是

五 上 海　　251

海婴百日全家合影，摄于1930年1月4日

'罪孽深重，祸延'孩子，计海婴生后只半岁，而南北报章，加以嘲骂者已有六七次了。"

养育孩子的繁难，鲁迅深有体会。1931年3月6日他在给李秉中的信中说："孩子生于前年九月间，今已一岁半，男也，以其为生于上海之婴孩，故名之曰海婴。我不信人死而魂存，亦无求于后嗣，虽无子女，素不介怀。后顾无忧，反以为快。今则多此一累，与几只书箱，同觉笨重，每当迁徙之际，大加擘画之劳。但既已生之，必须育之，尚何言哉。"同年4月15日又写信给正计划要孩子的李秉中，说："生今之世，而多孩子，诚为累坠之事，然生产之费，问题尚轻，大者乃在将来之教育，国无常经，个人更无所措手"，但"长吉诗云：己生须己养，荷担出门去，只得加倍服劳，为孺子牛耳"。

鲁迅靠写作为生，创作时需要安静。有了孩子，家中自然多喧闹而少安宁。1931年6月23日他给朋友写信诉苦道："我安善如常，但总在老下去；密斯许亦健，孩子颇胖，而太顽皮，闹得人头昏。四月间北新书店被封，于生计颇感恐慌，现北新复开，我的书籍销行如故，所以没有问题了。中国近又不宁，真不知如何是好。"他也常常把孩子的情况写信报告母亲，如1932年3月20日的信中说孩子"现在胃口很好，人亦活泼，而更加顽皮，因无别个孩子同玩，所以只在大人身边吵嚷，令男不能安静"。1934年2月14日他写信给日本朋友增田涉说："搬家以后，海婴很健康，但更顽皮，在家时常有暴动之虑，真难办。"在1934年8月7日的信中又说："但海婴这家伙却非常顽皮，两三日前竟发表了颇为反动的宣言，说：'这种爸爸，什么爸爸！'真难办。"烦恼中透出喜悦。

在《答客诮》一诗中，鲁迅把自己比作兴风狂啸的老虎，而更为人们熟知的比喻是"牛"。1932年10月5日："晚达夫、映霞招饮于聚丰园，同席为柳亚子夫妇、达夫之兄嫂、林微音。"郁达夫见到鲁迅，关心地问:"你这些天来辛苦是吧!"鲁迅即举"横眉冷对千夫指,俯首甘为孺子牛"两句作答。郁达夫打趣地说:"看来你的'华盖运'还没有脱。"鲁迅说:"嗳,给你这样一说,我又得了半联,可以凑成一首小诗了。"10月12日,鲁迅为柳亚子书一条幅,乃诗一首:

> 运交华盖欲何求,未敢翻身已碰头。
> 旧帽遮颜过闹市,破船载酒泛中流。
> 横眉冷对千夫指,俯首甘为孺子牛。
> 躲进小楼成一统,管他冬夏与春秋。

鲁迅经常赠送孩子的照片给较为亲密的朋友,章廷谦、增田涉、山本初枝等都收到过鲁迅儿子的照片。

不过,他很少把孩子的照片公开发表。1934年5月,陶亢德写信给鲁迅,索要一张全家合影:"我与某君当时编一刊物,'挖空心思'求内容之出色,决定辟一栏作家访问记,第一个想到的当然是鲁迅先生。于是先写信和他商量,征求同意;至于哪三种'雅命'现在再也记不清楚,有一种大概是要照一个相或请先生给一张相片,与夫人公子同照。……于是硬着头皮写了一封信去……"5月25日鲁迅复信道:"作家之名颇美,昔不自量,曾以为不妨滥竽其列,近来稍稍醒悟,已羞言之。况脑里并无思想,寓中亦无书斋;'夫人及公子',更与文坛无涉,雅命三种,皆不敢承。倘先生他日另作'伪作家小传'时,当罗列图书,摆起架子,扫门欢迎也。"

陶亢德写道:"这在当时是一盆兜头冷水,实在感觉没趣。但是这个没趣究竟是于我有益的,就是此后无论作什么事,不禁要记起鲁迅先生这封信来,把事情作得朴实一些,少带江湖气即噱头。"[1]

---

[1] 陶庵(陶亢德)《鲁迅先生的四封信》,载1956年10月19日《新民报》晚刊。

邬其山

鲁迅到上海的第三天,就前往内山书店购书。内山生动地记述了他与鲁迅初次见面的情景:

> 有一个常常和二三朋友同道,光顾我们书店的穿蓝色衣衫的人,身材小而走着一种非常有特点的脚步,鼻下蓄着浓黑的口髭,有清澄得水晶似的眼睛的,有威严的,哪怕个子小却有一种浩大之气的人,映上了我们的眼帘。
>
> 有一天,那位先生一个人跑来,挑好了种种书,而后在沙发上坐下来,一边喝着我女人进过去的茶,一边点上烟火,指着挑好了的几本书,用漂亮的日本话说:
>
> "老板,请你把这些书送到窦乐安路景云里××号去。"现在,那屋子的门牌我已经忘掉了;当时,我立刻就问:"尊姓?"一问,那位先生就说:"叫周树人。""啊——你就是鲁迅先生么?久仰大名了,而且也听说是从广东到这边来了,可是因为不认识,失礼了。"
>
> 从那时候起,先生和我的关系就开始了。[1]

---

[1] [日] 内山完造《鲁迅先生》,载1936年11月16日《译文》第2卷第3期。

鲁迅与内山完造合影,1933年夏摄于内山寓所

从1927年10月首次去内山书店购书到1936年去世止,鲁迅去内山书店五百次以上,购书上千册。鲁迅常在这里与国内外友人漫谈,接待生客。内山书店也是鲁迅对外的联络地址,代鲁迅收转信件。

由于国民党政府书刊检查制度严苛,鲁迅的一些著作不能公开发售。内山书店却因特殊地位,不受中国政府的检查。鲁迅就把自己和一些左翼作家的书籍交给内山书店代卖。内山完造在《花甲录》中提供了一个代卖鲁迅著作的目录:

《士敏土之图》(木刻)
《铁流》(曹靖华译)
《伪自由书》
《南腔北调集》
《准风月谈》
《且介亭杂文》
《且介亭杂文二集》
《且介亭杂文三》(即《且介亭杂文末编》——本书作者注)
《海上述林(上、下)》(瞿秋白纪念)
《木刻纪程》(中国新木刻集)
《引玉集》(苏联木刻集)
《北平笺谱》(现存中国木刻)
《十竹斋笺谱》(中国木刻)
《珂勒惠支版画集》(德国木刻)

这个目录并不完全,其中没有提到鲁迅翻译的《毁灭》,就是电车工人阿累在内山书店里买到的那种。从1936年7月到11月间,鲁迅托内山书店代售的《铁流》是190部,《毁灭》是210部,分别售出188

部和196部。[1]

内山完造（1885—1959），日本冈山人，自起汉名邬其山，在上海居住达35年。他自12岁起就先后在大阪和京都的商店当学徒。1913年作为"大学眼药"本店——参天堂派驻上海人员来到中国，起初在上海推销药品，兼售基督教福音书。

1917年内山完造以夫人美喜子的名义开设内山书店，最初在上海虹口的北四川路余庆坊弄口旁的魏盛里（现四川北路1881弄），1929年迁至北四川路的施高塔路（今山阴路）11号。开始销售基督教福音书，进而销售一般日文书籍，再后扩展经营中文书籍。

内山书店的书籍敞开陈列，读者可以随手翻阅，店堂里摆着长椅和桌子，读者可以坐着看书。在书店外的人行道上，设一个大茶缸，免费向过往行人供应茶水。内山书店对外实行赊账，不管金额大小，无论国籍（包括中国人）。在日本人普遍蔑视中国人的时代，这是很让人感到亲切的。

当时，虹口四川北路一带是上海文化界人士居住最集中的地方，内山结识了不少中国文化界人士，并与其中一些人结下了深厚的友谊，如鲁迅、郭沫若、田汉等人。

1932年2月6日（旧历正月初一）因四川北路的内山书店处在战区之内，很不安全，在内山完造的协助下，鲁迅一家和周建人一家，于当天下午迁避上海三马路英租界内山书店支店。十人一室，席地而卧。鲁迅说，当时"一无所携，只自身及妇竖共三人耳"。

因上海的形势严峻，鲁迅曾考虑北迁。1932年2月29日他写信给李秉中说："此后仍寓上海，抑归北平，尚毫无头绪。"幸赖内山完造等日本朋友帮助，鲁迅才得以在上海较为安稳地住下去。

---

1 周国伟《鲁迅委托内山书店寄售的书籍》，《鲁迅研究资料》第14卷。

鲁迅曾有一首打油诗《赠邬其山》：

廿年居上海，每日见中华。
有病不求药，无聊才读书。
一阔脸就变，所砍头渐多。
忽而又下野，南无阿弥陀。

关于这首诗，许广平说：

当时，鲁迅先生每天都到上海的内山书店去会晤内山先生欢谈。一天，内山先生感慨地说："我在上海居住了二十年之久，眼看中国的军阀政客们的行动，和日本的军阀政客的行动，真是处处相同；那就是等待时机，一朝身在要职，大权在握时，便对反对他们的人们，尽其杀害之能事，可是到了局势对他们不利的时候，又像一阵风似的销声匿迹，宣告下野，而溜之大吉了。"鲁迅先生听了这番话后，颇感兴趣，在第二天便根据内山先生的谈话，写成一首诗赠给他。[1]

鲁迅与内山完造如此亲密，自然引起外界议论纷纷。例如苏雪林就这样说："内山书店，乃某国浪人所开。实一侦探机关，前者道路流传，不忍听闻（见《文艺座谈》），鲁迅即不爱惜羽毛，嫌疑之际，亦当有以自处，乃始终匿迹其间，行踪诡秘，所为何事？且反帝之人而托庇日本帝国主义势力之下，其行事尤为可耻。李大钊革命革上绞台，陈独秀革命革进牢狱，鲁迅革命革入内山书店，此乃鲁迅独自发

---

[1] 许广平《鲁迅回忆录·内山完造先生》，北京：作家出版社1960年版。

明之革命方式也。嘻!"¹鲁迅在给山本初枝的信中,谈到有些文人的造谣时说:"我依旧被论敌攻击,去年以前说我拿俄国卢布,但现在又有人在杂志上写文章,说我通过内山老板之手,将秘密出卖给日本,拿了很多钱。……在中国的所谓论敌中有那么卑劣的东西存在,实在言语道断。"²1934年5月15日鲁迅致杨霁云信,谈到自己被污为"汉奸"一事,说:"汉奸头衔,是早有人送过我的,大约七八年前,爱罗先珂君从中国到德国,说了些中国的黑暗,北洋军阀的黑暗。那时上海报上就有一篇文章,说是他之宣传,受之于我,而我则因为女人是日本人,所以给日本人出力云云。这些手段,千年以前,百年以前,十年以前,都是这一套。叭儿们何尝知道什么是民族主义,又何尝想到民族,只要一吠有骨头吃,便吠影吠声了。其实,假如我真做了汉奸,则它们的主子就要来握手,它们还敢开口吗?"

鲁迅从与内山完造的交往中获得了快乐和安慰。后来,内山完造凭记忆把他们之间的谈话写下来,例如下面这一段:

"老板,你看了报吧?"

报上载着:×××五十六岁的诞辰,祝贺的钱竟收到十余万之多。我想,恐怕没有人把这件事情看作不可思议或者是发生怀疑的吧?

我觉得很伤心。原来在中国,庆祝寿辰,每隔十年一回,如四十岁,五十岁,六十岁,七十岁,或八十岁等等;跟这个人一样地庆祝五十六岁的习惯是没有的。所以,我想,这个人一定是每年都在祝寿,并且,每一次祝寿,也一定可以收到这么一笔大

---

1 苏雪林《与蔡孑民先生论鲁迅书》,载1937年3月16日《奔涛》第1卷第2期。
2 鲁迅1933年9月29日致山本初枝信,《鲁迅全集》第14卷。

款子。逢着每年的诞辰都可以收到十万块钱，这真是厉害！

"从前的受贿，都是很秘密的；但，如今，则贿赂似乎大抵都变成公然的了。"

到现在，我都还可以想起先生当时的脸孔之变得非常阴郁。[1]

1941年太平洋战争爆发，日军占领租界，原英、美等国的企事业被日军接管，内山完造接管了南京路160号的中美图书公司，于是该店就成了内山书店的分店。抗战结束后，南京路的内山书店分店由中美图书公司收回。中国政府以内山完造为敌国侨民，强令其归国，四川北路的内山书店作为敌产被没收，改作他用。

内山完造回到东京，仍致力于中日友好活动。1950年参加创建日中友好协会。1954年参加接待中华人民共和国第一个访日代表团。

1959年，内山以日中友好协会副会长身份来华访问期间，突发脑溢血在北京去世。依其生前意愿，葬于上海万国公墓（今宋庆龄陵园）。

---

[1]［日］内山完造《忆鲁迅先生》，载1936年11月5日《作家》第2卷第2号。

文艺漫谈会

1930年8月6日,鲁迅应内山完造之邀,参加旅居上海的日本文化界人士和中国文化界人士举行的文艺漫谈会。鲁迅日记载:"晚内山邀往漫谈会,在功德林照相并晚餐,共十八人。"

文艺漫谈会的形成,与几位日本人发起成立的"中国剧研究会"有密切的关系。照片上立于后排的塚本助太郎在《鲁迅先生与内山完造》一文中回忆说:

> 我的中国生活,前后有三十年,最初的三年半在北京留学,嗣后到上海丰田纺织厂就职,以后就一直在棉织界工作。……我把上海日本人青年会文化事业作为一环,使中国剧研究会(略称C.O.D)的同好人士(升屋治三郎、竹内良男和我)作为中心组织起来,那是一九二三年圣诞节前后的事。当时有京剧团从北京南下,乘其在上海公演之际,我们组织上海日侨青年人观看,一面就请欧阳予倩先生开设京剧教室,所用的讲义有王国维的《宋元戏曲史》《梨园佳话》(商务印书馆),还请了先生讲谈二黄戏,对自我演戏等作了解说。这个研究会除出版机关志五册外,还发行了《梨园特集》号,涉及的范围有电影艺术、一般文艺等。内山书店鉴于日本出版界的情况、上海日侨的激增、日中文化交流

文艺漫谈会合影,摄于1930年8月6日。前排左起:田汉、郁达夫、鲁迅、欧阳予倩、山崎百治、神田喜一郎;后排左起:石井政吉、郑伯奇、升屋治三郎,第七人起为塚本助太郎、岛津四十起、中岛洋一郎、内山完造

的发展，就从魏盛里迁移到施高塔路，以店主内山完造为中心，自然地结成了"上海文艺漫谈会"，并发行《万华镜》。在中国人方面，有欧阳予倩、田汉、郁达夫、唐有壬、唐槐秋、傅彦长、王独清、郑伯奇、陶晶孙等，也是我们的朋友。由这些人组成的文艺漫谈会，每月一次不定期地集合起来，快乐地进行漫谈。[1]

塚本助太郎是"中国剧研究会"的核心人物，生于1900年，1918年商科毕业后，进入三井物产公司，随即被派往中国的"北京三井书院"，三年半后成为上海丰田纺织营业部职员。他的妻子是京都教会的基督徒，是内山完造的基督教导师牧野虎次的长女。这样，在上海，塚本与内山完造很快相识了。喜欢京剧的塚本，与几位朋友组织了中国剧研究会，内山加入研究会，虽然只是挂名，但因为他经营书店，交际广泛，逐渐成为研究会的一个核心人物。

1924年，内山完造买下了内山书店对面进弄第一、第二间房子，那里原是日本人开的杂货店，内山将之作为书店的店堂，而书店原来的地方则作为堆放货物和店员住宿之用。新辟的内山书店为双开间，店堂东西北三面都是一人多高的书架，中间还有一排书架，这排书架后面摆一张小桌子和一套藤沙发，就是内山书店的"漫谈席"。

内山完造后来回忆说：

> 我店的文艺漫谈会是为数位友人创造的，石井政吉博士脱离以前的专业而专门研究歌德，他作为爱好者加入。剧谈的升屋治三郎是早稻田逍遥博士的直系弟子，与坪内士行有交情，行家都敌不过。塚本助太郎的中国剧，在北京的人都知道听花山人辻先

---

[1] [日]塚本助太郎《鲁迅先生与内山完造》，见内山完造《回想鲁迅》。

生（尚小云是其义子），是名著《中国剧》的作者，在脸谱的研究上与竹内共称上海双璧。还加入其他文艺爱好家，尤其是中国南方剧坛第一人者欧阳予倩、田汉、郑伯奇、唐友壬等中国这边的同人一起彻夜漫谈，……[1]

1926年1月，日本唯美派作家谷崎润一郎来到内山书店向内山完造提出，希望见到中国优秀的青年文化人。经内山电话联系，中日两国文化人在内山书店会面。内山完造还特意向素菜馆"供养斋"订购一桌菜，请店家送到书店。中国素斋的材料丰富及技法精致令谷崎润一郎敬服。出席见面会的有田汉、郭沫若、欧阳予倩、谢六逸、方光焘、徐蔚南、唐越石、村田孜郎、公崎仪平、塚本助太郎、升屋治三郎等。同月29日下午2时，以欧阳予倩、田汉为主席的上海文艺消寒会特意在徐家汇路10号新少年影片公司为谷崎润一郎访问上海举行盛大欢迎会。谷崎回国后又介绍日本作家佐藤春夫来上海，也通过内山与中国作家见面。

"文艺漫谈会"作为日本作家、新闻记者、画家与中国文艺界人士进行交流的场所，渐渐有了名气。鲁迅到上海后第三天就去了内山书店，很快就成了这里的常客，并和内山完造成了莫逆之交。

漫谈会没有规则，也没有特别会员，参加者就当时政治、文艺等问题自由地漫谈。中国方面的参加者大多是留日回国的青年文学艺术家，其中不少是中国文艺界知名人士。如东京大学毕业的郁达夫、东京高等师范毕业的田汉、京都大学毕业的郑伯奇、早稻田大学毕业的欧阳予倩等。日本方面的参加者大多是生活在上海或来沪访问的人文学者。由于内山书店所处的虹口地带是所谓"越界筑路"地段，名义

---

1 ［日］内山完造《花甲录》，第230页。

上是公共租界，实际上归日本人统治，国民党警察不能到这个地区巡逻。因此，内山书店成为中国文化人士特别是左翼文艺界人士会面谈话的理想场所。

漫谈会人多的时候——如这一次有十八人之多——就需要到更宽敞的地方如"功德林"举行了。

鲁迅与文艺漫谈会日本人的交往，值得一提的事是书赠升屋治三郎诗一首。升屋的原名叫菅原英次郎，笔名胡儿，当时是上海丰田纺织的职员，业余写戏剧评论。鲁迅为他写的是自作诗："春江好景依然在，海国征人此际行。莫向遥天忆歌舞，《西游》演了是《封神》。"并题署："辛未三月送升屋治三郎兄东归。"这首诗后来收入《集外集》时，题为《赠日本歌人》。实际上，升屋并非歌人。鲁迅这样写，有两个可能：一是诗是写给别人即一位"歌人"的，这里只是抄录给升屋；一是他平时与这些日本漫谈家尤其是戏曲爱好者并不十分熟悉。

知天命

在左翼文化团体为鲁迅举办的五十寿辰宴会上,史沫特莱为鲁迅拍摄了多张照片,时间是1930年9月17日。

1930年9月25日是鲁迅的生日,上海左翼文化团体提前一周在上海吕班路(今重庆南路)的荷兰西菜室秘密集会为鲁迅祝寿。鲁迅日记载:"有人为我在荷兰西菜室作五十岁纪念,晚与广平携海婴同往,席中共二十二人,夜归。"后来他向朋友报告说:"前几天有几个朋友给我做了一回五十岁的纪念,其实是活了五十年,成绩毫无,我惟希望就是在文艺界,也有许多新的青年起来。"这几张照片中的一张曾在美国《新群众》杂志上刊登过。《新群众》(New Masses)是美国共产党创办的一种文学与社会的政治性月刊,前身是《群众》(Masses),从1926年起改名。刊物上发表过不少有关中国革命运动的通讯报道,特别是美国女作家史沫特莱写的有关中国左翼文艺界活动的文字。

《新群众》负责人瓦特·卡尔门在给中国左联的信中说《新群众》刊登了左联的去信,版面的左下角有鲁迅照片,照片下面的说明文字是:"鲁迅——中国最伟大的短篇小说家,全中国左翼作家联盟领袖,摄于他五十寿辰日。他还积极参加自由大同盟和其他左翼

鲁迅五十寿辰宴会上,史沫特莱为鲁迅照相,摄于1930年9月17日

的文化团体。"[1]

史沫特莱描述当晚寿宴的情形道：

> 有一些青年作家要我去租一个外国小饭店，可以让我们在那里开一个下午的茶会，并且吃一顿晚餐。中国人要有这样一个机会，是危险的。我是个外国人，我可以租了那地方，来请我的客。不过等到客人都来齐了，那外国饭店的主人看看所有的客人都是中国人，又大多是贫穷的，并且中国的侍者们也要听到我们的谈话和演说，于是就要发生危险了。
>
> 在鲁迅生日的那天下午，客人陆续来到那小饭店的花园中。他们有单独来的，有成群来的。有许多没有钱，因而不能留到晚上吃晚饭。鲁迅和他的夫人（他的夫人抱着一个孩子），在园里一张桌子旁边坐着或是站着，招待着进园来的向他们致敬的客人。那天鲁迅真是美丽——因为当他快乐的时候，或是对于什么东西发生兴味的时候，他总是美丽的。他的脸老是那么动人，他的眼睛老是带着智慧和兴味闪耀着，但是在今天，他真正是美丽了。他那件长的绸袍增添了他的美，增添了成为他的一部分的那种尊严。
>
> 我在中国的时间不久，这种景象使我惊异了。在那个时代，就是少数人集合在一处地方，也是有危险的。我们的周围一径都有侦探，有许多集会他们似乎都知道。可是那一天，来给鲁迅致敬的不下二百人，而且其中有许多，要是给警察知道的话，他们的脑袋都要难保。可是二百个人来了，并没有一个侦探知道。我还记得有一群从近代舞台来的贫苦演剧家，站在那里同鲁迅谈

---

[1] 载1931年4月25日《前哨》第1期"纪念战死者专号"。

话。不知为什么，他们似乎比其余的客人都要穷些。在当时，有许多革命的团体正在组织之中，因为有许多小剧团也正在组织成一种全中国的组织。此外的客人中，有许多左翼的或革命的作家，许多艺术家，少数新闻记者，许多教员，一些学生，一些从各大学来的教授。还有一个是红军协助会的代表，一个刚刚出狱的反帝同盟的代表，一个当时上海共产党党报的编辑。我又记得有一个守旧的哲学教授也来参加鲁迅生辰的庆祝。

整个下午，客人不断的来来去去，到晚上只有五十个人留着举行一个小小的宴会。我看着那外国店主在房间里不断走动着，亲身照料着一切，每一回那个侍者走出房去的时候，我都注视着，倾听着，留心着他们是否去打电话给警察。因为当时在场诸人的演说，要是给警察知道的话，是大可以引得他们带着机关枪和捕人车而来的。并非那些演说是"狂妄的"或是"凶险的"。不，他们不过是谈着近代的思想，谈着中国的解放，谈着文化团体的组织，谈着鲁迅的领导的必要。他们谈到了鲁迅的可宝贵的五十年生活，而仍旧还是年轻而健壮，成为一个青年和革命思想的领导人。他们请求他出来切切实实地做个领导。

我那天晚上第一次听到鲁迅演说。我的耳朵一面侧向外面的街道，担心着警察的捕人车的可能的隆隆声的到来，一面却仍倾听着一个译人替他译出来的话。不久之后，我就忘记了捕人车快要来到的一件事了。因为鲁迅正在那里讲他生平的故事。他站着，一个平静而威严的形象，从容而平静地说着话，说得所有的侍者都静听着他的每一个字，有时竟致客人也忘记侍候了。

鲁迅讲到他在前清时的青年生活，他在一个半封建的小乡村里的青年生活。他讲到他起先怎样在日本学医，后来怎样认明了今日的医学只是替富人服务，只有富人能够给得起医生的诊费，而中国的问题,他以为,并不是替富人医肚痛可以解决的。因此,鲁迅转移到了社会的文学,用它来作唤醒青年的工具。他倾向于俄国的革命作家,并且向他们学习。

最后,鲁迅讲到了世界各国的普罗列塔利亚文学。他是一个学问渊博的人,而且他是我所认识的人当中教养最深的一个。这一天晚上,他把他对于世界文学的知识在他的朋友们面前展示出来了。但是,鲁迅说,他自己并不是一个普罗列塔利亚的作家。他的根底,他的创作生活,开始在一个半封建的乡村里,他除了那个乡村和知识阶级之外对于其他任何的知识集团知道得很少。可是,他一直是和学生及其他知识者思想中的封建主义奋斗的,而这件事,他仍旧还在做,而且能够继续做下去。关于普罗列塔利亚文学,他正在把许多苏联作家的重要作品译为中文,还有许多许多他也预备要译。这些作品,他说,应该用作中国青年作家的指导。同样,在艺术上,他要把西方近代刻绘艺术家的第一流作品收集起来,在中国刊布,使中国青年的艺术家可以向他们去学习。[1]

从照相也可以看出鲁迅对五十寿辰的重视。1930年9月24日,鲁迅日记记载:"今日为阴历八月初三,予五十岁生辰,晚广平治面见饷。"第二天全家往春阳堂照相三张:一张单人照,上题"九月二十四日照于上海,时年五十";一张是鲁迅与海婴合影,上题"鲁迅与海婴,一岁与五十";一张是全家合影,上题"鲁迅 许广平 海婴 IX/24"。(应为9月25日——本书作者注)后两张都有外文题字。

---

[1] [美]史沫特莱《追念鲁迅》,载《文学》1937年11月10日第9卷第4号。

鲁迅五十岁生日照,摄于1930年9月25日

鲁迅与海婴,一岁与五十,摄于1930年9月25日

鲁迅、许广平、海婴合影,摄于1930年9月25日

鲁迅五十寿辰的单人照十分流行,可以说是鲁迅的"标准照"。照片上有他手写的说明文字:"鲁迅,一九三〇年九月二十四日照于上海,时年五十。"此系笔误,因为25日日记分明写道:"晴。午后同广平携海婴往阳春堂照相。"

鲁迅曾说这张照片被"用来用去",生前如此,去世后亦然。这种"刚正"形象被视为"横眉冷对千夫指"的生动写照。[1]"文革"中发行的"纪念我们的文化革命先驱——鲁迅"邮票就使用了这张照片。在强调阶级斗争的年代,鲁迅这种形象备受青睐。

---

1 参见黄乔生《开麦拉之前的鲁迅——鲁迅照片面面观》,载《鲁迅研究月刊》2009年第12期,收入《字里行间读鲁迅》,北京:生活·读书·新知三联书店2017年版。

《前哨》背后

1931年4月20日，编定《前哨》创刊号后，鲁迅与冯雪峰两家合影留念。

《前哨》创刊号为"纪念战死者专号"，战死者是指1931年2月7日被国民党政府杀害的左联五作家和1930年秋在南京被害的左翼剧联成员宗晖（谢伟檠）。

柔石等青年作家牺牲后，鲁迅经受着悲痛的煎熬，有时因愤怒而终日无言。

《前哨》是左联的机关刊物，1931年4月25日创刊。由于《前哨》的刊名容易引起注意，第二期就改名为《文学导报》。原定是半月刊，但由于政府书刊审查制度严酷，并不能如期出版，而且只出到第八期（1931年11月15日），便告终刊。创刊号上刊载了《中国左翼作家联盟为国民党屠杀大批革命作家宣言》《为国民党屠杀同志致各国革命文学和文化团体及一切为人类进步而工作的著作家思想家书》（这个文件译成俄、英、日文发往国外，史沫特莱参与其事）和鲁迅的《中国无产阶级革命文学和前驱的血》《柔石小传》等文章（署名L.S.），并刊出死难烈士的照片、传略和遗作等。后面的几期则主要刊登有关"左联"的宣言、决议、启事等文件和国际革命作家联盟等国外组织、社团对中国革命的声援讯息等。

鲁迅一家与冯雪峰一家合影,摄于1931年4月20日。鲁迅日记:"下午同广平、海婴、文英及其夫人并孩子往阳春馆照相。"文英即冯雪峰,其夫人叫何爱玉,他们的孩子名叫冯雪明在《中国无产阶级革命文学和前驱的血》一文中，鲁迅抨击秘密杀害左翼文人的专制政府，说："纪念我们的战死者，也就是要牢记中国无产阶级革命文学的历史的第一页，是同志的鲜血所记录，永远在显示敌人的卑劣的凶暴和启示我们的不断的斗争。"文章的用语极政治化，与他惯常的杂文风格有明显差异，显示出"遵将令"的一面。因为没有印刷所敢于承印，便由几个倾向革命的排字工人承担捡字，编辑人员守在旁边，排好一段校对一段。

刊名《前哨》两个字是鲁迅亲笔写的，当时空着，等天亮刊物印好后，再用木头刻的这两个字逐份印上去。烈士们的照片，也设法在别处印好，拿过来一份一份贴上去，为此耗去不少时间，刊物不得不延期出版。

编完这份纪念烈士的刊物后，鲁迅略感宽慰，于下午携带妻儿邀请冯雪峰全家一起拍照，以为纪念。照片右下方有鲁迅亲笔题字："一九三一年四月二十日，上海所照。"

冯雪峰的儿子冯夏熊说，照片上那个冯家小孩是他的姐姐冯雪明。他说："拍这张照片的时候，许广平刚哭过，眼泪没干，头微微低着……"原因是，许广平当时不愿意拍这张照片，左联成员柔石刚刚被当局杀害，鲁迅全家仓皇外出避难，而冯雪峰是柔石的高中同学和挚友。但鲁迅坚决要与冯雪峰及其妻女合影，并因此斥责了许广平。冯夏熊对此表示谅解，说："一个女人有了孩子之后，产生这样的顾及家庭安危的想法也很正常。"[1]

让冯雪峰有机会结识鲁迅的正是柔石。柔石与冯雪峰在浙江第一师范读书的时候，因为都酷爱写诗而结为好友。柔石去北大读书后，冯雪峰也随之赴京，拿了北大的旁听证，和好友一起听过鲁迅的课。

---

[1] 朱光《冯雪峰之子：鲁迅看准中国的前途在共产党身上》，载2010年3月4日《新民晚报》。

1928年年初,冯雪峰因为"闹革命"而被政府通缉,来沪暂避。他写了一篇《革命与知识阶级》的文章,批评了创造社,基本肯定了鲁迅,引起了鲁迅的注意,尽管鲁迅对文中的一些观点并不满意。据冯夏熊回忆,在柔石的陪伴下,冯雪峰于1928年12月8日第一次与鲁迅见了面。此后,两人越来越亲密。

冯夏熊说,鲁迅和冯雪峰"两人说话口音不同,但是互相听得顺耳。两人都爱抽烟,而许广平最讨厌这个了"。

1933年冯雪峰离开上海去了苏区,不久担任苏区中央党校副校长。毛泽东很关心外面的信息,加之冯雪峰从上海来,就经常与他谈天。他们多次谈及鲁迅。据冯雪峰回忆,一次,毛泽东对他说:"今夕我们不谈别的,只谈鲁迅好不好?"于是,冯雪峰就详细地介绍鲁迅及上海文坛的情况,毛泽东聚精会神地聆听。又一次,毛泽东对冯雪峰说:"今晚约法三章:一不说红米南瓜;二不谈地主恶霸;三不谈别的,只谈鲁迅。"冯雪峰还告诉毛泽东:有一个日本人说,全中国只有两个半人懂得中国,一个是蒋介石,一个是鲁迅,半个是毛泽东。毛泽东听了哈哈大笑,沉思后说:"这个日本人还不简单,他认为鲁迅懂得中国,这是对的。"[1]

冯雪峰在鲁迅和毛泽东之间架起了一座桥梁。

---

[1] 冯雪峰《回忆鲁迅》。

平安照

鲁迅因为参加了民权保障同盟和左翼作家联盟，批评政府，因此社会上多次传言他被逮捕或者杀害。

左联青年作家被捕后，鲁迅外出避难，社会上谣言日起。鲁迅屡次致信朋友讲明情况。1931年2月4日鲁迅致李秉中信说："我自旅沪以来，谨慎备至，几于谢绝人世，结舌无言。然以昔曾弄笔，志在革新。故根源未竭，仍为左翼作家联盟之一员。而上海文坛小丑，遂欲乘机陷之以自快慰。造作蜚语，力施中伤，由来久矣。哀其无聊，付之一笑。"又说："文人一摇笔，用力甚微，而于我之害则甚大。老母饮泣，挚友惊心。十日以来，几于日以发缄更正为事，亦可悲矣。今幸无事，可释远念。然而三告投杼，贤母生疑。千夫所指，无疾而死。生丁今世，正不知来日如何耳。"

李秉中为了辟鲁迅被捕之谣，将鲁迅给他的信投寄天津《大公报》的《文学副刊》发表，4月《文艺新闻》以答复上海一读者的形式转载，并在编者按中说，关于鲁迅的安危问题，"屡接各方读者的来函，积书盈尺"，可见谣传之盛，而且持续两三个月，同时也可见广大读者对鲁迅的安全的关心。1931年2月5日鲁迅致荆有麟信，谈到自己几年来的境遇说："我自寓沪以来，久为一班无聊文人造谣之资料，忽而开书店，忽而月收版税万余元，忽而得中央党部文学奖

鲁迅全家照，摄于1931年7月30日上海福井照相馆。鲁迅日记1931年7月28日："下午同广平携海婴往福井写真馆照相。"因谣传鲁迅被捕，鲁迅母亲在北平担忧儿子的安全。鲁迅想以全家合影以释母念。但这次的照相在冲洗时损坏。于是，30日"午后同广平携海婴复至福井写真馆重行照相"

金，忽而收苏俄卢布，忽而往莫斯科，忽而被捕，而我自己，却全不知道有这么一回事。其实这只是有些人望我如此的幻想，据他们的小说作法，去年收了一年卢布，则今年当然应该被捕了，接着是枪毙。于是他们的文学便无敌了。"

在北方的母亲也很担心儿子的安全，一听闻传言，就赶紧来信询问。鲁迅报平安的家书有好多封。例如1932年遭遇战争，外出避难，战事结束，回到寓所，鲁迅写信报告母亲说：

> 现男等已于十九日回寓，见寓中窗户，亦被炸弹碎片穿破四处，震碎之玻璃，有十一块之多。当时虽有友人代为照管，但究不能日夜驻守，故衣服什物，已有被窃去者，计害马衣服三件，海婴衣裤袜子手套等十件，皆系害马用毛线自编，厨房用具五六件，被一条，被单五六张，合共值洋七十元，损失尚算不多。两个用人，亦被窃去值洋二三十元之物件。惟男则除不见了一柄洋伞之外，其余一无所失，可见书籍及破衣服，偷儿皆看不入眼也。

又如，1934年3月15日的家书中说："近闻天津报上，有登男生脑炎症者，全系谣言，请勿念为要。"

左联青年作家被害后的一个深夜，鲁迅住在避难所花园庄旅馆，悲愤交加，写下七律一首：

> 惯于长夜过春时，挈妇将雏鬓有丝。
> 梦里依稀慈母泪，城头变幻大王旗。
> 忍看朋辈成新鬼，怒向刀丛觅小诗。
> 吟罢低眉无写处，月光如水照缁衣。

有时，他通过照相的方式向慈母和亲属报平安。这张照片就是这样的背景下拍摄的。过去是"家书抵万金"，现代以照片报平安，更真实——"见照如面"。

友人们认为出国休养对鲁迅的健康和安全会有好处。鲁迅也想出游，但困难重重。他在给朋友的信中说：

> 时亦有意，去此危邦，而眷念旧乡，仍不能绝裾径去，野人怀土，小草恋山，亦可哀也。日本为旧游之地，水木明瑟，诚足怡心，然知之已稔，遂不甚向往，去年颇欲赴德国，亦仅藏于心。今则金价大增，且将三倍，我又有眷属在沪，并一婴儿，相依为命，离则两伤，故且深自韬晦，冀延余年，倘举朝文武，仍不相容，会当相偕以泛海，或相率而授命耳。[1]

---

1 鲁迅1931年2月18日致李秉中信，《鲁迅全集》第13卷。

木刻讲习会

1931年8月17日，鲁迅开始举办为期六天的木刻讲习会，请内山完造的弟弟内山嘉吉讲授木刻技法，并亲任翻译。8月22日结束时，每个学员出两元钱，请照相师在教室对面一幢楼房的草坪上，拍摄合影，每人得相片一张作为纪念。

1935年1月，鲁迅在给李桦的信中谈到国民党当局几年间压迫青年木刻工作者的情况："上海，现在已无木刻家团体了。开初是在四年前，请一个日本教师讲了两星期木刻法，我做翻译，听讲的有二十余人，算是一个小团体，后来有的被捕，有的回家，散掉了。此后还有一点，但终于被压迫而逬散。实际上，在上海的喜欢木刻的青年中，确也是急进的居多，所以在这里，说起'木刻'，有时即等于'革命'或'反动'，立刻招人疑忌。"

讲习会会址是北四川路底长春路面北的一幢三层楼房顶层的日语学校的一间教室。"一八艺社"负责组织工作，选定的学员有：一八艺社社员6人，与艺社有来往的上海美专、上海艺专学生各2人，白鹅画会成员3人，一共13人。[1]

"一八艺社"成立于1929年，本是杭州国立西湖美术专科学校的

---

1 江丰《鲁迅先生与"一八艺社"》，载《美术》1979年第10期。

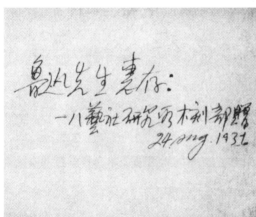

木刻讲习会合影，摄于1931年8月22日。左起：钟步清、邓启凡、苗勃然、乐以钧、黄山定、顾洪干、李岫石、郑洛耶、胡仲民、江丰、鲁迅、陈铁耕、内山嘉吉、倪焕之、陈卓坤

一个学生美术社团,因为成立之年是民国十八年,故有此名。到1930年,受到以上海为中心的左翼文艺思潮的影响,这个社团的性质发生了变化,成了许多思想急进和倾向进步的学生的活动场所。他们在一起探讨"普罗"艺术问题,发泄对现实的不满情绪,举办作品观摩会。这些活动引起了浙江省当局的注意,认为这是"共党分子"鼓动的结果,遂加以禁止,逮捕和开除学生的事件时有发生。

讲习班的日本教师内山嘉吉在《我的回忆》中写道:

> 五六天后,鲁迅先生告诉我,讲习会的日程已经定好了。他约我次日去他家看版画。次日我按时赴约。到了他家里,只见书桌上堆置着大量的外国版画。
>
> 八月十七日上午九时前,鲁迅先生来接我,一道去家兄租来办日语学习班的"日语学会"。这地方从前是一所美国人开办的犹太儿童学校。一群身穿朴素的白衬衫和长衫的青年,就在一间布置着矮小的桌椅的课室里相会了。人数一共是十三个。
>
> 先是由鲁迅先生为大家介绍互相认识。接着,由我讲述一段从浮世绘到现代版画的版画简史。按理中国话通常要比日本话简短得多。可是鲁迅先生的译释至少比我的话长了一倍。我不谙中国话,只记得鲁迅先生的话里有时挟着"zhege, zhege, zhege, zhege"的声音。后来才知道,这是口头语("这个,这个,这个,这个……"的意思)。鲁迅先生说了那么多的话,旨在补充说明木刻的历史。他说,木刻始于古代中国,后来传入西欧各国而有了不同的发展结果,他似乎也提到浮世绘的创作过程。[1]

---

1 [日] 内山嘉吉《我的回忆》,载《版画》1956年10月号。

鲁迅不顾盛夏炎热的天气,在蒸笼似的屋子里组织授课,亲自担任翻译,而且每天提着一包版画书籍和版画图片到讲习会,给学员们传阅,借以扩大他们的眼界。据鲁迅日记记载,他还于20日午后将以44元购得的凯绥·珂勒惠支的版画《织工的反抗》6幅,赠送给内山嘉吉,"酬其教授木刻术"。

第一堂课上,学员们出示各自作品,互相提意见,让教师了解他们对木刻的看法、刻法及要求解决的问题。以后几讲,结合学员们课外时间作的小幅习作,教师一面示范一面讲解木刻各种刻印技法。余下的时间用来观摩鲁迅每天带来的一包外国版画作品,主讲就是鲁迅自己。有一次讲的是刚从德国买来的凯绥·珂勒惠支的代表作《农民战争》。鲁迅这次讲课及学员观摩的时间特别长,超过了规定的下课时间。可能是出于对艺术珍品的爱护,鲁迅在整个过程中没有吸一口烟。8月24日上午,鲁迅约请"一八艺社"社员到北四川路底施高塔公寓看画片、画册,并讲解一小时。讲习会期间,鲁迅赠送"一八艺社"关于版画的书8册;他还向内山书店提议代售日本木刻刀,以供木刻者之用。

鲁迅喜爱版画,一生辛勤搜集中外版画作品,共得148位中国现代版画家的作品1780余幅,苏联、德国、日本、法国、意大利等近20个国家的280多位版画家的作品1670余幅。

鲁迅对中国现代木刻的发展提出了很多中肯的意见,有些今天仍然可供文艺工作者参考:

> 一方面还正在绍介欧美的新作,一方面则在复印中国的古刻。这也都是中国的新木刻的羽翼。采用外国的良规,加以发挥,使我们的作品更加丰满是一条路;择取中国的遗产,融合新机,使将来的作品别开生面也是一条路。[1]

---

[1] 鲁迅《且介亭杂文·〈木刻纪程〉小引》,《鲁迅全集》第6卷。

北平五讲

1932年11月，鲁迅赴北平探望母亲期间，分别应北京大学、辅仁大学、女子文理学院、北京师范大学、中国大学之邀，发表演讲：在北京大学讲《帮忙文学与帮闲文学》，在辅仁大学讲《今春的两种感想》（以上均为11月22日），在女子文理学院讲《革命文学与遵命文学》（24日），在师范大学讲《再论"第三种人"》（27日），在中国大学讲《文艺与武力》（28日）。前两篇经鲁迅修改，收入《集外集拾遗》，其余演讲内容没有留存。鲁迅说："听说北平有一本《五讲》出版，那可并不是我做的，我也没有见过那一本书。"[1]可能是当时听讲者将笔记整理印刷，但迄今没有找到。又鲁迅1932年12月21日致王志之信中说："我此次赴北平，殊不值得纪念，但如你的友人一定要出纪念册，则我希望二事：一、讲演稿的节略，须给我看一看，我可以于极短时期寄还，因为报上所载，有些很错误，今既印成本子，就得改正；二、倘搜罗报上文章，则攻击我的那些，亦须编入，如上海《社会新闻》之类。"后来这个纪念册未见出版。

关于这些演讲，后人有很多记述，从中可以看出那时鲁迅在北平文坛引起轰动的盛况和鲁迅的风采。

---

[1] 鲁迅《南腔北调集·答杨邨人先生公开信的公开信》，《鲁迅全集》第5卷。

鲁迅在北京师范大学演讲（一），摄于1932年11月27日

鲁迅在北京师范大学演讲(二),摄于1932年11月27日

鲁迅在北京师范大学演讲(三),摄于1932年11月27日

11月22日下午，鲁迅由台静农陪同，往北京大学第二院演讲四十分钟。事前，鲁迅提出，听众应只限于国文系。学校因此在讲演前三小时才贴出布告，结果开讲时礼堂还是挤满了听众，多达七八百人。讲题是《帮忙文学与帮闲文学》，有柯桑记录稿，发表于当年12月《电影与文艺》创刊号。鲁迅对这个记录稿并不完全认可，1934年12月23日致信杨霁云说："《帮忙文学》，并不如记者所自言之可靠，到后半，简直连我自己也不懂了，因此删去，只留较好的上半篇，可以收入集里。有这一点，已足说明题目了。"鲁迅认可的上半篇，经他本人修改，原拟收入《集外集》，但被审查机关抽去，后收入《集外集拾遗》。

　　鲁迅在讲演中说："大凡要亡国的时候，皇帝无事，臣子谈谈女人，谈谈酒"，这就是帮闲文学；"开国的时候，这些人便做诏令，做赦，做宣言，做电报"，这就是帮忙文学。他认为中国文学"可以分为两大类（一）廊庙文学，这就是已经走进主人家中，非帮主人的忙，就得帮主人的闲；与这相对的是（二）山林文学。后面这一种虽然暂时无忙可帮，无闲可帮，但身在山林，而'心存魏阙'"。无论"帮忙文学"或"帮闲文学"，实质都是"官僚文学"。不但过去历史上有这种"官僚文学"，而且这种文学在当前还大量存在，"惟方法巧妙得多了，竟至于看不出来"，例如所谓"为艺术而艺术"者便是。鲁迅指出，提出这样主张的人是毫无反抗性的，"不但没有反抗性，而且压制新文学的发生。对社会不敢批评，也不能反抗，若反抗，便说对不起艺术"，也变成了帮忙加帮闲了。

　　在北大二院讲演完后，鲁迅稍事休息，又赶赴辅仁大学讲四十分钟，题目是《今春的两种感想》。主旨是"青年应该走怎样的道路"。他讲了两种感想：第一，青年们做事太不认真，凡事说说算了，而不认真去做。因为不认真去做，所以要吃亏。他举抗日作为例子，说，青年们成立了许多"抗日团体"而"并不一定抗日";成立了"学生军",也只把操衣"放在家中",并不操练,然而一旦被日军查出,却是"必定要送命"的。更进一层,鲁迅指出不要把希望寄托在别人身上。鲁迅说:"中国实在是太不认真,什么全是一样。文学上所见的常有新主义,以前有所谓民族主义的文学也者,闹得很热闹,可是自从日本兵一来,马上就不见了。我想大概是变成为艺术而艺术了吧。中国的政客,也是今天谈财政,明日谈照相,后天又谈交通,最后又忽然念起佛来了。"第二种感想是:"眼光不可不放大,但不可放得太大。"他劝告青年们注意现实,多参加实际工作,切不可走两种极端,这两种极端就是:"我们常将眼光收得极近,只在自身,或者放得极远,到北极,或到天外,而这两者之间的一圈可是绝不注意的。"[1]

鲁迅的演讲很吸引青年学生,木将回忆说:

> 那是一个寒冷的下午,大约三点钟以后了,一个同学悄悄告诉我,要我去听一个讲演,我没问讲演人是谁,便同他一起去了。我们匆匆向辅仁大学走去。路上,不时碰见和我们一样的三三五五的青年人。到辅仁大学的大礼堂时,那里已经坐满了人。屋子里没有生火,很冷,只听见有人咳嗽,但没有人说话,静极了。这样的气氛使我感到温暖。一下子好像全屋子里的人都亲近起来了。……先生穿着一件灰朴朴的长袍,和在相片上所见到的一样,短发直直地立着,留着胡子,脸是苍白和瘦削的,没有笑,坚定地站在那里,两眼平和地看着大家。他不是叱咤风云、锋芒毕露地口若悬河,而是声调平缓地在讲话,像年老的长辈为孩子们讲沧海桑田的生活故事。

---

[1] 木将《忆鲁迅先生的"北平五讲"》,载1961年10月《四川文学》。

当我们离开辅仁大学大礼堂时，我看见一群群一簇簇的青年人都来了。他们都是听说先生来讲演，临时冲出学校赶来的。"鲁迅先生讲完了吗？""鲁迅先生到哪里去了？"他们急促地问着，深为没听到先生的讲演而悔恨着。[1]

11月24日，鲁迅到女子文理学院讲演约四十分钟，讲题是《革命文学与遵命文学》，通过对叶灵凤、张资平等作家的剖析，说明不能只看牌子，不看实质。虽然这些作家所讲的十分高超，但其实是替统治阶级服务的"遵命文学"。鲁迅再次强调作家必须具有无产阶级的立场和意识，才能成为无产阶级的忠实代言人。[2]讲完后，学生又请教了许多问题，鲁迅当场作答。关于这次讲演的记录稿，鲁迅说："我决计不要它，因为离实际太远。大约记者不甚懂我的话，而且意见也不同，所以我以为要紧的，他却不记，或者当作笑话。"[3]鲁迅原来准备将演讲内容写成文章，但未能实现。

五次演讲留下了照片的，是在北京师范大学那一次。

1932年11月25日鲁迅日记："师范大学代表三人来邀讲演，约以星期日。"这三人是王志之、张松如、潘炳皋，代表北师大文艺研究社：

明天是礼拜，不知道周先生有没有时间？"明天……"周先生闭着眼想了一会儿，"好吧，我大概在最近就要走，就在明天上午十点吧，是不是还要先定一个题目？"得到了我们的答复，他又接着问："就讲第三种人的问题好吗？""嘱咐他们不要贴通

---

[1] 木将《忆鲁迅先生的"北平五讲"》，载1961年10月《四川文学》。
[2] 载1932年11月25日北平《世界日报》。
[3] 鲁迅1934年12月18日致杨霁云信，《鲁迅全集》第13卷。

告，人来得太多，我又讲不出什么来，怕使别人太失望。"结果决定违反老头子的意思，当天晚上把通告贴出去了。[1]

那天，学生代表把鲁迅领到学生自治会休息。房间里的板凳上，窗台上，挤满了人。有人问鲁迅的帽子戴了多少年了，有人问他一天抽多少烟，不停与他说笑。他们对鲁迅表示敬意并不由于虚伪的客气，而是止不住的发狂的亲切。

演讲的教室里听众已经挤得水泄不通。几个人用尽全力挣扎，把鲁迅护着往前走。待到挤上讲台，主持人的大氅的纽扣挤掉了两个，出了一身大汗。鲁迅站在讲台一侧，一边擦汗一边喘气。主持人大声介绍鲁迅，底下的人呼喊："我们听不见！"于是，有人提出到外面去，请鲁迅先生露天讲演。鲁迅点点头。主持人担心风大，鲁迅身体受不了，但听众已经往外涌动。等鲁迅跟出去，操场上已经摆好一张方桌。大家把鲁迅从头顶上抬上方桌。

鲁迅在演讲中说：四年前，泥腿的工农踏进了文坛，于是发生了斗争。皮鞋先生反对新兴的普罗文学，想用皮鞋脚把泥脚踢出去。"第三种人"说，文学是"镜子"，没有阶级性，其实不对。就说"镜子"吧，它所照的也由于实物的不同而各异，何况阶级社会里的人，决不是一面镜子。因为阶级的背景不同，每个人的这面镜子早就涂上了不同的色彩，他怎能超阶级呢？他们又说文艺是属于将来的，要创造为将来的永久的文艺，像托尔斯泰那样。这话也不对。托尔斯泰写东西，是写他那时的现在，并不是写将来的。如果他的写作脱离了现实，就失掉了价值，不成东西了。鲁迅又说，新兴艺术的发展是时代的必然趋势。我们要接近工农大众，不怕衣服沾污，不怕皮鞋染土。

---

[1] 王志之《鲁迅的印象·鲁迅在北平》，上海：金汤书店1936年版。

知识者的事业只有同群众相结合，他的存在，才不是单为自己了。

鲁迅讲完，又被听众拥入学生自治会休息。学生们向他提出各种愿望和问题。鲁迅跟他们亲切交谈起来。

这些操场上演讲的照片，既显示了鲁迅刚毅的一面，也显示鲁迅亲切幽默的一面，效果很好。但实际上，人们对已经是五十多岁老人的鲁迅的印象并不像照片上那样潇洒。

王志之第一次见到鲁迅，得到的印象是："恍惚感到当前坐着那位老头子是灰黑色的，一切都很模糊，好像刚从牢里放出来，浓密的眉毛和胡须好像在很活跃地耸动，显得有很厚的涵蓄……消瘦的脸是那样的憔悴，只剩一层惨白的掀起无数皱纹的皮肤，包着突出的颧骨……"[1]

辛朗的回忆是，鲁迅"面貌是瘦的，身体甚至于手，都是异常孱弱的。……那天我知道他要去北平的师大演讲了，我预先便在那里候着，许多青年男女，无数的一群都拥挤在那'风雨操场'里。鲁迅到的消息传来了，人数也就更增加了。房中容不下，只好又挤在空场中，中间一个方桌上便站着鲁迅。语句很沉着，间或几句使听的人发笑了，但他却像并不有意，继续着他的话，眼望着远方，虽然并不喷怒，却更能使人感知，他虽然并没有发出激越的声调，但听的人谁都听得很真切。讲演完了，他向外走着，一重一重的人海还是围绕着他，要不是你预先知道那是鲁迅，准会由他陈旧的带着许多块油渍的长袍上想到是一个贩买古董旧货的商贾……"[2]

在北平的最后一天，午前，鲁迅应邀到西城二龙坑口袋胡同中国大学时代读书会讲演二十分钟。因听众过多，临时又改为露天讲演。

---

[1] 王志之《忆"北方左联"》，载《新文学史料》1979年第4期。
[2] 辛朗《鲁迅在北京师范大学讲演前后》，载《理论学习》1977年第10期。

鲁迅在北京师范大学演讲剪影,摄于1932年11月27日

鲁迅后来谈到这两次演讲说:"还有两回是上车之前讲的,一为《文艺与武力》,其一,则连题目也忘记了。其时官员已深恶我,所以也许报上不再登载讲演大略。"[1]因此讲稿不存。据当时报纸和一些回忆录的记载,这次讲演的大意是:文学是有阶级性的。无产阶级革命文学是劳苦大众的文学,它与统治阶级的旧文学,必然形成尖锐的对立。旧文学注定要灭亡,但统治阶级却竭力要消灭新文学。古今中外,进步的文学和言论总要遭到统治阶级的压迫。他们先以武力征伐,然后用风花雪月之类的文学麻醉人民,麻醉法无效,他们只好又用武力,所以许多进步作家惨遭迫害。不过,他们终究不能将新文学消灭,先驱者的鲜血必将在新文艺的园地浇灌出更多的烂漫的鲜花来。[2]

傍晚,鲁迅离开北平回沪。

戏剧家于伶回忆说,当时鲁迅先生很少笑,可是他揭露一些人脸谱时的话却引出大家的笑来。一次演讲完毕,有人说:今天大家为瞻仰您的风采……鲁迅立即接上话:"不很好看,三十年前还可以。"这幽默逗得学生们大笑。还有人问:"先生留在北平教书吧?"鲁迅回答:"我一到此间,即有人说我卷土重来,故我不得不卷土重去,以免抢饭碗之嫌。"[3]

---

1 鲁迅1934年12月16日致杨霁云信,《鲁迅全集》第13卷。
2 据1932年11月28日《北平晚报》报道。
3 于伶《鲁迅"北平五讲"及其他》,《鲁迅回忆录》一集。

萧伯纳

1933年年初，77岁的萧伯纳偕夫人乘英国皇后号轮船漫游世界，应宋庆龄、蔡元培、鲁迅、杨杏佛等发起的中国民权保障同盟会的邀请，于2月17日晨抵达上海。鲁迅日记载："午后汽车赍蔡先生信来，即乘车赴宋庆龄夫人宅午餐，同席为萧伯纳、伊·斯沫特列（即史沫特莱——本书作者注）女士，杨杏佛、林语堂、蔡先生、孙夫人，共七人，饭毕照相二枚。同萧、蔡、林往笔社，约二十分后复回孙宅。绍介木村毅君于萧。傍晚归。"笔社即笔会（Pen Club），国际作家联合团体，1921年成立于伦敦，1929年蔡元培、杨杏佛于上海发起成立中国分会。

虽然萧伯纳在上海仅停留七八个小时，也没有公开发表演讲，但却为中外文化交流留下浓墨重彩的一页。萧伯纳到沪的当天和次日《申报·自由谈》接连刊出"萧伯纳专号"，其中有何家干（鲁迅）的《萧伯纳颂》、郁达夫的《介绍萧伯纳》、林语堂的《谈萧伯纳》、玄（茅盾）的《关于萧伯纳》、许杰的《绅士阶级的蜜蜂》和杨幸之的 Hello Shaw 等等，琳琅满目。他们在评价萧伯纳的文学成就、批评中国对萧伯纳译介不够的同时，也对萧伯纳此次到沪的现实意义发表了意见。

当天，宋庆龄设宴为萧伯纳洗尘，陪同者有蔡元培、鲁迅、杨杏佛、林语堂、伊罗生和美国女记者史沫特莱等。鲁迅接到蔡元培的电话赶到孙宅时，午宴已进行到一半。幽默的萧伯纳在见到鲁迅时，称他是"中国的高尔基，而且比高尔基还漂亮"，鲁迅则诙谐地回答"我更老时，还会更漂亮"。席上，萧伯纳一面像天真的孩童一样学习用筷子，一面随意地闲谈"素食、中国家庭制度、大战、英国大学的教授戏剧、中国茶及博士登茶"等。饭后，宾主在园中合影。

萧伯纳访华期间照片的拍摄者，向来隐晦不明，至今尚存争论。杨杏佛的儿子杨小佛曾发表文章《萧伯纳的上海一日游》，说鲁迅、蔡元培、萧伯纳合影照是史沫特莱拍摄的，而另一帧七人合影则是他父亲杨杏佛所摄。庄月江提出异议，并提供线索说，两帧照片都是时任《上海晨报》摄影记者的毛松友先生拍摄的。毛松友（1911—2000）是浙江人，1932年从上海中国公学大学部经济系毕业后，即入《上海晨报》当摄影记者。抗日战争时期在大后方从事救济难童、创办难童学校等工作。中华人民共和国成立后，他在文化部、新华社、太原图片社和轻工部任职。庄月江在写给《世纪》杂志的信中说："上世纪九十年代初，我赴北京采访过毛松友先生，专门问起《鲁迅、蔡元培、萧伯纳》这张照片的拍摄过程。松友先生对我说，1933年2月17日午后，蔡元培先生派汽车到《上海晨报》馆，接他到孙（中山）宅拍照。次日《上海晨报》就刊出了《鲁迅、蔡元培、萧伯纳》和《鲁迅、蔡元培、萧伯纳、宋庆龄、史沫特莱、林语堂、伊塞克》这两帧照片。松友先生还告诉我，他家里一共保存着包括这两帧照片底片在内的八千多帧各个时期的照片底片。"[1]他提供的证据有：2003年11月湖北美术出版社出版的《毛松友摄影艺术作品集》，内收134幅黑白照片，其中两帧就是《鲁迅、蔡元培、萧伯纳》和《鲁迅、蔡

---

[1] 庄月江、杨小佛《关于〈鲁迅、蔡元培、萧伯纳〉照片的两封信》，载《世纪》2007年第3期。

中国民权保障同盟总会欢迎英国作家萧伯纳合影,摄于1933年2月17日。左起:史沫特莱、萧伯纳、宋庆龄、蔡元培、伊罗生(又称"伊塞克")、林语堂、鲁迅

左起：林语堂、鲁迅、宋庆龄、史沫莱特、黎沛华，摄于1933年2月17日

元培、萧伯纳、宋庆龄、史沫特莱、林语堂、伊塞克》。

杨小佛看到庄月江的短文后,写信给杂志社道:

> 这几张照片均刊于1976年北京鲁迅博物馆编辑、文物出版社出版的《鲁迅》(相册),每张照片均载有原底相片的尺寸并经查对核实。七人合影中无先父杨杏佛,因系他所摄。他平时带照相机而不带三脚架,故不能用自拍机拍摄也。
>
> 其他几张三人照,相册中均载有原底相片的尺寸并注明为史沫特莱摄。
>
> 鲁迅于1933年2月23日夜写了《看萧和"看萧的人们"记》,其中说:"午餐一完,照了三张相。"……"还有面会新闻记者的约束,三点光景便又回到孙夫人的家里来。早有四五十个人在等候了,但放进却只有一半。首先是木村毅君和四五个文士,新闻记者是中国的六人,英国的一人,白俄一人,此外还有照相师三四个。"
>
> 木村毅是特地从东京到上海来,要鲁迅介绍他采访萧的记者。所以鲁迅从世界社出来特地搭了邵洵美的车子再到莫利爱路孙宅,为的是将守在那里的木村毅介绍给萧。事后他与木村毅一起回到内山书店。
>
> 蔡元培在午餐开始时派车接鲁迅来孙宅午餐,鲁迅说已是午后,他抵达时午餐像是吃了一半了。
>
> 毛松友作为摄影记者我早已闻其名了。那是建国后的事。[1]

萧伯纳访华是一件大事,很多记者参与报道,推测起来,留下来的照片一定很多,而有鲁迅形象的照片,或不止目前见到的这几幅。

---

[1] 庄月江、杨小佛《关于〈鲁迅、蔡元培、萧伯纳〉照片的两封信》,载《世纪》2007年第3期。

"比较文学"

中国报刊围绕萧伯纳的报道和评论持续了好长一段时间。《论语》1933年3月第12期用几乎整期的篇幅刊登了蔡元培、鲁迅等人对萧伯纳访沪的感想,同月,由野草书屋印行、鲁迅作序的《萧伯纳在上海》一书出版。

鲁迅发表了多篇关于萧伯纳的文章。2月17日,他在《申报·自由谈》上以"何家干"的笔名发表了《萧伯纳颂》,其中说:"我们其实是老练的,我们很知道香港总督的德政,上海工部局的章程,要人的谁和谁是亲友,谁和谁是仇雠,谁的太太的生日是那一天,爱吃的是什么。但对于萧,惜哉——就是作品的译本也只有三四种。"鲁迅接着发表感想说:"所以我们不能识他在欧洲大战以前和以后的思想,也不能深识他游历苏联以后的思想。但只就十四日香港'路透电'所传,在香港大学对学生说的'如汝在二十岁时不为赤色革命家,则在五十岁时将成不可能之僵尸,汝欲在二十岁时成一赤色革命家,则汝可得在四十岁时不致落伍之机会'的话,就知道他的伟大。""我所谓伟大的,是他竟替我们二十岁的青年,想到了四五十岁的时候,而且并不离开了现在。"可见,鲁迅对萧伯纳在华发表的一些"左倾"言论是赞成的。

2月19日,鲁迅写了《谁的矛盾》一文,慨叹当时中国的"智识

鲁迅、蔡元培与萧伯纳合影于上海孙中山旧居院内,摄于1933年2月17日(一)

阶级"跟萧伯纳之间难以沟通:"他说的是真话,偏要说他是在说笑话,对他哈哈的笑,还要怪他自己倒不笑。他说的是真话,偏要说他是讽刺,对他哈哈的笑,还要怪他自以为聪明。他本不是讽刺家,偏要说他是讽刺家,而又看不起讽刺家,而又用了无聊的讽刺想来讽刺他一下……有的看不起他,因为他不是一个马克思主义文学者,然而倘是马克思主义文学者,看不起他的人可就不要看他了……他有钱,他偏讲社会主义,他偏不去做工,他偏来游历,他偏到上海,他偏讲革命,他偏谈苏联,他偏不给人们舒服……于是乎可恶。身子长也可恶,年纪大也可恶,须发白也可恶……然而他走了,这一位被人们公认为'矛盾'的萧。"矛盾并不在萧,而在中国社会。鲁迅在描述了这些真正值得讽刺的现象之后说:"矛盾的萧没落时,或萧的矛盾解决时,也便是社会的矛盾解决的时候……"

2月23日,鲁迅写了《看萧和"看萧的人们"记》一文,描述了萧伯纳的风貌和中国看客的态度。鲁迅3月1日致山本初枝信说:"上月底Shaw来上海,曾轰动一时……我觉得他是位颇有风采的老人。"同年6月,他在给魏猛克的信中说,"你疑心萧有些虚伪,我没有异议。但我也没有在中外的名人中,发现能够确保没无虚伪的人,所以对于人,我以为只能随时取其一段一节。这回我的为萧辩护(指《申报·自由谈》上的文章——本书作者注),事情并不久远,还很明明白白的:起于他在香港大学的演讲。这学校是十足奴隶式教育的学校,然而向来没有人能去投一个爆弹,去投了的,只有他。但上海的报纸,有些却因此憎恶他了,所以我必须给以支持,因为在这时候,来攻击萧,就是帮助奴隶教育"。鲁迅之所以"颂萧",是因为萧伯纳严厉批评社会,在死气沉沉的"奴隶之邦"投了一个"爆弹"——鲁迅也正做着这样的工作。因此,萧伯纳作品在中国的命运也就不顺利。鲁迅1933年12月致姚克信中写道,《申报·自由谈》"更被压迫,闻常得恐吓信,萧的作品,我看是不会要的"。

鲁迅直白地说:"我是喜欢萧的。这并不是因为看了他的作品或传记,佩服得喜欢起来,仅仅是在什么地方见过一点警句,从什么人听说他往往撕掉绅士们的假面,这就喜欢了他了。还有一层,是因为中国也常有模仿西洋绅士的人物的,而他们却大抵不喜欢萧。被我自己所讨厌的人们所讨厌的人,我有时会觉得他就是好人物。"[1]

鲁迅和萧伯纳两个文豪的聚谈,成为当时文坛上一个新闻事件,不少人将两个人做比较。鲁迅自己就先比了一下两人的身材,那结果,实在让他气闷:"并排一站,我就觉得自己的矮小了。虽然心里想,假如再年青三十年,我得来做伸长身体的体操⋯⋯"[2]

曾经与鲁迅笔战的梁实秋排列了两人的文学业绩:"有人说鲁迅是中国的萧伯讷,我想这比拟是很确当的,假如除去下列几点的差别:(一)萧有三部长篇,鲁迅有两集短篇小说,(二)萧有戏剧若干部,鲁迅无,(三)萧有关于社会主义的著作,鲁迅无,(四)萧有他的思想系统,鲁迅无,(五)鲁迅有杂感若干集,萧无,(六)鲁迅有中国小说史略小说旧闻钞唐宋传奇,萧无。上述不同的几点,有的是鲁迅不及萧,有的是萧不及鲁迅,双方截长补短,可不分轩轾矣。凡是西方有的,我们中国都能找到一个势均力敌的对偶,而不觉得寒伧。"[3]语气中颇有几分讽刺意味。几十年后,梁实秋再做衡量,天平就更倾斜了:"有一次萧伯纳来到上海,上海的所谓作家们便拥出我们的'伟大作家'鲁迅翁来和他会晤,还照了一张相在杂志上刊出来,一边站着的是一个身材高大须发银白的萧伯纳,一边站着的是身材弱小头发蓬乱的鲁迅。两相对比,实在不称,身量不称,作品的数量分

---

[1] 鲁迅《南腔北调集·看萧和"看萧的人们"记》,《鲁迅全集》第5卷。
[2] 同上。
[3] 梁实秋《萧伯讷去后》,载1933年4月22日天津《益世报·文学周刊》。

量也不称。"[1]

那天,鲁迅与蔡元培、萧伯纳合影,共照了两张。在这两张照片上,萧伯纳左顾右盼,似乎在说些什么,可惜两位中国文化界泰斗都不谙英文——高翻林语堂不在身边——他们难以沟通。但当萧伯纳把头转向鲁迅时,鲁迅和蔡元培脸上都露出了笑容。摄影师捕捉到这个场景。然而萧伯纳其时说了什么话,却不得而知。

---

[1] 梁实秋《关于鲁迅》,见《关于鲁迅》,台北:爱眉文艺出版社1970年版。

蔡先生

鲁迅与蔡元培在北京时期多次合影,这是在上海的第一次也是最后一次合影。蔡元培与鲁迅的交往以及他对鲁迅一生的影响,是很值得记叙的。郭沫若曾说:

> 在章太炎之外,影响到鲁迅生活颇深的人应该推数蔡元培吧!这位有名的自由主义者,对于中国的文化教育界贡献相当大,而他对于鲁迅始终是刮目相看的。鲁迅的进教育部乃至进入北京教育界都是由于蔡元培的援引。一直到鲁迅的病殁,蔡元培是尽了没世不渝的友谊。[1]

鲁迅和蔡元培都是绍兴人。蔡元培科场顺利,入过翰林院,是少年鲁迅敬佩羡慕的楷模。1904年11月,蔡元培和章太炎等创立光复会,又创立爱国学社,领导拒俄运动,创办《俄事警闻》和《警钟日报》,鼓吹"抵御外侮,恢复国权"。辛亥革命时,蔡元培已是全国闻名的革命领袖。1912年1月,孙中山筹组中华民国临时政府,任命蔡元培为教育总长。

---

[1] 郭沫若《鲁迅与王国维》,载1946年10月上海《文艺复兴》第2卷第3期。

蔡元培掌管教育部后延揽人才，鲁迅的朋友许寿裳向蔡元培推荐了鲁迅。[1]

鲁迅认同并积极支持蔡元培的教育理念。蔡元培倡议开办"北京夏期讲演会"，以"从事学问，阐发理术，宏深造诣"为宗旨，并指派鲁迅讲授《美术略论》，鲁迅欣然应命。蔡元培被迫辞职后，鲁迅与许寿裳前往慰问蔡元培，还为蔡元培举办饯别宴会。而听闻新任总长把"美育"删除时，鲁迅在日记中写道："闻临时教育会议竟删去美育，此种豚犬，可怜，可怜！"

鲁迅抄古碑、搜集金石拓本、辑录和校勘古书，引起蔡元培的注意。他们之间常有切磋和交流。蔡元培将自己收藏的《赞三宝福业碑》《高归彦造像》《丰乐七帝二寺邑义等造像》和《苏轼等仿像老题记》拓片赠送给鲁迅。在讨论汉代石刻如人首蛇身像时，鲁迅告诉蔡元培："汉石刻之人首蛇身像，就树人所收拓本觅之，除武梁祠画像外，亦殊不多，盖此画似多刻于顶层，故在残石中颇难觏也。"[2]鲁迅注重汉碑的图案，并竭力倡导将它们运用到新兴木刻和书籍装帧艺术中，蔡元培深表赞同，视为独创："金石学为自宋以来较发展之学，而未有注意于汉碑之图案者，鲁迅先生独注意于此项材料之搜罗，推而至于《引玉集》《木刻纪程》《北平笺谱》等等，均为旧时代的考据家、赏鉴家所未曾着手。"[3]

蔡元培接掌北京大学后，采取思想自由、兼容并包的方针，邀请新文化运动的风云人物陈独秀担任北京大学文科学长。不久，这所弥漫着衙门腐败、陈旧气息的学府，呈现出生机和希望。鲁迅受到时代风气的感染，渐渐从失望和颓唐中走出来，在《新青年》上发表文章。

---

1 许寿裳《亡友鲁迅印象记·入京和北上》。
2 鲁迅1923年1月8日致蔡元培信，《鲁迅全集》第11卷。
3 蔡元培《鲁迅先生全集序》，收入1938年复社出版《鲁迅全集》。

鲁迅、蔡元培与萧伯纳合影于上海孙中山故居院内,摄于1933年2月17日(二)

鲁迅、蔡元培与萧伯纳合影于上海孙中山故居院内,摄于1933年2月17日(三)

经鲁迅推荐，周作人也被蔡元培聘到北大任教。至于周作人到北京担任什么课程，两兄弟和蔡元培反复磋商。1917年3月8日，鲁迅在致蔡元培的信中说："前奉书，屡告起孟（即周作人——本书作者注），并携言语学、美学书籍，便即转致。顷有书来，言此二学，皆非所能，略无心得，实不足以教人。若勉强敷说，反有辱殷殷之意，虑到后面陈，多稽时日，故急函谢，切望转达，以便别行物色诸语。今如说奉闻，希鉴察。"最终，周作人被聘为文科教授兼国史编纂处纂辑员，讲授欧洲文学史。

蔡元培还委托鲁迅为北大设计校徽。1917年8月7日鲁迅在日记中写道："寄蔡先生信，并所拟大学徽章。"鲁迅设计的校徽图案，至今仍能在北大校徽上看到。

1920年8月2日，鲁迅收到蔡元培的聘书，聘请他担任北大讲师。按当时学校规定，兼职者只能任讲师，而不能任教授。鲁迅在讲义的基础上完成《中国小说史略》，是该领域的开山之作。

1927年6月，蔡元培就任大学院院长，年底就聘鲁迅为大学院特约著作员。1928年4月蔡元培就任中央研究院院长，与总干事杨铨同在上海亚尔培路该院驻沪办事处办公，到任不久就到鲁迅住所访问。

不仅对鲁迅，蔡元培对鲁迅两个弟弟都尽力给予帮助。鲁迅的三弟周建人原在商务印书馆工作，1932年"一·二八"战事，商务印书馆被日军炮火焚毁，员工均被解雇，周建人生活无着，鲁迅为之着急。3月2日，他给许寿裳写信说："商务馆虽云人员全部解约，但现在当必尚有蝉联，而将来且必仍有续聘，可否乞兄转蕲蔡先生代为设法，俾有一栖身之处，即他处他事，亦甚愿服务也。"蔡元培知道此事后，立即往商务印书馆与王云五相商。后来，书馆因裁员而发生纠纷，鲁迅又去函许寿裳说："但今兹书馆与工员争持正烈，实亦难于措手，拟俟馆方善后事宜办竣以后，再一托蔡公耳。"

到了6月，商务印书馆内部纠纷已经平息，蔡元培又向王云五疏通，使周建人得以与商务印书馆签订聘约。鲁迅对此十分感激，和三弟周建人专程往蔡宅面谢，因蔡元培外出而未遇。鲁迅在请求许寿裳代致谢忱的信中说："弟本拟向蔡先生面达谢忱，而又不遇。大约国事鞅掌，外出之时居多，所以一时恐不易见。兄如相见时，尚乞转致谢意为托。"[1]

---

[1] 鲁迅1932年8月12日致许寿裳信，《鲁迅全集》第12卷。

健 儿

1933年2月24日，鲁迅与杨铨（字杏佛）、李济（字受之，后改济之）在中央研究院国际出版品交换处合影。

杨铨时任中国民权保障同盟总干事，李济供职于中央研究院史语所并任中国民权保障同盟北平分会副主席。鲁迅日记："午杨杏佛邀往新雅午餐，及林语堂、李济之。"未提及照相事。但同年3月1日日记："得杨杏佛信并照片二枚。"6月12日："得杨杏佛信并我之照相一枚，夜复。"

1933年1月，鲁迅参加了由宋庆龄、蔡元培、杨铨等发起的"中国民权保障同盟"，被选为上海分会执行委员。该盟的主要任务是"争取民主权利和争取政治犯的释放"。鲁迅参加了同盟的一些活动，如1933年5月，鲁迅与宋庆龄、蔡元培、杨铨等赴上海德国领事馆递交抗议书，抗议德国法西斯政权残害人民、摧毁文化的暴行。

1933年6月18日，鲁迅获悉中国民权保障同盟总干事杨杏佛于上午被国民党特务暗杀于上海法租界亚尔培路中央研究院门前，悲愤交加。特务开枪时，杨杏佛自知不免，立刻用身体掩护同座的儿子，特务们连发十多弹，结果，儿子幸免于难，杨杏佛和司机均被打死。鲁迅对杨杏佛临难如此清醒、从容、舍身保护后代，深表赞叹。

民权保障同盟的活动遭到国民党当局忌恨。国民党特务制定了暗

鲁迅与杨铨、李济合影,摄于1933年2月24日

鲁迅与李济合影,摄于1933年2月24日

鲁迅，1933年2月24日摄于上海

杀的黑名单，其中也有鲁迅的名字；杨杏佛被暗杀后，恐怖气氛笼罩上海，有风声传出说要在杨杏佛入殓这天暗杀鲁迅和同盟中其他领导人。鲁迅对国民党政府的强权统治极为不满，他给朋友的信中说："近来的事，其实也未尝比明末更坏，不过交通既广，智识大增，所以手段也比较的绵密而且恶辣。"在残虐的压迫之下，"坚卓者无不灭亡，游移者愈益堕落，长此以往，将使中国无一好人，倘中国而终亡，操此策者为之也"。他自己表示，绝不"向当局作媚笑"。[1]这次鲁迅决定不搬家，也不出外避居。6月20日吊唁杨杏佛，鲁迅对许寿裳说："实在应该去送殓的。"许寿裳想了一想，说："那么我们同去。"鲁迅还把随身携带的钥匙交给家里人，以示牺牲的决心。

送殓这天，天降大雨，鲁迅回家后，成诗一首：

岂有豪情似旧时，花开花落两由之。
何期泪洒江南雨，又为斯民哭健儿。

李济、杨铨、鲁迅三人的合影，是杨杏佛遇刺前不久于1933年2月在上海亚尔培路中央研究院总办事处院内拍摄的。20世纪50年代北京鲁迅博物馆公开展出这张照片，上面的三个人变成了两个，李济的影像给剪掉了。因为李济到了台湾，任职于"中央研究院"。1977年出版的《鲁迅》图片集也将李济的图像挖去。直至80年代末，博物馆才在一封读者来信的"提醒"下，将照片恢复原貌。

同一天，鲁迅还与李济合影并拍摄了单身照。

鲁迅长李济15岁，他们相识是在西安暑期学校。当时，李济所讲的题目是社会学大要、人类学概要、人类进化史。两人同行、同宿、

---

[1] 鲁迅1933年6月18日致曹聚仁信，《鲁迅全集》第13卷。

同游，增进了了解和友情。李济在西安时曾接受过鲁迅赠给他的一个磁猴头（鲁迅称之为"猿首"）。李济在一篇文章中写到，1924年西安之行给他留下印象的几件事，其一就是"鲁迅先生的哈德门香烟"。李济在他生平最后的一次学术演讲《殷文化的渊源及其演变》（1977）中还谈到，他30年代写完《俯身葬》一文后，曾跟鲁迅和陈寅恪交流看法。但至今没有发现这方面的文字记载。

胡愈之

鲁迅与宋庆龄、胡愈之、黎沛华的合影，摄于1933年2月17日。

黎沛华（1899—1972）是广东番禺人。1916年毕业于广东省立女子师范大学。1924年第一次国共合作时期，在国民党中央妇女部长何香凝创办的武汉妇女党务训练班工作，组织北伐红十字会、伤兵救护会和看护训练班，发动妇女参加国民革命，支援北伐战争。1927年蒋介石、汪精卫先后在上海、武汉发动政变，时在武汉的黎沛华被列入黑名单，但受到了何香凝的保护。南昌起义后，她陪同何香凝到广州，协助创办仲恺农工学校，并随何香凝赴菲律宾、新加坡筹募办校经费。"一·二八"事变后，参加由宋庆龄、何香凝等共同筹办的国民伤兵医院的工作。后由何香凝推荐，担任宋庆龄的秘书。鲁迅有两张与宋庆龄的合影，她都在场。日军进攻上海，"八·一三"事变爆发，她追随宋庆龄、何香凝投入抗日救亡工作。年底，宋庆龄、何香凝先后离沪去香港，她前往兰溪。上海解放前夕，应宋庆龄之召到沪，筹建中国福利基金会托儿所（中国福利会幼儿园前身），任所长。1950年，先后任中国福利基金会人事室秘书、中国福利会办公室秘书。她经常随宋庆龄来往于京沪之间，在宋庆龄寓所做秘书工作。

胡愈之（1896—1986），原名学愚，字子如，浙江上虞丰惠镇人。他在上虞念完高等小学堂后，家中对他年幼出远门求学放心不下，要

鲁迅与宋庆龄、胡愈之（左二）、黎沛华合影，摄于1933年春

他继续留校两年进修某些中学课程，直至1911年年初才允许他考入绍兴府中学堂实科二年级学习。当时该校校长是陈子英，学监是周豫才（鲁迅）。周豫才虽只给胡愈之所在班级每周讲授一小时生理卫生课，但作为学监几乎每天都到自修室巡查，多次发现胡愈之在上自修课时没有温习已学的功课，而是写些游戏文章。鲁迅对此未加训斥，只在学期末给了一个"不好学"的评语。

1914年，胡愈之考入上海商务印书馆编辑所当练习生，接受了新文化思潮的影响。1919年他在上海参加了声援五四运动的斗争，并在《东方杂志》上连续撰写文章，提倡科学和民主。1920年他和郑振铎、沈雁冰等共同发起成立了"文学研究会"。在五卅运动中，他编辑出版的《公理日报》成为指导运动的舆论工具。他撰写的《五卅运动纪实》忠实报道了这一历史性的群众革命斗争。1927年，他在"四·一二"政变的第二天，基于对大屠杀的义愤，起草了对国民党当局的抗议信，发表在《商报》上。1928年1月，迫于国内的白色恐怖，胡愈之流亡法国，在巴黎大学国际法学院学习，其间系统地钻研马克思主义著作，思想开始由民主主义转变为社会主义。1931年年初，在回国途中，他以世界语学者的身份访问了莫斯科，写下《莫斯科印象记》，介绍了苏联政治、经济和人民生活状况，反映了他对新的社会制度的向往。

1933年年初，胡愈之应鲁迅的邀请加入"民权保障同盟"，并当选为总会临时中央执行委员会委员。他把国民党当局迫害进步人士的情况向国外披露，争取国外进步人士对中国革命的同情和声援。

1936年10月19日清早，胡愈之在家里接到冯雪峰电话，才知道鲁迅因患严重肺病，突然去世。当时中共上海地下办事处副主任冯雪峰从延安得到指示：鲁迅的丧事由救国会出面办理。冯雪峰让胡愈之同救国会联系并负责组织。22日下午2时起灵、送葬，送丧队伍达六千余人。

鲁迅逝世后，胡愈之同宋庆龄、蔡元培等人一起成立了鲁迅纪念委员会，准备出版《鲁迅全集》。上海失陷之后，"孤岛"的局势很紧张，日本侵略军随时都可能占领租界。鲁迅的大量文章，经许广平的辛勤搜集和初步整理，都留在上海，万一失散，将会是无可挽回的损失。胡愈之是纪念会留沪的主要人员之一，为了加快进度，他把自己主持的复社变成了《鲁迅全集》出版社。

《鲁迅全集》的编辑工作，主要由巴人（王任叔）、许广平等人承担，胡愈之致力解决出版问题。这套全集包括鲁迅600万字的作品，比《西行漫记》篇幅多二十多倍，需要很大一笔印刷费。按印刷成本平装每套需要20元，可是当时一般读者能付20元买书的很少。为了多销，胡愈之决定平装本卖8元，精装的配以木制书箱，外刻"鲁迅全集，蔡元培题"字样，售价100元，精装本实际成本30元，这样卖出精装本一部分，就可以以盈补亏，使全集出版不致赔钱。

1938年3月，胡愈之带着精装本书箱样品去香港，找到了蔡元培、宋庆龄，获得支持，蔡元培不但为全集题字，还写了序言。发出《鲁迅纪念委员会主席蔡元培、副主席宋庆龄为向海内外人士募集纪念本的通函》和《鲁迅全集募集纪念本订户启事》的同时，印好预约券在香港出售。胡愈之第一个找到了孙科（当时为国民党左派），孙当场认购了10部，在香港销售很有成效。接着去了广州和武汉，正在武汉的周恩来对《鲁迅全集》出版极为关心，武汉八路军办事处预订了许多部，其中一些运送延安。救国会主席沈钧儒专门为出售《鲁迅全集》举行茶话会，邀请比较开明的国民党人士参加，第一个来签到的是鲁迅的绍兴同乡、老友邵明之的叔叔、时任国民党中央宣传部部长邵力子，他当场拿出1000元钱订购了10部。在邵力子的带动下，到会人士纷纷认购，在武汉筹得资金数万元，解决了全集的资金问题。

同时《鲁迅全集》各卷的编辑、出版工作,在许广平、王任叔主持下顺利进行,数十名学者、文人和百余名印刷工人,日夜排校。1938年6月15日普及本出版,8月1日精装本出版。20卷的《鲁迅全集》只用了短短四个月时间面世,在中国现代文化史上树立了一座丰碑。

"最近之鲁迅"

1933年4月《现代》杂志第二卷第六期刊载了鲁迅的一张照片,题注"最近之鲁迅"。这一期《现代》设"柔石纪念"专页。和照片同时刊登的有：鲁迅为纪念柔石等遇害两周年而写的《为了忘却的记念》,柔石的遗像、手稿,以及鲁迅为纪念柔石而挑选的德国版画家凯绥·珂勒惠支的木刻《牺牲》。

《现代》杂志的主编是施蛰存。当时,鲁迅与施蛰存的关系还比较融洽,不像后来那样论战而至于谩骂。鲁迅的《为了忘却的记念》是一篇貌似平静但饱含深情的作品。因为纪念的是左翼作家,在当时是"犯忌"的题目,很不好写,但鲁迅却写得很有分寸。即便如此,鲁迅将文章投给两个杂志,在编辑室搁了好多天,没有一家敢用。

鲁迅平时给《现代》写稿,一般是由冯雪峰直接或者间接转送,有时也托内山书店送货员传递,但这篇文章却不同,施蛰存感觉可能是鲁迅亲自送达的：

> 那一天早晨,我到现代书局楼上的编辑室,看见有一个写了我的名字的大信封在我的桌上。拆开一看,才知道是鲁迅的来稿。问编辑室的一个校对员,他说是门市部一个营业员送上楼的。再去问那个营业员,他说是刚才有人送来的,他不认识那个

最近之鲁迅，摄于1933年春

人。这件事很是异常,所以我至今还记得。

....

我看了这篇文章后,也有点踌躇。要不要用?能不能用?自己委决不下。给书局老板张静庐看了,他也沉吟不决。考虑了两三天,才决定发表。理由是:一舍不得鲁迅这篇异乎寻常的杰作被扼杀,或被别的刊物取得发表的荣誉。二经仔细研究,这篇文章没有直接触犯"统治者"的语句,在租界里发表,顶不上什么大罪名。[1]

为了配合这篇文章,施蛰存在《现代》第二卷第六期中编了一页《文艺画报》,向鲁迅要来了一张柔石的照片,一张柔石的手迹(柔石的诗稿《秋风从西方来了》一页)。因为版面仍然不满,又配了一幅珂勒惠支的木刻画《牺牲》,因为鲁迅在文章中提到这幅木刻并在《北斗》创刊号上刊印过。然而,这三幅图版仍然不能占满全页,于是,施蛰存又加了一张鲁迅的照片。据施蛰存回忆:

这张照片,并不是原件,是我在仓促之间从鲁迅和别人合摄的照片上剪截下来的。我现在已记不起原件是什么样子,仿佛是鲁迅在宋庆龄家里和萧伯纳合摄的,但并不是现在人们所看到的那一张。那一张是鲁迅、萧伯纳、蔡元培三人的合影,就是鲁迅在《看萧和"看萧的人们"》记一文中提到过的。在那一张上,鲁迅的姿势不是这个样子。萧伯纳是在同年二月十七日到上海来的,所以我题作"最近之鲁迅"。

---

[1] 施蛰存《关于鲁迅的一些回忆》,收入《鲁迅诞辰百年纪念集》,长沙:湖南人民出版社1981年版。

此外《现代》上还刊登过鲁迅1932年在北平演讲时拍摄的照片。施蛰存说，当年的12月中旬，他收到朋友寄来的鲁迅在北师大演讲的两张照片和一方剪报，认为是新文学的重要史料，立即安排发表在《现代》第二卷第四期的《文艺画报》中。但发表时出现一个小插曲：

> 按照惯例，我把《文艺画报》中所用的图片编定以后，就交给书局中一位美术员去制版拼版，我不再过问。岂知这一期的《现代》印出来之后，发现《文艺画报》这一版上多出了一幅鲁迅的漫画像。这幅漫画把鲁迅画成一个倒立的漆刷，似乎很有些谐谑意味，也可以认为有些不敬的讽刺。我看了很不愉快，立即去问那位美术员，这张漫画是从什么报刊取材的，他为什么要擅自加入这张漫画。那位美术员说：因为这一页的两块铜版、一块锌板的大小比例没有做好，版面太空了，所以他临时画一个漫画来补空。
>
> 我听了他的回答，实在有点哭笑不得。这位美术员是个老实人，画这个漫画只是出于好玩，并无恶意，况且书已印出来了，无法消除，只好默尔而息。[1]

---

[1] 施蛰存《关于鲁迅的一些回忆》，收入《鲁迅诞辰百年纪念集》。

毛衣照

鲁迅这张"毛衣照"摄于1933年5月1日。据鲁迅日记,这天"下午往春阳馆照相"。鲁迅拍了三幅照片,前面两幅照片都是穿着外套,或正面,或侧面,均为半身。这张照片则脱去外套露出毛衣,可能是因为毛背心系许广平所织,为鲁迅所珍爱。1926年11月13日晚,许广平写信给鲁迅说:"早间无事,坐在寝室继续做手织,十一时出街理发,买一双布鞋,订一双皮鞋。到家里看一回,而今天叫我欢喜的,就是我订了一个好玩的图章,要铺子雕'鲁迅'二字篆字,阴文。""做手织"就是给鲁迅织毛背心。

鲁迅很喜欢来自情人的礼物,他在回信里写道:"背心已穿在小衫外,很暖,我看这样就可以过冬,无须棉袍了。"但许广平叮嘱他:"穿背心,冷了还是要加棉袍、棉袄……这样就可以过冬吗?傻孩子!"七八年后,鲁迅照相时露出背心,很可能是给许广平看。

周海婴所著《鲁迅与我七十年》一书,第二页便是鲁迅这张一手持香烟一手叉腰的照片。照片下面的注释是:"这张照片,母亲最喜欢!一九三三年五月一日摄于上海。"[1]

1929年,鲁迅去北京探望生病的母亲,当时许广平怀孕待产。鲁

---

[1] 周海婴《鲁迅与我七十年》,海口:南海出版公司2001年版。

毛衣照,摄于1933年5月1日

五 上海　331

鲁迅，摄于1933年5月1日

迅特地挑选了有莲蓬图案的笺纸,那莲蓬里还有籽,是在暗喻许广平怀了孩子。诗笺上有一首诗:"无忧扇底坠金丸,一味琼瑶沁齿寒。黄珍似梅甜似菊,北人曾做荔枝看。"两个莲蓬图案的笺纸上也有诗:"并头曾忆睡香波,老去同心住翠窠。甘苦个中侬自解,西湖风月味还多。"许广平在回信中说:"都很好,我已读熟了。你是十分精细的,那两张纸必不是随手捡起就用的。"[1] 鲁迅供认不讳:"我十五日信所选的两张笺纸,确也有一点意思的,大略如你所推测。莲蓬中有莲子,尤是我所以取用的原因。"[2]

这对情侣将他们1925年至1929年间的通信整理编辑,于1933年4月以《两地书》之名由北新书局以"青光书局"名义出版。《两地书》编好后,鲁迅又用工笔楷书抄录一份留存。

鲁迅时常抄写古诗或者赠书给许广平。一次,他抄录陶渊明《归园田居》《游斜川》两首题赠许广平。1934年12月,鲁迅购《芥子园画谱》一套相赠,书前题写自作诗一首:

> 十年携手共艰危,以沫相濡亦可哀。
> 聊借画图怡倦眼,此中甘苦两心知。

鲁迅还有一张与内山完造的合影,也是穿着这件毛衣拍摄的(见本书"邬其山")。

增田涉回忆说,鲁迅在室内"穿着狭小的学生装的裤子,束着皮带,穿着手织的紫色毛衣。头发和胡须蓬乱,手里经常拿着烟管,嘴闭作一字形,微微笑着。……香烟不离手……手指头给烟脂熏得变成

---

[1] 鲁迅、许广平《两地书》一二七,《鲁迅全集》第11卷。
[2] 鲁迅1929年5月27日致许广平信,《鲁迅全集》第12卷。

赤茶色"。有一回,鲁迅剪了发,"大概由于剪发的次数极少,所以一剪了就显出样子很不同地好看起来,我便开玩笑说'漂亮'"。[1]

人的相貌是否漂亮,很难达成一致意见,往往是各有所爱,言人人殊。许广平是爱鲁迅的,但在《鲁迅回忆录》中描述鲁迅的外貌,却说鲁迅是个平凡的人,走在街上,无论面貌、身形和衣着,都不会引起别人的注意。假如有人淡淡地扫一眼,得到的印象可能是:旧时代里一个迂腐、寒碜的人,一个刚从乡下来到城市的人,甚至"乍一看有似长期吸毒(鸦片烟)的瘾君子"。许广平还写到,鲁迅去世后,内山书店一位姓王的店员告诉她,当年她和鲁迅去书店购书,店员们"打量了鲁迅这般模样之后,店里负责的一个日本人向王说:注意看着这个人,他可能会偷书"。[2] 许广平写这篇回忆录是在60年代,或者说的是实情,或者也有表现自己不以貌取人的意思。无论如何,男女相爱,总是会发现对方的可爱(也可以说是"漂亮")之处的。

1933年5月1日这一天,鲁迅虽然忙碌但心情愉快。他先请日本筱崎医院的坪井医生上门为儿子打针。午饭后,给施蛰存和周建人各回了一封信。下午先去春阳照相馆照相,然后又去理发。理发后到一个牙科医院补了一下牙齿,并在旁边的小书店里买了一本日文书。

这一天是节假日,穿着爱人织的毛衣,心情自然愉快,因而形象是"漂亮"的。如果理发在照相之前,那该更"漂亮"吧。

---

[1] [日]增田涉《鲁迅的印象·鲁迅的性情、状貌等》。
[2] 许广平《鲁迅回忆录(手稿本)》。

活的中国

美国记者斯诺翻译鲁迅小说,准备编入《活的中国》一书,极盼得到鲁迅一帧近照。他托姚克向鲁迅请求支持。鲁迅拿出近照让姚克挑选,姚克觉得这些照片都不能把鲁迅的性格传出神来,提出若方便的话重拍一张。鲁迅日记:"午后……同姚克往大马路照相。"两人一起去了位于南京路上的雪怀照相馆,照相两张,一张是鲁迅的单身半人像,鲁迅很满意,因此可能将这张照片赠送朋友。日本作家林京子回忆说,她小时候曾看过鲁迅的一张照片:

> 不知道为何,我家里有鲁迅的照片。好像是父亲从中国朋友那里得到的。照片就放在我家衣橱的抽屉里。这是一张半身照,照片中的鲁迅穿着黑色的中式长衫,四方下巴、长脸、粗眉,还留着好似吸附在磁铁上的铁矿砂一般浓密的胡须。打开抽屉找东西时,我常常能从那堆杂乱无章的物品中看到鲁迅的眼睛。目光并不犀利,也不忧伤,既读不出喜悦,也看不出对人的警戒。那双眼睛或许因为不是直视的缘故,看起来像是在眺望远方。脸部肌肤有些浮肿,看上去并不年轻。或许是去世前的照片吧。而虹口公园的鲁迅雕像全身散发着壮年的活力。
>
> 童年时期的我并不知道这位穿着黑色中式服装的男子是谁。

为《活的中国》所摄,摄于1933年5月26日

在抽屉里放着很多不认识的男男女女的亲戚们的照片，我一直以为这就是他们中的一位吧。后来我才知道那个人是鲁迅。[1]

此照片最早与斯诺撰写的《鲁迅评传》一起，刊登在1935年1月出版的美国《亚细亚》杂志上，以后又刊登在1936年年底英国伦敦出版的《活的中国》一书的扉页上。鲁迅逝世后于万国殡仪馆供人吊唁的巨幅遗像，就是由这张单人照放大而来。

另一张是与姚克的合影（见本书第341页）。

埃德加·斯诺（1905—1972），美国记者、作家，也是热情介绍陕北革命根据地的《西行漫记》一书的作者。1928年到中国，1931年任统一报业会记者，曾到中国很多地方采访。他同情中国人民的革命事业，常把左翼文艺备受国民党政府压迫摧残的情况，披露给外国读者。

斯诺从1931年开始，就同他的助手姚克一道，翻译鲁迅作品。1933年他从上海移居北平，继续翻译工作，并通过姚克与鲁迅保持密切联系。斯诺译编的《活的中国》，收入鲁迅的《药》《一件小事》《孔乙己》《祝福》《离婚》《风筝》《论"他妈的！"》和茅盾、丁玲、柔石等作家的作品。斯诺在翻译鲁迅作品的过程中，每有疑问，鲁迅总是热情答复。

在一次访问中，斯诺问道："如今经过了第二次的国民革命（指北伐），您认为在中国阿Q仍同以前一样多吗？"鲁迅笑着说："更糟了。现在是阿Q们管理着这个国家了。"斯诺又问："您认为俄国的政府形式对中国更适合吗？"鲁迅回答说："我对苏俄不了解，但我读

---

[1] [日]林京子《鲁迅とS医师》，见林京子著《上海》，1987年中公文库版，第103—104页。转引自荣元《阅读鲁迅与重构"精神故乡"——日本作家林京子的创作与鲁迅之关系考论》，载《鲁迅研究月刊》2019年第4期。

过不少俄国革命以前的作品。他们同中国很有些相似之处,我们肯定有可以向俄国学习的地方。但对中国来说,只能有一种革命——中国的革命。我们也有可从自己历史中吸取的教训。"在翻译鲁迅作品时,斯诺研究了鲁迅生平,写了《鲁迅评传》,并将原稿送鲁迅审阅,鲁迅认真地提出修改意见。他在1935年1月8日致郑振铎信中评价斯诺说:"S君是明白的。有几个外国人之爱中国,远胜于有些同胞自己,这真足叫人伤心。"

鲁迅逝世后,斯诺写了悼文,称赞鲁迅为"伟大作家","增强了所有友邦人士一向对于中国前途的信念","鲁迅之于中国,其历史上的重要性更甚于文学上的"。[1]

1936年10月下旬,伦敦的乔治·哈拉普公司出版了斯诺花费近五年时间精心编译的《活的中国》(Living China)一书,副标题是"现代中国短编小说选"。该书序由斯诺亲撰,尼姆·威尔士(Nym Wales)——海伦·福斯特(Helen Foster)的笔名——所撰写的《现代中国文学运动》("The Modern Chinese Literary Movement")一文作为该书附录。而《现代中国文学运动》一文,正是以斯诺对鲁迅的一次访谈为基础撰写的。海伦在文中称赞道:"毫无疑问,鲁迅是中国所产生的最重要的现代作家。他不但是一位创作家——多半是中国最好的短篇小说家,也是一位活跃的知识界领袖,是最好的散文家及评论家之一。"她还介绍说,鲁迅曾经向斯诺指出,中国是从封建的社会概念飞跑到无产阶级的文化概念,所以现代中国文学的基础差。[2]

斯诺在"编者序言"中说明自己编辑该书的动机道:

---

[1] [美]埃德加·斯诺《我在旧中国十三年·鲁迅的印象》,北京:生活·读书·新知三联书店1973年版。
[2] 文洁若译,见《活的中国》,长沙:湖南人民出版社1983年版。

任何人在中国不需要待多久就体会到他是生活在一个动荡不安的社会环境中。这个环境为富有活力的艺术提供了丰富的资料。世界上最古老的、从未间断过的文化解体了,这个国家对内对外的斗争迫使它在创造一个新的文化来代替。千百年来视为正统的、正常的、天经地义的概念、事物和制度,受到了致命的打击,从而使一系列旧的信仰遭到摒弃,而新的领域在时间、空间方面开拓出来了。到处都沸腾着那种健康的骚动,孕育着强有力的、富有意义的萌芽。它将使东亚的经济、政治、文化的面貌大为改观。在中国这个广大的竞技场上,有的是冲突、对比和重新估价。今天,生活的浪涛正在汹涌澎湃。这里的变革所创造的气氛使大地空前肥沃。在伟大艺术的母胎里,新的生命在蠕动。

……本集在精神上和内在含义上对原作是忠实的,它把原作的素材、基本观点以及他们对中国的命运所提出的问题,都完整地保留下来了。读者可以有把握地相信,通过阅读这些故事,即使欣赏不到原作的文采,至少也可以了解到这个居住着五分之一人类的幅员辽阔而奇妙的国家,经过几千年漫长的历史进程而达到一个崭新的文化时期的人们,具有怎样簇新而真实的思想感情。这里,犹如以巨眼俯瞰它的平原河流,峻岭幽谷,可以看到活的中国的心脏和头脑,偶尔甚至能够窥见它的灵魂。[1]

《活的中国》第一部分为鲁迅的作品,第二部分为"其他中国作家的小说",收入14位作家的17篇作品:柔石的遗作《为奴隶的母亲》、茅盾的《自杀》和《泥泞》、丁玲的《水》和《消息》、巴金的《狗》、沈从文的《柏子》、孙席珍的《阿娥》、田军(萧军)的《在

---

[1] 文洁若译,见《活的中国》。

"大连号"轮船上》和《第三枝枪》、林语堂的《狗肉将军》、萧乾的《皈依》、郁达夫的《紫藤与茑萝》、张天翼的《移行》、郭沫若的《十字架》、失名(杨刚)的《一部遗失了的日记片断》、沙汀的《法律外的航线》。

"吾友"

1933年5月26日，姚克陪同鲁迅到雪怀照相馆照相，照了鲁迅单人照后，请求与鲁迅合影，准备将来以一个鲁迅著作译者的身份一起刊登在海外的刊物上。鲁迅答应了他的要求。

1933年3月7日，姚克初次会见鲁迅，给鲁迅留下了"有真才实学，是个切实做事的人"的印象。鲁迅日记1933年8月31日记载："晴，热。午后姚克来访，并赠五月六日（应为5月26日——本书作者注）所照相二种各一枚，赠以自著《野草》等十本，《两地书》一本，选集二种二本。"

关于这张合影，姚克后来回忆说：

> 至于我和鲁迅合摄的那张像，我记得曾在石凌虚主编的《戏剧与电影》上登过——大约是一九三六年的十一月或十二月号，事隔四十年，已经记不清了。那时我才三十一岁，摄影时穿着一套那时最时式的西服，浑身"小布"气（那时"小资产阶级"文艺界通称为"小布尔乔亚"，简称"小布"），但鲁迅先生却并不因此而嫌弃我，可见他不是一个以貌取人的皮相者。[1]

---

[1] 姚克《鲁迅日记的两条诠注》，载1977年2月香港《南北极》第81期。

鲁迅与姚克合影,摄于1933年5月26日

姚克，原名姚志伊，学名姚莘农，20世纪20年代毕业于东吴大学文学系，熟谙英文，常在英美人办的《字林西报》《密勒氏评论报》和《亚细亚》杂志上发表文章，写过介绍鲁迅的文字，因此结识了刚刚抵达中国不久的美国记者埃德加·斯诺，两人合作翻译鲁迅著作。让世界人民知道"中国的伏尔泰"（斯诺语），是斯诺和姚克立下的志愿。30年代初，斯诺在北京撰写《鲁迅评传》，就由姚克译成中文。

为解决翻译《呐喊》遇到的疑难问题，姚克于1932年12月4日写信给鲁迅，托北新书局转交。但这封信直到次年3月5日才和姚克于1933年3月3日发出的第二封信一起转到鲁迅手中。鲁迅当天即复："三月三日的信，今天收到了，同时也得了去年十二月四日的信。北新书局中人的办事，散漫得很，简直连电报都会搁起来。所以此后赐示，可寄'北四川路底、内山书店转、周豫才收'，较妥。""先生有要面问的事，亦请于本月七日午后二时，驾临内山书店北四川路底，施高塔路口，我当在那里相候，书中疑问，亦得当面答复也。"

姚克在其《最初和最后的一面》一文中写道："一九三三年三月七日是个可爱的日子。在我呢，这也是个极可纪念的日子。在那天下午二时，我初次见了鲁迅先生。"

姚克按时来到了内山书店，向书店老板内山完造先生说明来意后，被引领到店堂后面早已在等候着的鲁迅先生面前。姚克写道："最先感觉到的当然是欢欣：再过几分钟就可以见到我一向憧憬着的鲁迅先生了！随后我自己一忖：我是新近才写起文章来的，而且寥寥的几篇还是用英文发表的，文坛上绝对没人知道我的名字。鲁迅先生恐怕会瞧不起我吧？其次，我又想起他是左翼文坛的领袖，最讨厌的是浮滑的'洋场恶少'；而我那天恰穿着一套崭新的洋服，头发也梳得光光的，只怕被他斥责一顿。而他骂起人来是会使受骂者藏身无地的啊！"姚克还写道："我初见他的时候就觉得自己似乎矮了半截。但他并没有一点吓人的'大师'派头和'学者'架子，也没有那种谦虚得要命而圆滑得可怕的'君子'之风。"待姚克落座后，鲁迅先生不加客套，直截了当地谈起翻译中遇到的"三百大钱九二串""猹"等难解之处。关于"猹"，鲁迅承认："这猹字是我自己造的"，不是刺猬但比刺猬大，"大概是'獾'一类东西"。鲁迅还承认，有关"猹"的来源，"是乡下人说的，我也不大了然"。至于"三百大钱九二串"一说，则是绍兴人特有的表达方式。鲁迅还谈到自己批评中国文化的动机，说："不错，中国的文化也有美丽的地方，但丑恶的地方实在太多，正像一个美人生了遍体的恶疮。若要遮她的面子，当然只好歌颂她的美丽，而讳隐她的疮。但我以为指出她的恶疮的人倒是真爱她的人，因为她可以因此自惭而急于求医。"

有一段时间，姚克在北京除与斯诺合作翻译外，还经常为中、英文报刊写稿。他曾写信告诉鲁迅说，他有志于创作小说和撰写中国当代文学评论。对此，鲁迅在1934年1月25日的信中鼓励他说："先生作小说，极好。其实只要写出实情，即于中国有益，是非曲直，昭然具在，揭其障蔽，便是公道耳。"1934年3月6日鲁迅在给姚克的信中谈到中国文艺情形说："先生能陆续作文发表，最好。我看外国人对于这些事，非常模胡，而所谓'大师''学者'之流，则一味自吹自捧，绝不可靠，青年又少有精通外国文者，有话难开口，弄得漆黑一团。日本人读汉文本来较易，而看他们的著作，也还是胡说居多，到上海半月，便做一本书，什么轮盘赌，私门子之类，说得中国好像全盘都是嫖赌的天国。但现在他们也有些露出马脚，读者颇知其不可信了。"在同月24日的信中也谈到，西洋人由于不了解中国历史和风俗人情，竟闹出了"画数千年前之中国人，就已有了辫子，而且身穿马蹄袖袍子"的笑话，指出了正确介绍中国文艺现状的重要意义。他在

1936年4月20日致姚克信中又说：

> 写英文的必要，决不下于写汉文，我想世界上洋热昏一定很多，淋一桶冷水，给清楚一点，对于华洋两面，都有益处的。

通过交往，鲁迅对姚克愈发赏识，乃至以"吾友"相称。1934年4月12日，鲁迅写信给姚克说："向来索居，近则朋友愈少了，真觉得寂寞，不知先生至迟于何日南来，愿得晤谈为幸耳。"5月间，姚克从北平南返，一到上海，即去拜访鲁迅，未遇，留条内山书店。鲁迅见条后，立即复信说："今日往书店，得见留条，欣幸之至。本星期日（二十七日）下午五点钟，希惠临施高塔路大陆新村第一弄第九号，拟略设菲酌，借作长谈。令弟是日想必休息，万乞同来为幸。"在信中，鲁迅还极为细致周到地指引路径："大陆新村去书店不远，一进施高塔路，即见新造楼房数排，是为'留青小筑'，此'小筑'一完，即新村第一弄矣。"鲁迅平时很少把住址告诉别人，这次却邀请姚克兄弟来寓，可见他们的关系之亲密。

在姚克与鲁迅交往的四年间，鲁迅日记中有关姚克的记载多达95处，姚克致函鲁迅52封，多为就翻译问题求教，鲁迅复函29封，两人见面交谈数十次。

姚克从与鲁迅的交往中深受鼓舞，他发表了许多论著，除介绍鲁迅作品外，还系统地评述中国戏剧从元曲、昆曲到现代话剧和电影的发展，翻译了昆曲《贩马记》、京剧《打渔杀家》、现代剧《雷雨》等剧本，还为《译文》翻译外国文学作品，如萧伯纳的《魔鬼的门徒》，被列为《译文》丛书之一。

姚克最后一次与鲁迅会面，是在鲁迅逝世前一个月的1936年9月22日下午。那天，姚克送给鲁迅两本书。一本是他翻译的《魔鬼的门徒》，还有一本是美国刚刚出版的《亚细亚》杂志九月号。在这一期杂志上，有一篇姚克翻译的鲁迅《野草》中的《风筝》。在这次会面中，大病初愈的鲁迅向姚克询问了《活的中国》一书的排印进度，谈到了自己所患肺病的情况，他对去外地或外国疗养的态度，还谈到了前不久撰写《答徐懋庸并关于抗日统一战线问题》长信的经过……

1936年10月19日，鲁迅逝世。姚克以自己和斯诺的名义献上一副挽联：

译著尚未成书，惊闻殒星，中国何人领呐喊
先生已经作古，痛忆旧雨，文坛从此感彷徨
——姚莘农、EDGAR SNOW敬挽

姚克还同欧阳予倩一起，联系明星电影公司为鲁迅先生丧礼拍摄纪录影片，招待中外记者，担任司仪并与鲁迅的其他生前友好一起扶鲁迅灵柩下葬。

鲁迅逝世后，姚克在一些中、英文刊物上发表文章介绍鲁迅的生平和作品，如用英文写的《鲁迅：他的生平和作品》，刊登在1936年11月出版的英文杂志《天下月刊》第3卷第4期上。[1]

---

1 1936年4月《日本评论》第十一卷四月号，中译文见《鲁迅研究资料》第10辑。

多　疑

　　1933年9月13日，为庆贺五十三岁生日，鲁迅与许广平、海婴一起往王冠照相馆照相。从相片上看，全家人都做了认真的修饰。全家福之外，鲁迅还单独照了一张（见下页）。然而，这张照片上的鲁迅显得心怀疑虑，眼神中充满了不信任。

　　鲁迅的熟人中，颇有几位谈到鲁迅多疑善怒的性格。钱玄同在回忆文章中说：

> 我认为他的短处也有三点：（一）多疑。他往往听了人家几句不经意的话，以为是有恶意的，甚而至于是要陷害他的，于是动了不必要的感情。（二）轻信。他又往往听了人家几句不诚意的好听话，遂认为同志，后来发觉对方的欺诈，于是由决裂而至大骂。（三）迁怒。譬如说，他本善甲而恶乙，但因甲与乙善，遂迁怒于甲而并恶之。[1]

　　鲁迅的弟弟周作人也表达过类似的意见。他在鲁迅逝世后接受《大晚报》记者采访时说："说起他这肺病来，本来在十年前，就已经

---

[1] 钱玄同《我对周豫才君之追忆与略评》，载1936年10月26、27日《世界日报》。

隐伏着了，医生劝他少生气，多静养，可是他的个性偏偏很强，往往因为一点小事，就和人家冲突起来，动不动就生气，静养更是没有那回事，所以病就一天一天的加重起来，不料到今天，已经不能挽救。……他的个性不但很强，而且多疑，旁人说一句话，他总要想一想这话对于他是不是有不利的地方。"[1]

鲁迅自己也记录了他本人"多疑"的事例。如《记"杨树达"君的袭来》中，讲述了一位神经不正常的青年学生闯入他的寓所骚扰的过程。鲁迅怀疑这位学生背后有人指使："我历来对于中国的情形，本来多已不舒服的了，但我还没有豫料到学界或文界对于他的敌手竟至于用了疯子来做武器，而这疯子又是假的，而装这假疯子的又是青年的学生。"后来，他得知这位青年确实有病，并非装疯，更没有受人指使："今天有几位同学极诚实地告诉我，说十三日访我的那一位学生确是神经错乱的，十三日是发病的一天，此后就加重起来了。我相信这是真实情形，因为我对于神经患者的初发状态没有实见和注意研究过，所以很容易有看错的时候。现在我对于我那记事后半篇中神经过敏的推断这几段，应该注销。但以为那记事却还可以存在：这是意外地发露了人对人——至少是他对我和我对他——互相猜疑的真面目了。当初，我确是不舒服，自己想，倘使他并非假装，我即不至于如此恶心。现在知道是真的了，却又觉得这牺牲实在太大，还不如假装的好。然而事实是事实，还有什么法子呢？我只能希望他从速回复健康。"随后，鲁迅在给朋友的信中表示，自己"感到太易于猜疑，太易于愤怒"，请求立即在刊物上发表声明，消除误解。[2]

正因为多疑，鲁迅的文字往往具有深刻的意蕴。他自己曾说：

---

1 《鲁迅先生噩耗到平，周作人谈鲁迅》，载1936年10月22日《大晚报》。
2 鲁迅《集外集·记杨树达君的"袭来"》《集外集·关于杨君袭来的辩证》，《鲁迅全集》第7卷。

鲁迅五十三岁生辰照,1933年9月13日摄于上海王冠照相馆

鲁迅五十三岁生辰全家合影，1933年9月13日摄于上海王冠照相馆。鲁迅日记："上午同广平、海婴往王冠照相馆照相。大雨一阵。"9月17日："下午以照相分寄母亲及戚友"

"我的文章，未有阅历的人实在不见得看得懂，而中国的读书人，又是不注意世事的居多，所以真是无法可想。"[1]日本学者增田涉则带着好意看待鲁迅的"多疑"："所谓多疑，另一面也可以说是想象力丰富。这是由于苦心或多忧虑产生的，总之是不能安闲地静观事象的气质。而且在鲁迅是从个人关系扩大了，许多场合，发展到民族的和社会的。他那显得到了极端的忧国心情，是从他那多疑的气质出发的，因此可以说是深湛的，跟他血肉相连的。在他的《阿Q正传》里也是，而读他的任何随笔小品，我都感到在深处沸腾、跳动着的那种气质的热情。"[2]

生活在政治压迫、商业压榨的环境中，鲁迅的多疑常常是不得已的。

1935年6月9日，《文学》杂志在未征得鲁迅同意写稿的情况下，就在该刊第四卷第六期登出广告，说在下一期里将有鲁迅的散文，题未定。这是不难理解的，有了鲁迅的文章，有利于刊物的销售。鲁迅看到后很生气。但毕竟这是对他的另一种形式的尊重，他能理解。他后来真的写了多篇《"题未定"草》。而有些杂志，就更令他愤懑。他曾向《文学月报》投稿，却受到该杂志的攻击。他说："那个杂志的文章，难做得很，我先前也曾从公意做过文章，但同道中人，却用假名夹杂着真名，印出公开信来骂我，他们还造一个郭冰若的名，令人疑是郭沫若的排错者。我提出质问，但结果是模模糊糊，不得要领，我真好像见鬼，怕了。后来又遇到相象的事两回，我的心至今还没有热。现在也有人在必要时，说我'好起来了'，但这是谣言，我倒坏了些了。"[3]文坛的复杂情形，令他不能不疑。

---

1 鲁迅1936年4月5日致王冶秋信，《鲁迅全集》第14卷。
2 [日]增田涉《鲁迅的印象·鲁迅的性情、状貌等》。
3 鲁迅1935年4月2日致萧军信，《鲁迅全集》第14卷。

晚年的鲁迅，常常心情颇不愉快。对他的攻击甚至辱骂，常常来自左翼文坛内部。鲁迅是当时中国文坛第一人，也是左翼作家拥戴的具有"盟主"地位的人物，但他却感到自己没有受到尊重。他在给曹靖华的信中谈到左翼内部的不良倾向，说："同人里，仍然有些婆婆妈妈，有些青年则写信骂我，说我毫不肯费神帮别人的忙。其实是照现在的情形，大约体力也就不能持久的了，况且还要用鞭子抽我不止，惟一的结果，只有倒毙。很想离开上海，但无处可去。"[1]

1936年4月5日，鲁迅写信给王冶秋，抱怨说："我在这里，有些英雄责我不做事，而我实日日译作不息，几乎无生人之乐，但还要受许多闲气，有时真令人愤怒，想什么也不做，因为不做事，责备也就没有了。"信中谈到"左联"已经解散，正在筹组新协会之事："我们×××（此三字在原件上被收信人涂去。据收信人回忆原为'这一翼'——本书作者注）里，我觉得实做的少，监督的太多，个个想做'工头'，所以苦工就更加吃苦。现此翼已经解散，别组什么协会之类，我是决不进去了。但一向做下来的事，自然还是要做的。"

---

[1] 鲁迅1935年3月23日致曹靖华信，《鲁迅全集》第14卷。

写 真

  1933年冬，日本的中国文学研究者、《中国小说史略》日文译者增田涉，在大阪《朝日新闻》上看到一张鲁迅照片，写信给鲁迅说，照片上的鲁迅显得年轻。鲁迅回信说："照片太年青了，也许不是我的照片，但也有人说并非别人的。到底如何，弄不清楚。"口气中透露出他并未看到过这张照片。同一信中他还说："近戴老花眼镜，看书时字很大，一摘掉，字又变得很小，因此怀疑字的实际大小究竟如何。对自己的容貌，也是如此。"当月早些时候，他在给增田涉的信中谈起这家报纸上刊登的自己的照片，说："《大阪朝日新闻》刊载的照片，确实形容枯槁，但实物并不那么枯槁。看来，所谓写真有时也不免写不真，恐怕那照相机本身枯槁了罢。"看起来"年轻"的和"确实形容枯槁"的，究竟是不是同一张照片？《鲁迅全集》的注释说"所刊照片待查"。本书作者托日本友人从1933年11月13日的大阪《朝日新闻》上找到了一张照片。此外是否还有，有待进一步查询。大阪《朝日新闻》发表这张照片，是为配合该报记者写的报道。这篇报道是记者原田让二"中国旅行见闻"系列的第二篇，全文如下：

《朝日新闻》所载照片，摄于1933年9月23日

邻国旅行见闻（2）——小说家鲁迅

本社编辑总务原田让二

　　旅行中会有各种各样不可思议的巧遇。我到达上海的翌日清晨，就有人把电话打到了旅馆里。"你是从备中（日本旧国名之一，位于冈山县西部——译者）山奥某小学毕业的吧？"一个陌生的声音问道。"是啊。"我回答。"那你还是我的同班同学呢，记不记得有一个叫U（内山完造——译者）的少年？"仿佛有一点记忆却又不确定，不管怎样，还是决定权且见上一面。

　　没过多久，U便骑着自行车穿过北四川路，来到了我住的旅馆。他身着长裤和一件汗衫，简简单单的装束像一个活动家。刚见面，我就一眼看到了他眉间的伤疤，没错，这正是少年时代的U。黑白夹杂的头发剪成五分式，原本细长的脸庞虽因发胖而变圆了，但那与众不同的燃烧似的唇色还没褪去。少年时的他穿着流行的纪州法兰绒红衬衫，一副帅气男孩的打扮。屈指算来我们从相识到现在已经过去三十年了。年轻时U为了推广大学牌眼药，来到了中国，差不多在上海住了二十多年。他的妻子空闲的时候开始经营书店。说起U的书店，现在还是相当有名气的。据U说，当时每年进口到中国的日本书籍金额达十五万，其中有十万元的书是中国人购读的，而购书者多为曾留学过日本的中国人。近来，由于日语热在中国持续升温，中学以上的学校差不多都在教日语，所以日语书籍和杂志的需求量越来越大。究其原因，其一是青年们的实用主义，其二是在他们中出现了通过日语翻译获得外国知识的倾向。甚至常有人从四川的大山深处寄来订书的明信片，书店接受了预订根本不必催，他们也会把书钱邮来，居然从未出过错。这可真是件挺不容易的事。

另外，U还讲了些令人感兴趣的事。当时正值事变最紧的时候，在他施高塔路书店前的街上，便衣队的人念珠似的一个接一个地被拴起来抓走。U惊讶地发现早已熟识的老主顾小说家鲁迅（周树人）与其弟周作人（应为周建人——本书作者注）一家也在其中。他急忙走过去说明鲁迅他们并不是便衣队的人，这样才把他们解救出来。鲁迅一家于是被安置在了书店的二层，后来由于周边的环境日渐险恶，就又把他们送到了租界内的支店。我就是在那一天由U介绍结识了鲁迅。因为当时风声很紧，鲁迅没有外出散步。这一方面是环境所迫，一方面是鲁迅主张"运动不必要论"（"锻炼身体无用论"——译者），因为这种观点竟和日本某医学博士的意见毫无二致，他也不禁笑了起来。他面庞泛出青色，两颊皮肤松弛，一望就让人生出疑虑：这恐怕是个抱病之躯吧？但他以清亮的声音操着漂亮的日语轻松地谈论着各种各样丰富的话题，又令人难以相信眼前竟是一个肉体极度疲惫的人。他目光炯炯，精神矍铄。瘦小的身材，穿着海昌蓝色中式服装，戴着半旧的中折帽。他不太喝酒，却烟不离手。他爱吸的是一种过去在日本也很流行的"大头针"牌香烟，这似乎是他好不容易从店里淘来的。他常常低着头，偶尔笑一下时会露出白白的牙齿，令人感到他的落寞。据他亲口说，他做医生的理想幻灭了，"却因此不但学会了日语，还对德语也略有心得。因为我说的德语会让德国人发笑，所以我从来不说。"他还说自己立志学医的最初动机是，年幼的时候父亲患了重病，因为家境并不富裕，每日被打发奔走于药铺和当铺之间。因为痛恨庸医的愚蠢、骗人，所以很发愤。二十五岁的时候进入了仙台专门医学院。后来又感到与其拯救人的肉体不如拯救人的精神，终于弃医从文。直到如今虽已五十三岁仍笔耕不辍，其间也做过教师和教育部的官员什么的。后因被追捕只好从北平逃到厦门,厦门的风土气候严重损害了他的健康。他在大学教授中国文学史的时候,因不忍看到自己的学生一个接一个地失踪,于是就辞掉了教职。文学家居然也有敌手,各种各样的流言蜚语满天飞,现在他竟被说成是日本间谍。他还说在中国花个二三百美元就能轻取一个人的性命。诸如此类各种各样的话题他聊了很多。

即便环境如此险恶,他仍然在为中国美术的失传而担忧。因为信封和信笺上古雅的木版画已日渐式微,他最近从北平邮购来了数百种,并择取其中最好的进行翻版。他温和平缓地说着,完全不像个新文学家。

最后,鲁迅从座位上站起来说:"总而言之,在中国,外面喧嚣扰攘的时候其实倒没什么要紧,就像我们虽被发出了逮捕令,可眼下倒是最安全的时候,因为逮捕令可能会戛然而止;相反寂然无声的时刻倒可能是最危险的。日本人完全不了解中国人的心理,其实外面大张旗鼓地宣传排日、抗日的时候,倒是最太平无事的时期,当外部的喧嚣停止,愤怒郁结在内心,并逐渐潜入到地下的时候那才是最可怕的呢。"这位据说四十来岁才拥有笔名的"假面文学家"(指真名鲜为人知却以笔名见称于世——译者),后来又悄然返回了自己的寓所。[1]

《大阪朝日新闻》刊载的照片未注明拍摄日期。据有关资料推断,应该摄于1933年9月23日。因为这一天,鲁迅日记记载了他同该报记者原田让二的会见:"午内山君邀午餐,同席为原田让二、木下猛、

---

[1] 徐桂梅译,参见黄乔生《日本记者笔下和镜头前的鲁迅——1933年大阪〈朝日新闻〉上的一篇报道和一帧照片》,载《鲁迅研究月刊》2012年第8期。

和田齐。"此后的鲁迅日记并未记载与这位记者之间的联系，只是在12月5日有"为大阪《朝日新闻》作文一篇"的记载，可能是这次聚餐时的约稿。同月28日鲁迅日记又有"午后收大阪朝日新闻社稿费百"。鲁迅这篇文章的题目是《上海所感》，1934年1月1日在该报发表，中译文载1934年2月16日《天下篇》创刊号，题为《上海杂感》；又载1934年9月25日《文学新地》创刊号，题为《一九三三年上海所感》，署名石介译。

内山完造在《花甲录》中也记述了这次会见。他通过朝日新闻社上海分社社长木下，在上海的万岁旅馆会见三十多年未见面的小学同学——朝日新闻社主笔原田让二，一起畅谈。"接着，我对原田让二说，给你介绍一下鲁迅先生吧。他欣然同意了。……于是我赶快在新半斋（这是我三十年来经常去的一家熟识的菜馆子。上海只有两家扬州菜馆，另一家叫老半斋）要了一桌酒席，来的人有原田、木下、鲁迅和我，其他还有谁，记不起来了。我们一起吃了饭，作了介绍。第二年1月1日东京和大阪两地的《朝日新闻》上发表了鲁迅的《上海所感》一文，其原因就是由于这次和原田让二的奇遇。"[1]

原田让二（1885—1964），日本大正、昭和时代前期的新闻记者，报刊经营者。明治十八年（1885）3月26日出生于日本冈山县，毕业于早稻田大学，先在《读卖新闻》供职，大正四年（1915）进入东京朝日新闻社，大正八年（1919）任东京朝日新闻社社会部部长。大正十四年（1925）调至大阪朝日新闻社，任编辑局长，昭和十五年任专务董事。昭和二十一年（1947）成为贵族院议员，昭和三十九年（1964）去世，享年78岁。

原田让二的名字曾出现在《新聞資本と経営の昭和史——朝日新

---

[1] ［日］内山完造《花甲录》。

聞筆政・緒方竹虎の苦悩》和《占領期の朝日新聞と戰爭責任村山長挙と緒方竹虎》两书中，但这两本书的主角都是绪方竹虎。在朝日新闻社内，原田让二是绪方竹虎的反对势力的代表人物之一。但两人的分歧是因报刊经营理念不同，并非政治主张相左。

《朝日新闻的战争责任》一书认为《朝日新闻》在战争中负有不可推卸的责任：操纵情报、诱导舆论。在负有上述报道责任的人中，就有原田让二。

日文称照相为"写真"。但正如鲁迅所说，"写真有时也不免写不真"，放大、缩小、走形、变形，是经常发生的情况。新闻报道也是如此，它标榜"表现真相"，有时却扭曲事实，制造假象。

原田的报道中透露出不少信息，对读者认识那时鲁迅的生活和思想状态有参考价值，但也有一些不准确的地方。

报道中没有交代清楚的一个地方，是鲁迅外出避难并不在他们会面这一年，而且，鲁迅在前一年外出避难时，也没有与弟弟周建人一家同时被日本宪兵队抓获。报道在叙述了鲁迅和弟弟周建人一家一起被日本宪兵队抓获，经内山营救脱险后，说"我就是那一天结识了鲁迅"，可能是听了内山的较为笼统的叙述，把时间搞混了。实际情况是，在1932年那次战乱中，鲁迅一家是经内山完造安排，从容外出避难的。在避难所，鲁迅照常工作，接待客人。如接待日本友人，接待李霁野来访，商量营救在北平被逮捕的台静农，接待茅盾、郑振铎来访，还同茅盾等人出席陈望道在东亚酒店举行的晚宴，商讨创办《太白》半月刊。虽是避难，却没有生命危险。在此期间，鲁迅还写了多篇文章，批评社会乱象。如《不知肉味和不知水味》，虽然发表时被删去一百多字，言论受到检查或压制，但毕竟还能够发表出去。

报道中有些情节颇为有趣，如鲁迅不锻炼身体，可能得之于鲁迅的自白。有关鲁迅的回忆录中确实很难找到他为健康而锻炼身体的记载。

在上海的十来年，他大多闭居家中，读书写作。运动太少，也许是他早逝的原因之一。谈话中，鲁迅自述生平，记者记下来的内容基本准确。但报道中说，厦门的风土气候"严重损害了（鲁迅的）健康"，不知是鲁迅真的这么认为，还是记者听错了。关于鲁迅的德语水平，报道里鲁迅的自述符合事实。鲁迅虽然在学堂里学过德语，能够阅读，但口语并不好。这可以用史沫特莱的话作旁证：鲁迅"说得一点德语，可是他能够阅读和理解德文"[1]，强调的是他的阅读能力。

关于鲁迅编印和翻印笺谱的叙述，符合鲁迅当时的主张，也正是鲁迅当时做得起劲的工作。而报道者表露出对鲁迅这位新文学家这种行为的疑惑，因为翻印笺谱是所谓"旧学"，为此，鲁迅其时颇受"革命文学家"的攻击。这的确是鲁迅一代人的矛盾：创造和鼓吹着新文学，但因为从小所受的教育和个人趣味的关系，却舍不得（或者实际上做不到）彻底放弃旧文学，甚至旧的生活方式。

关于中日关系，鲁迅最后一段谈话耐人寻味："日本人完全不了解中国人的心理，其实外面大张旗鼓地宣传排日、抗日的时候，倒是最太平无事的时期，当外部的喧嚣停止，愤怒郁结在内心，并逐渐潜入到地下的时候那才是最可怕的呢。"鲁迅有生之年，日本一直在骚扰、欺凌和侵略中国。中国多次发生排日、抗日运动，成功少，失败多。而很多排日、抗日运动发自民间，政府有时还要弹压。鲁迅这里说的这种现象似乎在显示政府和民众意见一致，不再做戏而投入实际准备了。鲁迅的这个意见可能与他目睹的"一·二八"战事有关——那的确是一次有力的抗战。

对日本的态度，是鲁迅晚年的一个引人注目的问题。这位记者也写到了鲁迅被人怀疑是汉奸的事。鲁迅经常与日本人交往，对日本国

---

1 ［美］史沫特莱《鲁迅是一把宝剑》，载1939年10月安徽《文化月刊》第3期。

民性的看法又比较好，容易引发这种联想。

鲁迅对日本朋友的友善的态度，属于民间日常交往，不必上升到政治高度。而他对日本侵略者的谴责，一点也不比别人少。据增田涉《鲁迅的印象》记述，日本女作家柳原烨子从日本到中国，通过内山完造的关系，拜访鲁迅，并约鲁迅和郁达夫在酒馆相见。出席作陪的有增田涉等日本友人。席间，鲁迅屡次抨击中国的黑暗政治。柳原烨子便问："那么，你是抱怨自己出生在中国了？"鲁迅答道："不，我以为比起其他任何国家来，还是出生在中国好。"鲁迅说这话时，眼睛湿润了。[1]

对于中国的政治环境，鲁迅总体上持否定和抨击的态度。在谈话中，鲁迅举出的例子，如在中国"二三百美元就能轻取人命"可能得之于传言，而且鲁迅也没有言明这种现象的普遍程度如何。但鲁迅这种愤激之情在他晚年的书信和杂文中表现得很强烈。如在给友人的信中说："这里的压迫是透顶了。书店一出左翼作者的东西，便逮捕店主或经理。上月湖风书店的经理被捉去了，所以《北斗》不能再出。《文学月报》也有人在暗算。"[2] 1934年9月29日致山本初枝的信中说："本想去北平，但自今年起，北平也在白色恐怖中，据说最近两三个月就捕了三百多人。"鲁迅在这次谈话中对中国政治与社会的黑暗面表达的强烈不满，也与随后为《大阪朝日新闻》撰写的《上海所感》一文中对当时中国政治社会的负面评价一致。《上海所感》中谈到文人间的互相攻击："对于论敌，当和苏俄绝交时，就说他得着卢布，抗日的时候，则说是在将中国的秘密向日本卖钱。但是，用了笔墨来告发这卖国事件的人物，却又用的是化名，好像万一发生效力，敌人因此被杀了他也不很高兴负这责任似的。"文章总结出一种普遍的社会心态，就

---

[1] ［日］增田涉《鲁迅的印象·鲁迅认为生在中国比生在别国好》。
[2] 鲁迅1932年9月11日致曹靖华信，《鲁迅全集》第12卷。

是多疑："我却觉得中国人大抵都多疑。如果跑到乡下去，向农民问路径，问他的姓名，问收成，他总不大肯说老实话。将对手当蜘蛛精看是未必的，但好像他总在以为会给他什么祸祟。这种情形，很使正人君子愤慨，就给了他们一个徽号，叫作'愚民'。但在事实上，带给他们祸祟的时候却也并非全没有。因了一整年的经验，我也就比农民更加多疑起来，看见显着正人君子模样的人物，竟会觉得他也许正是蜘蛛精了。然而，这也就会习惯的罢。愚民的发生，是愚民政策的结果，秦始皇已经死了二千多年，看看历史，是没有再用这种政策的了，然而，那效果的遗留，却久远得多么骇人呵！"

有这样一种说法，鲁迅揭露中国政治的专制腐败，暴露中国国民劣根性，使中国政府和人民呈现出负面的形象，不但给了外国侵略者以口实，而且也给本国人民造成了心理暗示：落后就要挨打，落后就应该被外族侵略乃至统治。这样的观点，出自中国最受人尊敬的文豪笔下，对于中国政府形象的损害，可想而知。如果鲁迅文章中的描写属实，则中国政府不亡，是无天理。当时中国的现状是，暴动、起义，连续不断；左联、民盟，层出不穷；政府攘外安内，左右支绌。鲁迅热爱国家，毋庸置疑，谴责侵略，义正词严。唯对于国民政府，心理矛盾：冷嘲热讽，失望绝望，诅咒其倒台；然而政府倒台，牵连国家民众，后果难以预料，又使他下笔踌躇。鲁迅是反抗社会黑暗、维护民权的斗士；但从外交、国际关系的角度看，他的有些观点很容易被敌国媒体利用，而不利于本国。这种矛盾，是比在新旧文艺之间徘徊的编印笺谱之类活动更让鲁迅纠结的。

如露复如电

1934年5月，铃木大拙为寻访中国佛教古迹，以东京大谷大学教授的身份访问中国，会见了鲁迅，并合影留念。鲁迅5月10日日记："上午内山夫人来邀，晤铃木大拙师，见赠《六祖坛经·神会禅师语录》合刻一帙四本，并见眉山、草宣、戒仙三和尚，斋藤贞一君。"随行者是镰仓圆觉寺佛日庵住持高畠眉山、京都大德寺山内聚光院住持中村戒仙、从事中国现代佛教研究的"日华佛教会"常务理事藤井草宣和随团秘书斋藤贞一。鲁迅还以《金刚经》句题赠眉山和尚："如露复如电 书奉高畠眉山师 鲁迅"。

《六祖坛经·神会禅师语录》在铃木大拙此次访问中国之前不久刚刚出版（1934年4月，森江书店出版），内容是关于慧能和神会资料的研究和整理，其中包括铃木大拙与公田连太郎校订的《敦煌出土荷泽神会禅师语录》《敦煌出土六祖坛经》《兴圣寺本六祖坛经》，以及铃木撰写的关于上述资料的解说等。铃木把自己关于禅宗研究的最新成果送给鲁迅，是因为他知道鲁迅是对佛教感兴趣的作家和学者。

访问团来华期间，正值日本政府在制造了"九·一八""一·二八"等侵华事件以后，又借口"日中亲善"把华北作为下一个侵略目标，中国人民群情愤慨之际。中日佛教界人士也大受影响。藤井草宣等日华佛教会负责人，想拉拢部分中国僧侣去日本，和"伪满"佛

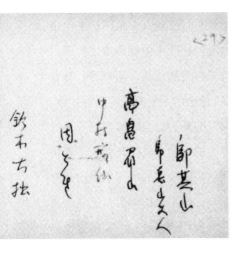

鲁迅与日本铃木大拙等合影,摄于1934年5月10日。左起:邬其山、邬其山夫人、高畠眉山、中村戒仙、鲁迅、铃木大拙、藤井草宣。左图为照片背面的说明文字界代表一起参加"第二次泛太平洋佛教青年会"代表大会,遭到中国佛教界人士的抵制。太虚大师也发表《致王一亭居士书》,声称自己"无意东行",并作《论第二次泛太平洋佛教青年会》一文,斥责日本方面"列有满洲国"是非法的,为两国佛教界交流设置了障碍。日本的好村春宣等人倡议成立"日中佛学会",拟推举中、日会长各一人,太虚大师为中国方面会长人选,太虚断然拒绝。在此情况下,铃木大拙一行来华,受到中国佛教界的冷遇,就可以理解了。鲁迅同他们的会见,出于私人友情,而且鲁迅也非佛教界人士,因此没有产生什么负面作用。

铃木大拙对这次与鲁迅的晤谈非常满意,他知道鲁迅能饮酒后,派秘书斋藤贞一赠给鲁迅一箱麒麟牌啤酒。回到日本后,铃木大拙撰写出版了《支那佛教印象记》,寄赠鲁迅。鲁迅在1934年10月28日日记中记道:"得铃木大拙师所赠《支那佛教印象记》一本。"全书由序言和后记,以及不立章节名的十七节组成,并附有30枚照片。书末"写真细说",简要说明照片中的人物以及会见的经过,包括与鲁迅、太虚、印光、胡适、汤用彤、蒋荫麟等人的合影。与鲁迅的合影还曾被编入日本岩波书店2001年版的《铃木大拙全集》第26卷,"写真细说"对这张照片说明如下:"第二图鲁迅先生 上海(5月10日)经由内山书店主人之斡旋,得与鲁迅先生会面。尽管与短躯伟岸之鲁迅的会谈仅有短暂的时间,大有春宵一刻价千金之感,其一问一答,有令人胸襟开豁之回忆。"在华期间,铃木一行走访了上海、杭州、宁波、普陀山、苏州、镇江、南京、北平和当时的奉天以及朝鲜汉城等地的佛教寺院。该书记述了上述各地佛教寺院的现状,以及与僧人学者访谈的内容。铃木承认在来华之前,受到了一般所说的中国佛教已是衰落之极、没有日本可学之处的论调的影响,但来华访问后,他认为自己不能赞成这样的说法,而认为就南方佛教现状来看,中国佛教恰恰处在复兴之际，其寺院的规模、信徒之虔信以及具有平民主义的寺院组织等都是日本有所不及的。铃木在后记中希望通过加强中日佛教的交流，改善日益紧张的政治对立，甚至提出在文化上中日必须结盟的主张。

鲁迅逝世后不久，日本发动了全面侵华战争。铃木大拙当时在日本镰仓的家中潜心研究禅学。有一天，日本军方代表来商借他的住房的一部分以供军用，遭到铃木大拙的严正训斥："你知道吗？日本军队在打没有正义的仗，也是没有希望的仗；而你还有脸皮代表军方商借房子？"

铃木与鲁迅的会见虽然短暂，却留下一张合影。照相这事，也是所谓"如露复如电"。

避 难

内山完造的寓所千爱里3号,斜直对着内山书店的后门,离鲁迅大陆新村寓所仅百米之遥。1934年8月23日凌晨,内山书店两名中国店员因参加社会活动被捕。鲁迅当天下午离开寓所,避居千爱里内山完造家。第二天,鲁迅在这里会见了日本东京庆应大学图书馆职员、中国古代社会研究者井上芳郎和日本友人尾崎秀实。29日,井上芳郎与上海东亚同文书院教授日本人林哲夫一起来内山家,鲁迅日记:"下午……井上芳郎、林哲夫来谈。"四人合影留念。

井上芳郎为研究中国封建社会的家族问题,于1934年来华访问,由内山完造介绍结识了鲁迅。

千爱里建于20世纪20年代。取名千爱里,是因为日文中的"千爱"两字的含义与汉语相近,有"爱及千家"之意。弄内系砖木结构三层联排花园洋房,每幢屋前都有低矮的围墙,门前有小铁门,墙内有小花园,品种繁多,水杉和芭蕉高大浓密。这些精致的房屋多为日本侨民的寓所。

内山完造的寓所是一幢红瓦拉毛灰墙,门口过道呈半圆形的假三层砖木结构楼房,门窗配有穹形的木框,外墙用卵石装饰。门前有个小花圃,中间过道两侧有竹篱。鲁迅在千爱里3号住了10天,他的房间就在会客室右边朝南的一间。

五 上海　367

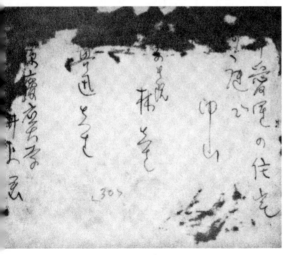

鲁迅在内山完造寓所避难时与日本友人合影，摄于1934年8月29日。左起：内山完造、林哲夫、鲁迅、井上芳郎。左图为照片背面说明千爱里40号（今山阴路2弄20号），一幢砖木结构的假三层楼房，也曾是鲁迅活动的场所。1933年10月，鲁迅要举办一个木刻展览会，请内山完造租借场地。千爱里40号原是一个日本人的住宅，房主迁走后，一直空闲。内山完造就为鲁迅借用了这套房间。当年10月14日至15日《现代作家木刻画展览》在这里举行，展出了德国、苏联、捷克、阿拉伯、荷兰、匈牙利等国的木刻作品64幅。其中，珂勒惠支的一幅自画像是作者从自己的许多版画肖像选给中国的一幅，鲁迅认为从中"隐然可见她的悲悯、愤然和慈和"，后来编入《凯绥·珂勒惠支版画选集》。展出作品中还有苏联小说《铁流》插图4幅，是刻者毕斯凯莱夫"赠与小说《铁流》之中国译者"的。

展览会的成功举办让鲁迅很兴奋。当他从自己居住的大陆新村窗口看见隔墙千爱里川流不息的人群，时不时会跑过去照料一下。

名　流

　　六三园,位于今上海西江湾路240号,是日本名士白石六三郎在上海建造的大型私人花园,是一家以日本料理名闻上海的高级会所。白石六三郎原名武藤,1898年在上海文监师路(今塘沽路)开了一家名为"六三庵"的日式商店,生意兴隆。1900年他又开设了"六三亭",以环境幽雅、风味清鲜出名,成为上海著名的日本料理店。1908年,他在江湾路购得土地六千坪,建造了大型园林会所"六三园",兼有中日建筑和园林风格。园内环境清雅,景色旖旎,简洁明朗,体现出日本式园林布局匀称、淡雅的特色。其主体建筑是两层日式建筑的会所,飞檐翘角。园内有大草坪、葡萄园、运动场等,遍植松、竹、梅等日本人视为吉祥的植物,其中绿樱尤为珍贵。园中还养有鹿、鹤、猴等动物。六三花园向日本居留民免费开放,是日本政界、商圈、艺苑人士宴庆、娱乐及休闲之地。1945年日本战败投降后,六三园废弃。

　　野口米次郎(1875—1947),日本诗人,庆应大学教授,英美文学研究者。

　　鲁迅1929年翻译过他的《爱尔兰文学之回顾》。1935年,野口访问印度,途经上海,托日本《朝日新闻》上海分社社长木下和内山完造介绍,认识了鲁迅。

鲁迅与内山完造、野口米次郎（右一）合影，摄于1935年10月21日。鲁迅日记："午朝日新闻支社仲居君邀饮于六三园，同席有野口米次郎、内山二氏。"

10月21日,由朝日新闻社出面,邀请鲁迅在六三园聚谈。

这次会见后,野口在同年11月12日东京《朝日新闻》发表《与鲁迅的谈话》(中译文《一个日本诗人的鲁迅会谈记》载1935年11月23日上海《晨报·书报春秋》,流星译;又《和鲁迅的对话》,载1935年11月30日上海《大美晚报》),记录这次谈话,但因为与事实不符,引起鲁迅不满。鲁迅在给日本友人的信中说:"和名流的会见,也还是以停止为妙。野口先生的文章,没有将我所讲的全部写进去,所写部分,恐怕也为了发表的缘故,而没有按原样写。……我觉得日本作者与中国作者之间的意见,暂时尚难沟通,首先是处境和生活都不相同。"[1]

野口米次郎笔下的鲁迅印象是这样的:

> 鲁迅并不像想象的那样畏首畏尾,这使我很高兴。他那不加梳理的头发,很不整齐。不加修剪的胡须,衬着灰黄的脸,并不怎么吸引人。见面寒暄时露出一口整齐的牙齿,却很好看。带着皱纹的稍小的眼睛,含有一种说不出的亲切感。鲁迅即使在寂寞的时候,也能笑出来,使人感到很像一株老梅。

鲁迅对野口抱怨说:"日本人不了解中国。"野口问鲁迅:"政府对你的压迫,还是那么重么?"鲁迅回答道:"在中国,自古以来当权者就集合许多学者,让他们写文章。如果文章中少有反对当权者的话,那么写文章的学者会立刻被杀掉。在中国,其他国家行得通的事情是行不通的;而其他国家不大可能的事情,在这里却是可能的。我不知道现政府为什么这样讨厌我,大概是因为我的正直不合他们的心

---

[1] 鲁迅1936年2月3日致增田涉信,《鲁迅全集》第14卷。

意吧！我总希望中国稍微好一些，可政府的官员却以为现在这样就不错。我可怜我的同胞，曾努力使他们能聪明一点；政府的官员却以为这样就可以了。我担心中国的将来，可那些官员们却只顾眼前。"

言谈间，鲁迅对中国的现实特别是政治十分失望，他说："可怜的是那些普通老百姓，可幸而他们对时下的政治是全然无关的。不管是谁来统治，他们精神全部用在这上面，总是像蚂蚁一样，像蜜蜂一样生活着。他们和政治无关这件事，可以说是自从有了国家以来就是这样的。所以，如果中国有亡掉的时候，中国这个民族，是永远不会亡掉的。"

鲁迅对野口记述这次谈话的文章产生不满，是因为野口提出"谁来管理中国更好"——是外国人还是中国人——的假设。关于这段话，有不同的版本，内山完造的记录是：

> 忽然野口提出这样一个问题，问鲁迅先生："鲁迅先生，中国的政客和军阀总不能使中国太平，而英国替印度管理军事政治倒还太平，中国不是也可以请日本来帮忙管理军事政治吗？"
>
> 这真是个岂有此理的问题……鲁迅先生听了微微一笑，毫不介意地说："这是个感情问题吧！同是把财产弄光，与其让强盗抢走，还是不如让败家子败光。同是让人杀，还是让自己人杀，不要让外国人来砍头！"
>
> 鲁迅这样锐利的回答，使我和木下都喘了一口气，野口听得面红耳赤，只得闭口无言。[1]

有的中译文是这样的：

---

[1] ［日］内山完造《回忆鲁迅的一件小事》，载1956年10月7日上海《劳动报》。

我对鲁迅说:"像英国人在印度那样,如果雇请某个国家来当女管家似地治理中国,那一般老百姓也许会更幸福吧?"他立刻回答说:"横竖都是被榨取的话,与其让外国人来,那情愿让本国人榨取。总之,与其让别人拿走财产,还不如给自家的小孩用……归根结底,这是一个感情问题。"[1]

还有一种中译文是:

我向鲁迅说:"英国人在印度那样雇一个像管家婆那样的人,来治理国家,说不定一般的老百姓会更幸福。"他回答说:"横竖是受剥削,我宁肯受外国人的剥削,也不愿意受自国人的剥削,反正是自家的财产即使让外人夺去,也比让自家的败家子挥霍掉了好,总之这是一个感情问题呀!"[2]

最后一个译本的确构成了对鲁迅谈话的歪曲,鲁迅对野口的不满也正是来自这里。鲁迅晚年会见不少日本文化界人士,也看了一些日本人写的有关中国的书籍,除了这次对谈话记录很生气外,对有些研究著作也曾给予严厉的批评。1932年1月16日他在给增田涉的信中说:"日本的学者或文学家,来中国之前大抵抱有成见,来到中国后,害怕遇到和他的成见相抵触的事实,一遇到就回避。这样来等于不来,于是一辈子以乱写告终。"

---

[1] [日]野口米次郎《与鲁迅谈话》,陈福康译,载《鲁迅研究月刊》1992年第4期。
[2] 刘柏青《野口米次郎的〈与鲁迅的谈话〉》,见《鲁迅与日本文学》,长春:吉林大学出版社1985年版。

对 话

圆谷弘(1888—1949),日本社会学家,于1935年10月来华访问,经内山完造介绍,与鲁迅会晤。鲁迅10月27日日记:"晴,星期。……晤圆谷弘教授,见赠《集团社会学原理》一本,赠以日译《中国小说史略》一本。"会见时,日本改造社负责人山本实彦在座。《集团社会学原理》是圆谷弘的著作,昭和九年(1934)东京同文馆出版。鲁迅与圆谷弘的谈话内容,有圆谷弘的记录稿《与鲁迅对话》[1],收入《中国社会的测量》一书。

据圆谷弘回忆,在会见中,鲁迅说:"在中国,马克思主义啦,革命的辩证法理论啦,是没有的。包围着中国人的社会生活本身,便教给他们与马克思主义相同型态的东西。不是想不想革命的问题,而是革命乃是中国唯一的现实生活。"说明中国本来是没有马克思主义和革命的辩证法理论的,但在当时黑暗的北洋军阀政府统治压迫下,广大人民和知识分子被逼走上革命的道路,现实的"社会生活本身,便教给他们与马克思主义相同型态的东西",这不是以人们的主观意志为转移的,而是社会现实使然。鲁迅还说:"开始,他们(指国民党——本书作者注)说共产党是火车头,国民党是车厢,革命要靠共

---

[1] 陈福康译,载《鲁迅研究月刊》1991年第5期。

鲁迅与圆谷弘（中）、山本实彦（右）合影，摄于1935年10月27日

产党携带国民党才会成功；说鲍罗廷是革命的恩人，要学生们一起向他致以最敬礼。因此，青年们谁都感动了，当了共产党。但现在，却突然因为是共产党的缘故，把他们一个一个地杀死！旧军阀从开始就不容共产党，并一直坚守这个主义，而国民党的做法，则完全是骗子手的行径！"鲁迅还谈到共产党的实事求是的态度："中国共产党是从实际出发的。扩大苏区，发展党员，都由于他们的现实生活的需要，并不是出自书本和小册子上的理想。正因为这样，苏区民众的忍耐力是强大的，对国民政府的反抗也是强大的。"国民政府为了讨伐共产党，投入了大量军费，但"不管投入多少军费，共产主义运动必将仍然发展壮大，讨伐实质以失败告终"。"国民政府便一切以孔子、孙文来掩饰自己的失败。所谓新生活运动，也是为了巧妙地从不断高涨的中国大众的不满之下脱身而推出的口号"，而"文艺运动之类，经常反映中国青年大众的不满，有很大的影响，因此，政府镇压之残酷是不用说了"。

谈到中日关系时，鲁迅说："中国没有军备。没有力量的均衡就没有真的亲善。""对现在的中国人来说，与其说日本是敌人，不如说政府更是敌人。日本方面以为蒋介石是抗日的首领，中国人却认为他是日本的朋友，日本方面给了他很多好处。中国人如果当奴隶就安心当奴隶，现在的中国连奴隶也当不了，有的只是一片混乱。"鲁迅愤愤地说："中国，旧的不保存，新的不建设。站在中国的彼岸所能看到的，只是阿拉伯一样的沙漠！"

鲁迅在谈话中还批评了日本军国主义政府宣扬的所谓"亚细亚主义"：

> 日本想用所谓的"亚细亚主义"一词，来与中国取得一致。但是，日本用军队来维持中国的时候，中国就已经是日本的奴隶

了。我想，日本打出"亚细亚主义"的幌子，也只是日本的一部分人的想法，这并不是日本人民说的话。

　　日本人也与中国人一样，不能自由地说话吧？即使对"亚细亚主义"，日本的人民与中国的人民也不可能以同样的想法接近。中国，必须由中国人自己走出路来！

大陆新村

1933年4月11日,鲁迅全家迁入新租的施高塔路大陆新村9号。这是鲁迅在上海的最后一处住所。鲁迅当时的收入是可以在上海购买房屋的,但鲁迅似乎并不打算常住上海。因此,他在上海期间一直租房居住。近十年间,先后住在虬江路景云里、北四川路拉摩斯公寓和大陆新村。前两个居所卧室朝北,不见阳光,影响家人健康。

大陆新村是六排红砖红瓦砖木结构的三层新式里弄房屋,由大陆银行上海信托部投资,于民国二十年(1931)落成。鲁迅的寓所是大陆新村132弄的最后第二幢,鲁迅1933年4月11日以内山书店职员的名义迁入,直至1936年10月19日逝世。

鲁迅一家是房子的第一位房客。他们刚到大陆新村时,这里还很荒僻,但鲁迅很满意,一者有阳光,二来屋前"有块空地,雨后蛙声大作,如在乡间"。鲁迅与外界的书信往来、邮件传递,几乎都托内山书店代转,连交付房租、水电费等也由内山书店代办。

大陆新村9号的会客室,沿西墙放着的一张设计奇特的西式书桌,是瞿秋白在上海养病时常用的。1934年,瞿秋白离开上海去江西瑞金时,把这张书桌留存在鲁迅家中。1935年,瞿秋白在福建长汀被国民党当局杀害,鲁迅便把这张书桌作为亡友的纪念物保存了下来。会客室后面是一间用嵌有压花玻璃的白色屏门隔开的小餐间,由餐室向北

在大陆新村寓所前留影,摄于1935年

经过通道便是后门。沿着木头楼梯拾级而上，二楼前间是鲁迅的卧室兼工作室，二楼北间是储藏室，内有衣箱、杂物橱和两箱举办版画展览用的玻璃镜框等物，以及瞿秋白留下的两只衣箱。在二楼与三楼之间的楼梯边，有一个小亭子间。三楼南间是鲁迅儿子海婴和保姆的卧室，卧室的后面，有一间面积不大、仅能见到三楼晒台和天空的小客房。瞿秋白第三次到鲁迅家避难以及1936年中共中央派到上海工作的冯雪峰都住过这间客房。

由于大陆新村所在地为"越界筑路"地区，具有半租界性质，鲁迅便以"租界"二字的一半命名自己的杂文集《且介亭杂文》及"二集"和"末编"。与鲁迅住处仅一弄之隔的大陆新村3弄9号（今山阴路156弄29号）是茅盾住过的地方。1933年4月，茅盾化名沈明甫住在这里，并在这里写下了小说《春蚕》《秋收》《残冬》三部曲。

鲁迅轻易不把自己的住址透露给别人。人们可能会理解成鲁迅害怕当局迫害，有意隐藏。其实，对于特务机构庞大而高效的政府而言，这样的住所是难以隐藏的。他不透露住址主要是考虑其他因素。有一回，青年作家唐弢想拜访他，他回信说："我的住址还想不公开，这也并非不信任人，因为随时会客的例一开，那就时间不能自己支配，连看看书的工夫也不成片段了。而且目前已和先前不同，体力也不容许我谈天。"[1]

鲁迅并不喜欢这个住所，主要是因为它周边的环境。大陆新村附近驻扎着日本军队，随时有战争的危险。鲁迅去世前一个时期尤甚，1936年9月23日鲁迅日记中就记下"内山君遣人来通知街上有兵警备"，此后又有居民纷纷搬家的情形。因此，鲁迅急于迁往法租界。鲁迅想搬家还有三个原因。一、他在大陆新村住了三年半，"实

---

[1] 鲁迅1936年3月17日致唐弢信，《鲁迅全集》第14卷。

在是住厌了"。二、大陆新村位于上海日本人聚集的北四川路底,邻居有不少日本人。有一天,鲁迅的儿子海婴跟隔壁一个年龄比他大的日本小孩发生冲突,那小孩便手持日本国旗雄赳赳骂上门来,久久不肯罢休。鲁迅最后只好叫铁匠来,把前门的一扇铁栅门用铁皮完全钉起来,外面看不见里面,才总算平息了这场纠纷。三、从1936年5月起,前面的邻居经常排放煤烟,而患有肺病的鲁迅需要呼吸新鲜空气,闻到煤烟味使他难受。三个原因中有两个都跟邻居有关,这与鲁迅的自述颇相符合。1936年10月12日鲁迅致宋琳信说:"沪寓左近,日前大有搬家,谣传将有战事,而中国无兵在此,与谁战乎,故现已安静,舍间未动,均平安。惟常有小纠葛,亦殊讨厌,颇拟搬往法租界,择僻静处养病,而屋尚未觅定。""小纠葛"就是指邻里之间的矛盾。同年10月17日鲁迅致曹靖华信中又说:"我本想搬一空气较好之地,冀于病体有益,而近来离闸北稍远之处,房价皆大涨,倒反而只好停止了。""想搬一空气较好之地",当指大陆新村有空气污染。

逝世前十几天,鲁迅在给曹白的信中也谈到搬家的打算:"种种骚扰,我是过惯了的,一·二八时,还陷在火线里。至于搬家,却早在想,因为这里实在是住厌了。但条件很难,一要租界,二要价廉,三要清静,如此天堂,恐怕不容易找到,而且我又没有力气,动弹不得,所以也许到底不过是想想而已。"[1]

去世前一天晚上,鲁迅非常急迫地要求周建人替他找房子,说"电灯没有也不要紧,我可以点洋灯。搬进去后再办接火等手续"。并且写了"周裕斋印"四个字,要周建人代他去刻一方印,以备租房订约之用。[2]

---

[1] 鲁迅1936年10月6日致曹白信,《鲁迅全集》第14卷。
[2] 乔峰(周建人)《略讲关于鲁迅的事情·关于鲁迅的片断回忆》,北京:人民文学出版社1954年版。

紧 邻

1936年1月9日鲁迅日记:"下午浅野君来,为之写字一幅"。浅野为鲁迅拍摄照片一幅,两人合影一幅。

浅野要(笔名原胜),1908年出生于日本东京。在旧制松山高中学习期间,因为参加左翼运动而中途退学,钻研中国的政治经济问题,曾任日本改造社驻中国特派员。在上海,浅野的住所是施高塔路大陆新村八号,与鲁迅一壁之隔。

鲁迅与浅野的这段交往,在浅野的《紧邻鲁迅先生》[1]一文中有所记述。因为是紧邻,浅野对鲁迅的观察和评论很有史料价值。例如,关于鲁迅日常交往情况:"事实上,鲁迅先生几乎不外出,也没有多少来访者,除了鲁迅去访问中国化的老朋友内山先生,以及几位左翼作家,进步的知识分子来访问鲁迅以外,其他就不和什么人来往了。"他从鲁迅那里也听到很多故事。例如关于厦门大学那次捐款的争论,鲁迅对他说,当时在教授宴会席上,校长对某位富豪的捐赠极力称赞,夸大其词地赞誉他为中国唯一的伟人。鲁迅听不下去,愤然大声说道:"中国有两个伟人,另一个就是我!证据就是我也捐赠了,这是我出的钱,接住!!"宴席上顿时骚然了。鲁迅给的钱是微不足道

---

[1] 中译文见晓燕《鲁迅与浅野要》,1982年7月27日《人民日报》。

的小数目，校长当然不愿意接受。但鲁迅抗争说："为什么呢？某先生是百万富翁，与他拥有百万而捐赠的行为相比，我也按同比例拿出了月薪中的这笔钱作为捐赠，意义应该是相同的。"随后迅速地收起了钱，弄得校长很尴尬。鲁迅在讲这个故事时哈哈大笑，给浅野留下很深的印象。

浅野还记述了鲁迅对中国未来的忧虑：在遥远的将来，中国如果还是现在这个样子，那么戈壁的沙漠肯定会南移，中国的全土将会被沙石埋没。这段记述是可信的，因为鲁迅将相同的意见表达在为三弟周建人翻译的论文集《进化与退化》所写的"小引"中。鲁迅说：

> 请看看中国广阔无垠的原野、山岭吧，哪里还有象样的树木！山岭是光秃秃的；田野上幸存的也都是些幼小的树木。然而，就是这些为数不多、自然生长着的小树，现在也没有了吧。什么缘故呢？中国的老百姓生活得贫困不堪，面临着饿死的危险。他们为了生活下去，竞相剥去树皮食用，挖出树根充饥。民众处于这种状况，中国是长不出树来的，于是政府的植树造林政策也就归于失败了。若要使政府的植树造林政策成功的话，恐怕种十棵树需要有两倍三倍的军队保护吧。然而，如此的军队装备，要占现有军费预算总额的八成至九成，所以想保护树木，就必须增加二、三倍的开支，这是政府办不到的，因而对于植树造林也就不热心了。这件事对中国来说，是一场多么大的悲剧啊！从这里，我们也可以对黄河长江所造成的灾害，为什么逐年增加的原因窥知一斑了。没有树木的堤坝是容易被水冲走的，然而，正象这没有树木的堤坝一样，没经济余力的百姓，尤其是农民，对于灾害没有任何抵抗能力，也很容易被水冲走。于是，在中国，根本不可能听到灾后重建的呼声，能听到的只是逃荒农民惨

鲁迅与浅野要合影,摄于1936年1月9日

五 上海

浅野要为鲁迅摄影,1936年1月9日

淡的脚步声和背井离乡、四处流浪的难民的呻吟。

命运注定了的中国的悲剧，如同沙漠化的中国的未来一样，正在发展着。

浅野在发表这篇文章的同时，还发表了他为鲁迅拍摄的照片一幅，以及鲁迅先生赠予的录唐朝诗人杜牧的七绝《江南春》墨迹一幅。浅野离开中国前，把自己为鲁迅所照的相片和他们一起合影的相片送给鲁迅作为纪念。

但若干年后，他与鲁迅的合影在中国发表时却只剩下鲁迅一人。1977年文物出版社出版的《鲁迅》相册中的第100幅照片，正是《日本评论》杂志上发表的鲁迅照片，不同的是日本杂志上的一幅，左侧有手写"鲁迅"二字。浅野文章提到他收拾好行装准备回日本，文末所署日期为3月5日，那么他应该在2月底前离开上海。又根据1936年10月12日的鲁迅日记，浅野10月份又一次到上海时，并没有见到鲁迅。因此，根据第100幅照片与第102幅照片上鲁迅的服装相同及拍摄地点相同来判断，两张照片当摄于同一天。

周海婴和裘沙在介绍《鲁迅》照片集的编辑和出版过程时，说明曾对书中8幅照片做了剪裁处理：

> 这部照片集，经剪裁和涂抹的照片共8张，占全集102张的7.8%。被去掉的合影者共7人，除张小鼎先生文章所列举的林语堂、孙福熙、伊罗生、姚克和周作人这5人之外，尚有李济之和日本友人浅野要等2人。其中林语堂被去掉3次，周作人2次，其余5人各1次，共10人次。这8张照片，按照被处理情况可分三类。一类，因需要去掉的人在照片的一边，就干脆把照片的那一部分剪掉了。这样处理的照片一共4张。它们是，第29图和第

30图那两张鲁迅和爱罗先珂等人的合影,都是因为有周作人而被切掉的;第89图剪掉了姚克;第102图剪掉了浅野要(因当时怎么也查不到他的姓名,剪掉了以防万一)。[1]

---

[1] 周海婴、裘沙《一部在逆境中诞生的文献》,载1997年9月4日《中华读书报》。

改 造

　　1936年2月11日，鲁迅应内山完造之邀，在上海新月亭与日本改造社负责人山本实彦（1885—1952）见面。当时上海的左翼文化活动异常活跃。山本实彦来华访问，目的之一就是接触中国的左翼文化界人士。山本对鲁迅十分敬重，据胡风回忆，山本到中国来要拜访两个人——鲁迅，蒋介石。在上海，他通过内山介绍会见了鲁迅，但在南京会见蒋介石的希望却落空了，不过，持鲁迅写的介绍信（1936年2月15日）见到了蔡元培。[1]

　　山本实彦事后写道：

> 冬天一个微寒的日子。三个人悬肘曲肱轻松地吃着烧鹌鹑。那天，他脸色很苍白，但情绪却分外愉快，好像从平日的忧郁之中解放了出来。他威严的眼睛眯起来，这是愉快时刻不留痕迹的一种表情。……他在那段日子里似乎已经想到自己在人世的日子不多了。死亡的预感好像已经不知不觉间偷偷挨近了他的身边。在那瞬息间的笑脸上笼罩着一丝阴云，然而他几次一饮倾杯，说肉的味道很好，不时把筷子伸到锅里。他一只手夹着香烟，一只

1　胡风《鲁迅先生》，载《新文学史料》1993年第1期。

鲁迅与内山完造（右）、山本实彦（中）合影，摄于1936年2月11日。鲁迅日记："午内山君邀往新月亭食鹌鹑，同席为山本实彦君。"

手拿着筷子,没有一点倦怠的样子。[1]

山本向鲁迅约稿。鲁迅写了《我要骗人》,先在《改造》上发表,后来自己译为中文,发表在《文学丛报》上。山本的第二个要求,是请鲁迅介绍中国新作家的作品在他的杂志上发表,鲁迅对此很热心。但因为工作繁忙,精力又不济,就想找一个谙熟日语的人来帮助实施这一计划。恰好这时,鹿地亘进入他的视线。

鹿地亘原为日本普罗作家同盟的书记长,1934年被捕,一年多后获释,但仍受到严密监视。鹿地亘在日本走投无路,就萌发了到中国谋生的念头。他乔装改名,混在一个戏班子里躲过检查,来到中国。一开始,他靠在戏班演小滑稽角色为生。戏班回日本后,他孤身留在上海。不久,与在上海当舞女的池田幸子相识并同居,住在虹口公园斜对面的燕山别墅。当时池田幸子有些收入,能维持两人的生活。但鹿地亘不甘寂寞,到内山书店寻找机会,并经内山介绍认识了鲁迅。鲁迅遂将鹿地亘介绍给胡风,并将为《改造》杂志挑选作品的任务也交胡风办理。

胡风当时刚辞去左联行政书记职务不久,在鲁迅身边协助工作,深得鲁迅信赖。他工作效率很高,很快选编了多篇左联成员的小说,如彭柏山的《崖边》、周文的《父子之间》、欧阳山的《明镜》、艾芜的《山峡中》和沙汀的《老人》等。胡风的选择得到鲁迅的认可。

鹿地亘有一定的文学修养,但却不懂中文。两人的合作,就偏劳了胡风。胡风先将小说内容口译给鹿地亘,再由鹿地亘笔译成日文。《改造》杂志陆续发表了这批中国左翼作家的小说。

经过这次合作,山本社长又有了一个新的想法,他通过内山向鲁

---

[1] [日]山本实彦《鲁迅某种内心的历史》,载1936年12月号《改造》。

迅传达了希望在日本出版《鲁迅杂感选集》的信息。鲁迅答应了山本的要求，选编的任务也交给了胡风，日文翻译的工作仍然延请鹿地亘。胡风向鹿地亘转达了鲁迅的委托，鹿地亘闻之非常兴奋，为能得到鲁迅先生的如此信赖和厚爱而感到荣幸，也为自己能直接翻译鲁迅的作品而自豪。但将鲁迅杂文介绍到国外，不是一件容易的事。主要原因，是鲁迅独特的语言风格及每篇杂文的特殊背景不易被外国读者理解。这样，胡风的担子就更重了。对鲁迅杂文的理解，差不多全靠胡风传递给鹿地亘。

胡风夫人梅志在《胡风传》中这样写道："这工作更吃力了，但为了扩大鲁迅在日本的影响，是应该做的，就应允了下来。一次去鲁迅先生家，临别时，先生拿出一包东西送给他，笑着说，恐怕只有你这大脚合适。还告诉他，这是秋白送的，自己没法穿。果然这四十多码的拖鞋，胡风穿上正合适。原来它是从日本株式会社（虹口日本百货店）买的，外表看去很漂亮，像皮拖鞋，实际是人造革的，那厚底是纸的，虽漂亮但太贵，还不经穿。现在先生送给他，只好谢领了。回到家里，屠（梅志）看后说，先生大概是因为你帮鹿地亘校译他的著作太辛苦了，让你穿双舒服的拖鞋吧。胡风说，也可能有这意思吧。"梅志披露的这一细节，至少说明了当时胡风帮助鹿地亘翻译鲁迅杂文是很辛苦的。当时胡风每隔一两天就要到鹿地亘家，帮他翻译，每次都是半天时间。由于翻译鲁迅杂文的缘故，鹿地亘与鲁迅接触多了，而且彼此也更加熟悉了。有一次，鹿地亘与池田幸子一道拜访鲁迅，鲁迅特地邀请他们到上海大戏院看苏联电影《冰天雪地》。那是鲁迅大病后看的第一场电影，心情很不错。

一天，胡风在鹿地亘家帮助翻译《鲁迅杂感选集》，碰到一处疑问，胡风实在无法解决，便说了声："我出去一下。"就直奔大陆新村9号鲁迅寓所。见到胡风为翻译选集的问题专门从鹿地亘家跑来，鲁迅有些感动，便说："那么我们一道去看看吧。"他取了一本《中国呼声》和两本刚由文化生活出版社作为"新艺术丛刊"出版的《凯绥·珂勒惠支版画选集》改版重印本，还有池田幸子要的《中流》一卷三期，穿上长衫，戴上帽子，和胡风一道前往鹿地亘家。

鲁迅的突然到来令鹿地亘夫妇很是惊喜，他们将鲁迅迎进屋内，泡上好茶。因鲁迅与胡风都懂日语，四人便用日语谈话。鲁迅解答了他们翻译《鲁迅杂感选集》所遇到的疑问后，为了不耽误他们工作，独自返回寓所。尽管大家都要相送，鲁迅执意阻止了。

不幸的是，翻译工作尚未结束，鲁迅就离开了人世。消息传到日本，山本召开改造社理事会议，提出调整原拟出版《鲁迅杂感选集》的计划，而改为出版《大鲁迅全集》。《大鲁迅全集》这个书名是山本拟定的。他认为不这样不足以显示出鲁迅在国际文坛的地位，不足以纪念这位大文豪。

早在1932年11月，由日本作家井上红梅翻译的《鲁迅全集》即在东京出版。但仅收入了《呐喊》《彷徨》两部小说集的作品，并非真正意义上的"全集"。此书出版后，鲁迅曾经过目，认为其中误译太多，很不满意。山本定书名为《大鲁迅全集》的原因之一，就是要区别于井上红梅翻译的《鲁迅全集》。

当时日本一流的鲁迅研究专家增田涉、井上红梅、松枝茂夫、鹿地亘、山上正义、佐藤春夫、日高清磨嵯、小田岳夫等都被聘请参与《大鲁迅全集》的翻译工作。山本还聘请茅盾、许广平、胡风、内山完造等为顾问。《大鲁迅全集》在原鹿地亘翻译作品的基础上做了大幅扩充，分为七卷，基本收录了当时已经出版的鲁迅作品。全书32开精装，黑色封面，封面上部有凸版鲁迅头像，书脊烫银字。

山本出于对鲁迅的敬仰，对《全集》的出版极为重视，亲自到上海搜集用于插画的照片和随同全集附送的材料。在上海期间，他还由内山完造、鹿地亘陪同，到鲁迅墓前致了敬礼。

《大鲁迅全集》于1937年2月开始在日本陆续出版，8月全部刊印结束。

《大鲁迅全集》比中国的《鲁迅全集》早面世近一年。

1936年11月13日，郁达夫以替福建省政府采购印刷机和应日本社团及学校聘去东京讲演为名，经上海赴日本，执行召郭沫若回国的使命。山本实彦社长主持召开了郁达夫欢迎会，并请郁达夫为《大鲁迅全集》撰写广告词。郁达夫撰写的广告词题为《鲁迅的伟大》：

> 如问中国自有新文化运动以来，谁最伟大？谁最能代表这个时代？我将毫不踌躇地回答：是鲁迅。鲁迅的小说，比之中国几千年来所有这方面的杰作，更高一步。至于他的随笔杂感，更提供了前不见古人，而后人绝不能追随的风格，首先其特色为观察之深刻，谈锋之犀利，文笔之简洁，比喻之巧妙，又因其飘逸几分幽默的气氛，就难怪读者会感到一种即使喝毒酒也不怕死似的凄厉的风味。当我们见到局部的时候，他见到的却是全面。当我们热衷去掌握现实时，他已经掌握了古今和未来。要全面了解中国的民族精神，除了读《大鲁迅全集》以外，别无捷径。[1]

---

[1] 载1937年3月1日《改造》杂志（东京）第19卷第3号。

病　中

　　进入1936年春，鲁迅的身体逐渐衰弱，疾病纠缠不去；而文坛上的波谲云诡，左翼内部的明争暗斗，让他心绪败坏；手头的工作越积越多，而他又急于完成。这几方面的因素交相侵逼，加速了他的死亡。

　　鲁迅去世前的几年，心情不快的一个重要原因，是左翼内部的斗争。

　　1934年6月21日他写信给郑振铎，谈到某些自己不做事，反而责骂别人不做事、不革命的人时说："骂别人不革命，便是革命者，则自己不做事，而骂别人的事做得不好，自然便是更做事者。若与此辈理论，可以被牵连到白费唇舌，一事无成，也就是白活一世，于己于人，都无益处。我现在得了妙法，是谣言不辩，诬蔑不洗，只管自己做事，而顺便中，则偶刺之。他们横竖就要消灭的，然而刺之者，所以偶使不舒服，亦略有报复之意云尔。"

　　1934年12月6日，他写信给萧军、萧红，谈到左翼内部一些人对自己的攻击时说："中国是古国，历史长了，花样也多，情形复杂，做人也特别难……尤其是那些诬陷的方法，真是出人意外，……去年他们还称我为'汉奸'，说我替日本政府做侦探。我骂他时，他们又说我器量小。""但，敌人是不足惧的，最可怕的是自己营垒里的

鲁迅大病后在门前留影,摄于1936年3月23日,史沫特莱摄

蛀虫，许多事都败在他们手里。因此，就有时会使我感到寂寞。""我的确常常感到焦烦，但力所能做的，就做，而又常常有'独战'的悲哀。不料有些朋友们，却斥责我懒，不做事；他们昂头天外，评论之后，不知那里去了。"

对于左联的极度失望，使他甚至劝说与自己亲近的青年人不要加入这个组织。1935年9月12日，他在给胡风的信中谈到萧军是否应该参加左联时说："我几乎可以无须思索，说出我的意见来，是：现在不必进去。……我觉得还是在外围的人们里，出几个新作家，有一些新鲜的成绩，一到里面去，即酱在无聊的纠纷中，无声无息。以我自己而论，总觉得缚了一条铁索，有一个工头在背后用鞭子打我，无论我怎样起劲地做，也是打，而我回头去问自己的错处时，他却拱手客气地说，我做得好极了，他和我感情好极了，今天天气哈哈哈……真常常令我手足无措，我不敢对别人说关于我们的话，对于外国人，我避而不谈，不得已时，就撒谎。你看这是怎样的苦境？"

晚年的鲁迅，身边缺少知心朋友。他抄写"人生得一知己足矣，斯世当以同怀视之"对联相赠的瞿秋白早几年被当局杀害，学生和朋友冯雪峰到了苏区，离他很远。

1936年4月26日，冯雪峰作为中共中央的特派员从延安到达上海。因为急于见到鲁迅，他竟没有与党组织联系，而径直到了鲁迅家：

> 那时已经黄昏，他在楼下已经从那个老女工那里知道我在楼上了；我听见他上来，心里快乐得很激动，同时以为他也一定很高兴，并且会先问我如何到上海之类的事情的。但他走进房来，悄然地握了握我兴奋地伸过去的手，丝毫也不以我的到来为意外，却先说了这样一句话："这两年来的事情，慢慢告诉你罢。"虽然他也高兴的，微笑着看住我，但他的声音里含有忧郁的情

绪。当天晚饭前和吃晚饭时候,是我说的话更多。因为我总是很兴奋,想把关于红区的、关于我党的、关于长征的、关于当时政治形势和我党的新政策的许多事情,一下子都告诉他。他是愿意听我的,看不出有疲倦或厌烦的表示,总是微笑地看住我,让我讲下去。晚饭后,他的精神,在我看来是愉快的;但他躺在那放在书桌旁的藤躺椅上面抽着烟,当我停止了说话只是坐着微笑地看着他的时候,他却用嘲讽的口吻平平静静说出了这样的话来:"我可真的要落伍了。……"我当时一点也不了解他的心境,所以不明白他这感慨是怎么来的。而且我当时大概也毫不以为意,没有说什么;看情形他也不是要我回答什么的。就这样大家都不说话,静默了分把钟,他又平平静静地半"牢骚"半认真地说下去:"近来我确实觉得有些乏味,真想到什么地方去玩玩去,什么事情也不做。……"中间还有一些话,已经记不得了,但记得还说了下面这样的话:"……脾气也确实愈来愈坏,我可真的愈来愈看不起人了。"[1]

这段叙述中,鲁迅见到他说的第一句话,原来写作:"这两年我给他们摆布得可以!"为什么要弱化地写,冯雪峰做了如下说明:"鲁迅这第一句话,我在一九五一——五二年间写《回忆鲁迅》时,没有照原话写,改写为这样一句话了:'这两年来的事情,慢慢告诉你罢。'""他说的这第一句话,完全出乎我当时的意料之外;我永远都会记得这句话和他说话时的神情。""这'他们'是指周扬等人,我却当时就懂得,因为我一九三三年离开上海时,周扬等人同鲁迅已经对

---

[1] 冯雪峰《回忆鲁迅》。

立,我是知道的。"[1]

鲁迅想休息,但人事的纠缠,让他进退两难。1936年5月4日,他在给王冶秋的信中说:"年年想休息一下,而公事,私事,闲气之类,有增无减,不遑安息,不遑看书,弄得信也没工夫写。病总算是好了,但总是没气力,或者气力不够应付杂事;记性也坏起来。英雄们却不绝的来打击。近日这里在开作家协会,喊国防文学,我鉴于前车,没有加入,而英雄们即认此为破坏国家大计,甚至在集会上宣布我的罪状。我其实也真的可以什么也不做了,不做倒无罪。然而中国究竟也不是他们的,我也要住住,所以近来已作二文反击,他们是空壳,大约不久就要销声匿迹的:这一流人,先前已经出了不少。"同月14日又写信谈自己的处境和心情道:"又有一大批英雄在宣布我破坏统一战线的罪状,自问历年颇不偷懒,而每逢一有大题目,就常有人要趁这机会把我扼死,真不知何故,大约的确做人太坏了。近来时常想歇歇。"

5月,鲁迅再次发病。他生病,一般到日本人开的医院诊治。15日午后,医师须藤五百三的诊断结果,"云是胃病"。这诊断可能有误。日记从5月18日到6月1日都有发热的记载,针药不断,至6月23日仍没有查出发热的原因,甚至还曾用了一针强心剂。到月底,朋友们为他请来美国肺痨科专家托马斯·邓恩(Thomas Dunn)医生,诊断为晚期肺结核。邓恩医生称鲁迅是最能抵抗疾病的中国人,如果是欧洲人,则早在五年前就已死掉了。

7月初拍摄的X光片,证明邓恩医生的诊断"极准确"。但邓恩医生检查后,鲁迅的病仍由须藤五百三负责治疗,因为鲁迅已经习惯与

---

[1] 冯雪峰《有关一九三六年周扬等人的行动以及鲁迅提出"民族革命战争的大众文学"口号的经过》,载1979年2月《新文学史料》第2期。

日本医生打交道。

病久拖不愈,鲁迅很焦急,亲人们也十分挂念。1936年7月6日鲁迅写信给母亲,陈述病情:

> 男自五月十六日起,突然发热,加以气喘,从此日见沉重,至月底,颇近危险,幸一二日后,即见转机,而发热终不退。到七月初,乃用透物电光照视肺部,始知男盖从少年时即有肺病,至少曾发病两次,又曾生重症肋膜炎一次,现肋膜变厚,至于不通电光,但当时竟并不医治,且不自知其重病而自然全愈者,盖身体底子极好之故也。现今年老,体力已衰,故旧病一发,遂竟缠绵至此。近日病状,几乎退尽,胃口早已复元,脸色亦早恢复,惟每日仍发微热,但不高,则凡生肺病的人,无不如此,医生每日来注射,据云数日后即可不发,而且再过两星期,也可以停止吃药了。

鲁迅对自己的身体还是有信心的,给亲友的信中,对痊愈仍然较为乐观。例如同一天给曹靖华的信中,说自己所患虽然"是可怕的肺结核",而"肺结核对于青年是险症,但对于老人却是并不致命的"。他还在打算出国疗养:"本月二十左右,想离开上海三个月,九月再来。去的地方大概是日本,但未定实。至于到西湖去云云,那纯粹是谣言。"[1]

但在外人眼里,其实已经很明显,鲁迅快要走到生命的尽头了。增田涉专程从日本赶来探望鲁迅病情。他回忆当时的情景道:

---

[1] 鲁迅1936年7月6日致曹靖华信,《鲁迅全集》第14卷。

从昭和六年分别以来，隔了五年重见时，他已经是躺在病床上的人，风貌变得非常险峻，神气是凛烈的，尽管是非常战斗的却显得很可怜，像"受伤的狼"的样子了。我认为这是由于疾病的侵犯和环境的困难增加所致。我忘记了是七月的哪一天，被请去吃午饭，他只吃了一点点东西，便说："我已经疲乏了，上楼去休息，你慢慢吃罢。"说完，他一面靠着扶梯，一面由广平夫人扶着，脚步沉重地向上走去。我看着他的后影，一面喝着玫瑰酒（用玫瑰花浸的烧酒，因为它是难得的，我一直独自还在喝着），感伤地目送着他。同时心里想："先生已经没有希望了。"但他的诚实、温和的心情，还是同过去一样。两三天之后，我因为第二天就要回国，去向他辞行，他已经准备好许多土产礼物；本来由广平夫人给包装了的，他说夫人的包法不好，自己抢过去给重新包了。我感到一种说不出的感谢、温暖的心情，默默地从侧面看着他那并不特别灵巧的双手的动作。[1]

如此严重的病情，没有阻挡鲁迅工作的志愿。1935年6月27日他写信给萧军说："身体还是不行，日见衰弱，医生要我不看书写字，并停止抽烟；有几个朋友劝我到乡下去，但为了种种缘故，一时也做不到。"但是"我的决心是如果有力，自己来做一点，虽然一点，究竟是一点"，"我以为总比说空话而一点不做好"。他对来看望他的"小朋友"姚克说："几乎不见了！……肺已烂掉了许多！……照医生说，如果在欧洲，早就在五六年前死掉，好像我们的抵抗力特别强，或者是我贱点的缘故。医生主张我易地调养，我也已经计划得

---

[1] ［日］增田涉《鲁迅的印象·鲁迅在病中的状貌和心情》。

很久，想走到什么地方去避暑，莫干山，或者索性去日本。为着吸些好点的空气，实在应该掉个地方了。……应该调养，我是早知道的；我的病，实在已经不止一年两年。不过调养，难道空口说说就可以做到！……""还有人责备我，说我以前太不当心，为什么不早医治。不知道我的父亲并没有几万几万的财产遗留下来的，专管病是先要饿死的。有病要医，难道我还不晓得！"[1]

他对日本医师须藤五百三是这么交代的："我请你医病，是有条件的。第一，是要把病医好，是要活命。第二，假如一动不动一个月可医好，我宁愿动动花两个月医好。第三，假如医不好，就想法把生命拖延着。"[2]

到国外养病，苏联是一个选项。苏联作家大会邀请他访苏，他当即表示不能去。怎么去？怎么回？都是问题。即便国民党不阻拦，他回来后，国民党一定不准他活动。而且，如他自己所说，在左翼内部，一定要捆得他手脚不能动弹，吃了面包回来，还能不听话吗？另外也有一层意思，上海的地下党组织坚决要他去，因为他不拥护国防文学口号，使统一战线的组织遇到阻碍。鲁迅如果离开，就没有人敢表示不同意见了。

他对力劝他到苏联疗养的朋友们说：

> 很感谢苏联朋友的好意，但是我不去。苏联朋友关心我无非为了我需要养病；另外国民党想搞我，处境有危险，到苏联安全。但我的想法不一样，我五十多岁了，人总要死的，死了也不算短命，病也没那么危险。我在上海住惯了，离开有困难。另

---

[1] 姚莘农（姚克）作，许佩云译《鲁迅：他的生平和作品》，英文原载1936年11月《天下月刊》第3卷第4期，中译文载《鲁迅研究资料》第10辑。
[2] 黄源《鲁迅先生》，载1936年11月1日《文学季刊》第1卷第6期。

外我在这儿还要斗争,还有任务,去苏联就完不成我的任务。敌人是搞不掉我的。这场斗争看来我胜利了,他们失败了。他们对我没有别的办法,只有把我抓去杀掉,但我看还不会,因为我老了,杀掉我,对我没有什么损失,他们却损失不小,要负很大责任。敌人一天不杀我,我可以拿笔杆子斗一天。我不怕敌人,敌人怕我。我离开上海去莫斯科,总会使敌人高兴。请转告苏联朋友,谢谢他们的好意,我还是不去。[1]

另一处可去的地方是他青年时期留学的日本,他早想故地重游。但设想起来有不少困难:记者包围,要他谈感想;访问他的人很多,报刊约稿很多,穷于应付;日本警察监视,不得自由。还有,出国要带家属,家属不懂日语,他反而要照顾家属,如何养病呢?

他也预感到来日无多,因此做了些准备。1935年12月31日,他对自己的文字生涯做一个总结:"今天我自己查勘了一下:我从在《新青年》上写'随感录'起,到写这集子里的最末一篇止,共历十八年,单杂感,约有八十万字。后九年中的所写,比前九年多两倍;而这后九年中,近三年所写的字数,等于前六年。"[2] 可见,愈是年老体弱多病,鲁迅愈努力工作。

1936年8月,鲁迅的病情有一个转折,似乎见好。8月1日,他和许广平携海婴邀内山完造前往慰问患病的须藤五百三。须藤医生又为鲁迅做了检查,诊断是"肺已可矣,而肋膜间尚有积水"。前一判断不准确,12日后鲁迅即因肺支气管破裂而吐血,体重下降到38.7公斤,是逝世前有记录的最低。但从8月19日到月底,体温并无异常现象。

---

[1] 胡愈之、冯雪峰《谈有关鲁迅的一些事情》,《鲁迅研究资料》第1辑。
[2] 鲁迅《且介亭杂文二集·后记》,《鲁迅全集》第6卷。

9月2日，虽因过劳，稍有寒热，但食欲大振，达平生最高量，精神良好，活气增加，常去看电影，并作轻松的散步。9月23日，仅觉发热。10月1日，体重增至39.8公斤。

《中国呼声》

《中国呼声》(*The Voice of China*)是20世纪30年代中期由美国记者艾格尼丝·史沫特莱(Agnes Smedley)、新西兰人路易·艾黎(Rewi Alley)和美国共产党人马克斯·格兰尼奇(Max Granich)与格雷斯·格兰尼奇(Grace Granich)夫妇在上海公共租界创办的一份英文杂志。主编马克斯·格兰尼奇(1896—1987)受美国共产党派遣,于1935到上海,担任国际共产主义运动远东支部书记,支持中国民族解放运动。杂志每月出版两期,内容主要是揭露日本帝国主义的野蛮行径,声援学生的救亡运动。创刊与出版过程中得到宋庆龄的指导和帮助。

《中国呼声》创刊于1936年3月15日,次年3月起增印中文版,印数从数百份增至五千份。除在中国发行外,还销行东南亚、新加坡、加尔各答等地。《中国呼声》由于具有鲜明的政治倾向,1937年1月15日遭日本宪兵队查封。

格兰尼奇刚到上海就经史沫特莱介绍认识了鲁迅。1936年3月23日,史沫特莱和格兰尼奇为了解东北人民抗日斗争情况,请鲁迅邀萧军、萧红等来谈义勇军的事迹,并请茅盾担任翻译。鲁迅日记载:"午后明甫(茅盾)来,萧军、悄吟(萧红)来;下午史女士及其友来,并各赠花,得孙夫人信并赠糖食三种,茗一匣。"日记中的"其友"就是格兰尼奇。其时,鲁迅肺病复发,身体虚弱。史沫特莱和格兰尼奇还邀请鲁迅为《中国呼声》撰稿,鲁迅接受了这一请求,决定把自己用日文撰写的文章翻译成中文给《中国呼声》。鲁迅日记记载:"夜译自作日文"。"自作日文"指的是《我要骗人》,揭露日本挑起"一·二八"侵略上海的战争的罪行,对国民政府的消极抵抗政策表示不满。4月15日出版的《中国呼声》第一卷第三期发表了《我要骗人》,与日文稿同月发表。此前,4月1日出版的《中国呼声》第一卷第二期译载了鲁迅小说《一件小事》,并配素描插图一幅。鲁迅还应史沫特莱和格兰尼奇之约,直接为《中国呼声》写作《写于深夜里》一文,抨击国民党政府的文化禁锢政策。1936年4月7日写成,5月1日请茅盾转交史沫特莱。鲁迅在给茅盾信中叮嘱说,文章"太长了",在《中国呼声》上"恐怕难以完全发表",建议用第一段,"至于全篇",则请史沫特莱"自由处置"。《中国呼声》在6月1日出版的第一卷第六期上发表了《写于深夜里》的第一节,并选刊凯绥·珂勒惠支铜版组画《农民战争》中的第五幅《反抗》,因为鲁迅文章的第一节介绍了珂勒惠支版画传入中国的经过,也提及左翼作家柔石的被害。史沫特莱回忆说:"我在中国读到的所有文章中,这篇文章给我的印象极其深刻。这是在中国历史上最最黑暗的一个夜里用血泪写成的一篇豪情怒放的呐喊。"[1]《写于深夜里》全文由史沫特莱和茅盾合译成英文,未能全部发表。中文原文发表在《夜莺》杂志上,因为观点过于激烈,导致杂志停刊。

10月2日,宋庆龄又派格兰尼奇到鲁迅家中看望,并为鲁迅摄影。路易·艾黎回忆说:

---

[1] [美] 史沫特莱著,袁文等译《史沫特莱文集》第1卷《中国的战歌》,北京:新华出版社1985年版,第80页。

病中鲁迅,摄于1936年年初,史沫特莱摄

鲁迅病中在寓所留影，摄于1936年10月2日

1936年在上海中华基督教青年会举办木刻展览，我进去参观展品，发现鲁迅正在那里忙着给围住他的年青人签名。那是我在他生前最后一次见他。大约在同一时期，曼尼·格兰尼奇因事被宋庆龄派往鲁迅家去，拍了一张鲁迅站在门口的照片，在宋的思想上照顾好鲁迅是居于首位的事。那张照片照得很好。曼尼是《中国呼声》杂志的编辑，他送了一张给我，这张照片我在其后十年左右的时间一直收在我的小皮包内，直到最后丢失。当时以"大风"为笔名的一位年青女画家郁风，根据那张照片，画了一幅很好的鲁迅头像素描，《中国呼声》当时以整版篇幅发表了它。[1]

那天鲁迅没有发烧，脸色和精神比以往好一些。格兰尼奇为鲁迅拍摄的照片共有三张，给路易·艾黎留下深刻印象的一张，是坐在椅子上的一张侧面半身照，虽在病中，却显得精神，无病魔缠身之态。格兰尼奇对此很满意，将照片分赠友人。格兰尼奇看到鲁迅病得很重，担心鲁迅"若不赶紧转地疗养，总是危险"。他在离开鲁迅寓所回去的路上，对茅盾说："中国只有一个鲁迅，世界文化界也只有几个鲁迅，鲁迅是太可宝贵了。"[2]

不久，鲁迅与世长辞。《中国呼声》接连三期登载悼念鲁迅的文章。1937年11月1日第一卷第十六期以两页篇幅和"鲁迅永垂不朽"的通栏标题，发表鲁迅逝世消息、丧仪场面和数篇简短的悼念诗文。两页的左右上端，分别刊登史沫特莱和格兰尼奇拍摄并经剪裁的鲁迅照片。编者撰写了报道《鲁迅死了》与悼文《颂鲁迅》，高度评价鲁迅及其作品，赞誉鲁迅"是杰出的左翼作家，是中国现实主义文学的

---

1 ［新西兰］路易·艾黎著，吕宛如译《鲁迅回忆片段》，载1981年9月24日《人民日报》。
2 茅盾《写于悲痛中》，载《文学》1936年第7卷第5号。

开创者"。"《阿Q正传》是中国及世界的不朽名著"。文章还结合抗日救亡运动的形势,指出:"鲁迅一直为中国自由解放而斗争。他的遗产将永远存于爱好自由和平的人们心中。我们庄严宣誓,不屈不挠地同恶势力斗争,让自由和平永存于人类社会中。"杂志还刊载了章乃器、关露、内山完造、林夫和全国学生救国联合会撰写的悼念文章。

格兰尼奇夫妇回美国之后创办《今日中国》,支持中国的抗日战争。第二次世界大战爆发后,他们组织了一个夏令营,收容被德国法西斯迫害的犹太人家庭子女。

绝 唱

1936年10月8日,鲁迅到上海八仙桥青年会参观第二回全国木刻流动展览会。参观过程中,与青年木刻家们座谈,沙飞为他们摄影。

沙飞当时就读于上海美术专科学校西画系,爱好摄影。关于这次木刻流动展览会,他写有《鲁迅先生在全国木刻展会场里》:

> 一清早我就去挂横额,因为没有梯,所以要由二楼的窗口爬出来拉索,街上早围了一大堆人。这时一个年青的姑娘来问我木展何时开幕,我详细告诉她后,她说回头带朋友们来看,带着快乐的笑容,走时还说一声"谢谢你!"。我那时空虚的心已经充实了。可是开幕不久,来了两个包探,诸般留难。第二天,又来了两个浪人,在会场中座谈了好一会,鬼鬼祟祟的使全场空气异常紧张。我们都有点张皇,但是我们断不致为此畏缩的。可是在反方面,我们得到好些日本人的同情。一位叫鹿地亘的作家和他的夫人池田幸子来了,她说得一口流利的上海话,她曾翻译过《光明》创刊号上的夏衍的《包身工》给日本的出色杂志,他们俩都迷恋着新兴的中国木刻画,认为是最足代表中国现社会的艺术,最后要我们替他们合拍一照片。不久又来二个西人,一个西妇。两人因不懂中国字,很快就跑了。

这使我们很后悔不把画题翻成西文，但那位西妇万分小心地逐张地看，并且在目录上写下了符号，原来她是懂得中文会说中国话的一位《中国呼声》的女记者，并要我们和她通讯，这使我快乐极了。《作家》编者孟十还和《良友》的赵家璧以及其他许多闻人都来选画，真是热闹。

第三天，最后的一天——十月八日，十二时半，我去食客饭，饭后赶回会场，不料鲁迅先生早已到了。他自今夏病过后，现在还未恢复，瘦得颇可以，可是他却十分兴奋地，很快乐在批评作品的好坏。他活像一位母亲，年青的木刻作家把他包围起来，细听他的话，我也快乐极了，乘机偷偷地拍了一个照片。不久昨天来过的那个女记者和两位美国人一同来选画，她早已认得鲁迅的，一见面就很亲热地握手，然后再坐下来谈话，这时我又焦急起来了，站到他们的对方又偷摄了这一幕，因为是难得的机会啊。鲁迅先生徘徊了好些时才走，给予人们一个极亲的印象。[1]

根据沙飞的后人调查，沙飞把自己拍摄的胶卷冲洗放大后，照片寄给鲁迅先生，共八张。他把其中满意的三张照片放大，并在其中一张背后题写："鲁迅先生在第二回全国木刻展览会场中与青年木刻家谈话时之情形。沙飞摄。"另一幅相片的背后有如下文字："十月八日在上海第二回全国木刻流动展览会场中与青年木刻家谈话时之情形。沙飞摄。版权归作者保留，稿费请寄上海蒲石路怡安坊五十四号沙飞收。"沙飞向在场的木刻家白危、曹白、林夫和奥地利籍女记者

---

[1] 载1936年10月28日《广州民国日报》。参见王雁《我的父亲沙飞》，北京：社会科学文献出版社2005年版。

鲁迅在上海八仙桥青年会参观第二回全国木刻流动展览会,沙飞摄于1936年10月8日

五 上海 413

五 上 海　　415

魏璐诗等都赠送了照片，白危、黄新波及其后人和魏璐诗珍藏了这些照片。[1]

《作家》《生活星期刊》《良友》《中流》《时代画报》《光明》《文季月刊》《广州民国日报》《海岸线》及香港《大众日报》等报刊，先后刊登了沙飞拍摄的《鲁迅先生最后的留影》及《鲁迅遗容》等照片。1936年12月和1937年6月，沙飞先后在广州、桂林举办个人摄影展，分别展出鲁迅照片20来幅。

1948年5月，沙飞因肺结核住进石家庄白求恩国际和平医院，那里有很多解放军留用的日本医护人员。他住院期间，几次对家人说，日本医生害死了鲁迅，现在又要害他了。1949年12月15日，沙飞枪杀了为他治病的日本籍医生津泽胜，1950年3月4日被华北军区军法处处以极刑，年仅38岁。

沙飞十分珍视鲁迅照片底片，用防潮纸将每张底片单独包好，放在一个小铁盒里，一直把小铁盒放在上衣口袋随身携带。监禁期间他担心遗失，要求自己保存。当时负责人认为那是和他的案情无关的东西，为了照顾他的情绪，就交给他了。但处决时忘了收回，底片可能随他埋葬了。[2]

鲁迅参观展览时，精神状态很好。其中有一张鲁迅在大笑的照片，在他的照片中是极少见的。木刻家白危，在鲁迅参观了这次木刻展览后不久，写了一篇记述文字。其中有这样的情节，鲁迅在与青年们谈到翻印木刻画册时，非常兴奋，说：我总是吃亏，几乎每印一次画集，我都赔本。例如《引玉集》《珂勒惠支版画集》《士敏土之图》……这些，现在通通送光了。说起自己搜藏的苏联木刻无法公开展览时，他介绍了一个巧妙的办法：他把苏联和法国的作品拉在

---

[1] 王雁《我的父亲沙飞》。
[2] 同上。

一起，就是为了让检察官看了莫名其妙。说到这里，鲁迅大笑起来，"笑声淹没了一切"。[1]

鲁迅是中国现代木刻的倡导者。从1929年编印《近代木刻选集》到逝世前编印《凯绥·珂勒惠支版画选集》，鲁迅一生编印的木刻版画出版物有十多种，给中国木刻史和中国美术史留下了珍贵的财富，推动了现代木刻艺术的发展。

1936年3月23日，鲁迅在致唐英伟的信中指出："中国的木刻，我看正临危机。这名目是普及了，却不明白详细，也没有范本和参考书，只好以意为之，所以很难进步。此后除多多绍介别国木刻外，真必须有一种全国木刻的杂志才好；但自全国木刻展览后，似乎作者都已松懈，有的是专印自己的专集，并不选择。"3月26日他致信曹白，对中国木刻运动的状况表示忧虑并建议说："中国的木刻展览会开过了，但此后即寂然无闻，好象为开会而木刻似的。其实是应该由此产生一个团体，每月或每季征集作品，精选之后，出一期刊，这才可以使大家互相观摩，得到进步。"4月1日他又写信给曹白说："现在中国的木刻家，最不擅长的是木刻人物，其病根就在缺少基础工夫。因为木刻究竟是绘画，所以先要学好素描；此外，远近法的紧要不必说了，还有要紧的是明暗法，木刻只有白黑二色，光线一错，就一塌胡涂。"鉴于中国新兴木刻尚在幼稚阶段，鲁迅对青年木刻工作者总是以鼓励为主，因此，鲁迅此次抱病参观了中华全国木刻第二回流动展览会。

内山嘉吉后来看到沙飞拍摄的这些照片，想起了他1931年见到鲁迅时的情景：

---

[1] 白危《记鲁迅》，载1936年10月25日上海《生活星期刊》第1卷第21期。

> 鲁迅先生在这里的笑容，正是昔日我在内山书店熟悉了的文静而和蔼的笑容。鲁迅先生带着笑容的照片并不多见，除了这张之外恐怕很难找到其他的了。
>
> 鲁迅先生在陈烟桥、郑野夫（应为黄新波——本书作者注）、白危（吴渤）和曹白几位的视线的焦点上，面部略略朝上，在微笑中谈论着。靠在椅子上的右手轻轻地提起那枝不离手的竹烟斗，烟斗上点着他常吸的廉价烟草。这位与敌人不断展开无情斗争的鲁迅先生，对待可信赖的人们时却始终如同一个慈爱的母亲。照片清楚地说明了这一点。鲁迅先生怀着喜见孩子们日益成长的心情，批评着他们的作品，勉励着他们。[1]

白危还写道：

> 十月八日是"中华全国木刻第二回流动展览会"的最后一天。约莫下午一点钟，在热闹的会场中挤来了一位身材瘦弱，不大惹人注目的老头子——那便是鲁迅先生。他穿着惯常穿着的长衫，料子虽然是哔叽，但已经褪色，看上去只剩了四成新，或者也许因为少洗的缘故罢，衫襟和袖口都染上了些污迹。一顶咖啡色呢帽，至少也用过十年以上，却还戴在头上，而且戴得那么低，仿佛怕遇见了贵人。但这不能回避熟人的视线，当他踏进会场时，就默默地给一群青年包围住了。"……"这是一片杂乱的笑声和问候，大约是问他近来还好不。"不好，不好，"鲁迅先生摇摇头，话说得很干脆，"今年九个月中，足足大病了六个月。"

---

[1] ［日］内山嘉吉著，柳禾译《鲁迅先生与版画》，载1976年11月1日香港《七十年代》月刊总第82期。

"近来好了么？"L（L即林夫，下同——本书作者注）问。"稍为好一点，不过也还时常发热，不能随便做事。""现在也还继续服药吗？"C（C即陈烟桥，下同——本书作者注）问。"服的……害肺病真没办法，要是我年轻倒还有法子想……"

说到这里，一阵干咳把他的话音卷了进去。"先生可打过空气针？"W（W即作者，下同——本书作者注）问。"那没有，那没有。打的都是药针，一共打了六七针，现在好一些。"他的呼吸急促起来，脸色显得有点可怕。"先生应该休养了。"大家异口同声地说。

"呵，我是不能休养的！"他把帽子除下，好像这话根本和他没有关系。"我怎么能够休养呢？像我这种人是无法休养的。"

他伸手到衣袋里掏了一阵，很久才掏出一个恰如盛瓜子的小纸袋，这引起了人们好奇的视线，都集中在他那痉挛着的两手，仿佛要看看从那里能变出什么戏法来。我却以为他带来的是药片，所以问他要不要开水。但终于也不过看他从那纸袋里掏出一支香烟，到后来竟连香烟灰也弹在里面。[1]

另一位当时在场的青年木刻家记述道：

十月八日，也就是展览会展出的最后一天，我、林夫、烟桥、白危（吴渤）、曹白（后到。他因在新亚中学任教，不能常来），正在会场里。林夫和我，不时要接待一些外国记者，还得随时准备应付巡捕房的来人和便衣特务。下午三点钟左右，忽然看到一位身材瘦削的老人，从电梯里轻捷地走出来。他头戴一

---

[1] 白危《记鲁迅》，载1936年10月25日上海《生活星期刊》第1卷第21期。

顶深灰黑色的旧呢帽,帽沿习惯性地压得很低,差点儿盖住了眼睛;唇上留着像个隶书"一"字般的黑胡子,十分显眼;身上穿的是一件黑色料子长衫,只有四五成新;脚上穿的是珠帆布造的陈嘉庚式胶底布鞋。来人正是鲁迅先生。我们见了都一拥前去,七嘴八舌地向他问好。我们见他远道而来,身子又很瘦弱,头上微微沁汗,都劝他稍事休息,可他坚持说:

"不,不,我先看看,我先看看。"于是他便在我们簇拥之下,沿展场走去。

鲁迅先生的情绪很好,兴致很高。他的头发稍长,脸容是比过去消瘦了一些,但精神很好,没有显露出病容,特别是那眼睛,很有神采。他和我们边走边谈,讲话很是幽默风趣,不时爆发出爽朗的笑声,声音异常响亮。

我们的展览会,布置是很简陋的,将达三百幅展品,因限于经济条件没有经过理想的艺术处理,只是从木板上拓印下来,略加装裱,用几根绳子挂起来便是了,看起来是颇为费劲的。幸而是在九楼,展场原是一个小礼堂,光线还比较明亮。

鲁迅先生带领着我们一群年轻人,沿着墙壁缓缓而行,边看边品评。他看到有些木刻反映的是战争题材,但刻得不好,便说:"这大炮画得不像。"他边指着画,边回过头来对大家说:

"刻木刻最要紧的是素描基础,万不可忘记它是艺术。若环境不允许作细微素描时,就要多速写。单是题材好,是没有用的,还是要讲求技术。作者必须每天练习素描才会有进步,而且观察要准确,构图要紧凑。"

有些木刻刻的是工农劳苦大众的形象,但却刻得头小而手大,过分夸张,他看后指出:"这些人物刻得不好,不要把劳动人民刻成是无头脑、无智识的。刻劳动者头小而臂粗,看后有

'畸形'之感。劳动者是有头脑的，手是有力量的。"

"画工农劳苦大众，要画得好看些，不要把他们的形象画得那么凶恶、野蛮。农民是纯厚的，不必把他们涂得满脸血污，矫揉造作。"

在墙壁跟前，他缓缓停下来了，并且认真地盯住墙上的木刻。当看到李桦的八十八幅连续画，感慨地说："真是洋洋大观！"他环顾四周，看着越来越多地拥到他面前的人群，继续说：

"我认为连续画无须乎这么多的，有二三十幅就够了，只要集中表现几件事，能突出主题便好。多产未必都是杰作，短小精悍往往比鸿篇巨制更有力。"

…………

鲁迅先生在跟我们促膝谈心，他无拘束地侃侃而谈，一言一语，一举一动，都像磁石般深深地吸引着我们。我们几个青年，有时也在当中插话并互相交换意见。每在这个时候，鲁迅先生总是手捏烟卷，凝神静听着。因为他今天情绪很兴奋，看画、谈话的时间很长，我们很担心他的健康，多次问及并请他歇一歇。可他总是操着绍兴口音的普通话，快活而慈祥地说："没关系，没关系，倘若我身体不好，今天就来不了。"

这一天，他的精神一直很亢奋，长时间谈话并无倦容，从下午三时多直到五时多，没有停止过。当他听说我们有准备开全国第三回木刻展览会的打算后，非常高兴地表示赞同。

天色渐渐暗下来了，一抹残阳，从窗棂外懒洋洋地投进来，会场里给罩上一层橙红色。一九三六年十月八日，鲁迅先生和我们一起度过了一个难忘的、珍贵的下午。[1]

---

[1] 黄新波《不逝的记忆》，收入《鲁迅回忆录》一集。

照片中的外国记者名叫魏璐诗（Ruth Weiss），1908年12月11日出生于奥地利，1932年在维也纳大学毕业并获得哲学博士学位，1933年到上海，在宋庆龄等影响下，决定长期留在中国。魏璐诗曾为史沫特莱提供学生运动的报道，同马海德、路易·艾黎等进步人士定期学习研讨社会主义理论，与在北京的斯诺一起为国际联盟及《中国呼声》杂志传递革命运动讯息并撰写文章，配合路易·艾黎、耿丽淑等为中国工业合作协会（后为工合国际）及其他组织工作。1935年11月22日，鲁迅日记中记载："下午姚克来。梵斯女士来。"这个"梵斯女士"就是她。她自己也说过，是姚克介绍她认识了鲁迅。

1936年"七七"事变后，魏璐诗于9月到达成都，在华西大学、中央大学医学院任英语教授。在此期间，她担任成都《新闻快报》主任编辑，同时与斯诺和史沫特莱合作，共同向世界报道中国人民的抗日战争。

1943年她到重庆，在教会总会、加拿大驻华使馆、重庆联合国新闻宣传处任职。在此期间，多次会晤周恩来、邓颖超、胡绩伟、王炳南等，协助文字翻译，并在家中掩护了多位遇险的中国共产党人。同时，她协助宋庆龄重建保卫中国同盟并担任中央委员会委员，与陶行知探讨办学方法并参与制作有关育才小学的纪录影片，通过联合国影闻宣传处发往世界各地，还配合宋庆龄、路易·艾黎为工合国际做外宣工作。

抗日战争胜利后，魏璐诗到上海，在宋庆龄主办的中国福利会工作。1946年到美国纽约联合国秘书处任职。1951年魏璐诗应邀回到中国，在北京国际新闻局（外文局前身）任英语专家。1955年入中国籍。1965年任人民画报社德语专家。2006年3月在北京去世，享年97岁。

魏璐诗写过一本有关鲁迅的书,单从书名看,就可知她对鲁迅评价之高,《千秋万代一文豪》(*Lu Xun: A Chinese Writer for All Times*)[1]——这是英国人评价莎士比亚的用语。

---

[1] Ruth F. Weiss, *Lu Xun: A Chinese Writer for All Times*, Beijing, New World Press, 1985.

遗容和遗嘱

鲁迅1936年9月5日写完《死》一文,发表在9月20日《中流》半月刊第一卷第二期。文中谈到自己在病中曾有过"死"的预想,感到还有许多需要着手的事情,叮嘱自己"要赶快做"。文中还披露了他草拟的七条遗嘱:

一,不得因为丧事,收受任何人的一文钱。——但老朋友的,不在此例。

二,赶快收殓,埋掉,拉倒。

三,不要做任何关于纪念的事情。

四,忘记我,管自己生活。——倘不,那就真是胡涂虫。

五,孩子长大,倘无才能,可寻点小事情过活,万不可去做空头文学家或美术家。

六,别人应许给你的事物,不可当真。

七,损着别人的牙眼,却反对报复,主张宽容的人,万勿和他接近。

最后一条显示他性格的决绝。文章最后有一段与这条遗嘱呼应:"又曾想到欧洲人临死时,往往有一种仪式,是请别人宽恕,自己也宽恕

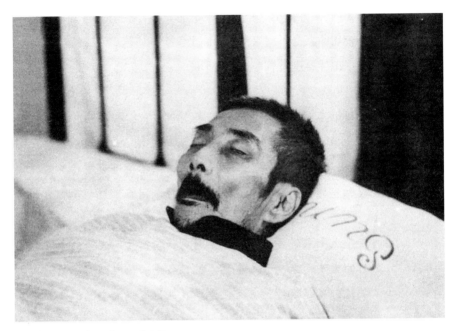

鲁迅遗容,1936年10月19日沙飞摄

了别人。我的怨敌可谓多矣,倘有新式的人问起我来,怎么回答呢?我想了一想,决定的是:让他们怨恨去,我也一个都不宽恕。"

10月18日夜,鲁迅病势急变,不能安寝,甚至斜靠着休息也不可能,终夜屈曲着身子,双手抱腿而坐,十分痛苦。

许广平记述鲁迅最后一天的情形时说:

> 到十二时,我急急整理卧具。催促他,警告他,时候不早了。他靠在躺椅上,说:"我再抽一支烟,你先睡吧。"……三时半,见他坐起来,我也坐起来。细察他呼吸有些异常,似气喘初发的样子。后来继以咳呛,咳嗽困难,兼之气喘更加厉害。他告诉我:"两点起来过就觉睡眠不好,做恶梦。"……他叫我早上七点钟去托内山先生打电话请医生。我等到六点钟就匆匆的盥洗起来,六点半左右就预备去。他坐到写字桌前,要了纸笔,戴起眼镜预备写便条。我见他气喘太苦了,我要求不要写了,由我亲口托请内山先生好了,他不答应。无论什么事他都不肯马虎的。就是在最困苦的关头,他也支撑起来,仍旧执笔,但是写不成字,勉强写起来,每个字改正又改正。写至中途,我又要求不要写了,其余的由我口说好了。他听了很不高兴,放下笔,叹一口气,又拿起笔来续写,许久才凑成了那条子。……不久内山先生也亲自到来,亲手给他药吃,并且替他按摩背脊很久。他告诉内山先生说苦得很,我们听了都非常难受。须藤医生来了,给他注射。那时双足冰冷,医生命给他热水袋暖脚,再包裹起来。两手指甲发紫色大约是血压变态的缘故。我见医生很注意看他的手指,心想这回是很不平常而更严重了。但仍然坐在写字桌前椅子上。后来换到躺椅上坐。八点多钟日报(十八日)到了。他问我:"报上有什么事体?"我

说:"没有什么,只有《译文》的广告。"我知道他要晓得更多些,我又说,"你的翻译《死魂灵》登出来了,在头一篇上。《作家》和《中流》的广告还没有。"……他说:"报纸给我,眼镜拿来。"我把那有广告的一张报给他,他一面喘息一面细看《译文》广告,看了好久才放下。……在躺椅上仍旧不能靠下来,我拿一张小桌子垫起枕头给他伏着,还是在那里喘息。医生又给他注射,但病状并不减轻,后来躺到床上了。中午吃了大半杯牛奶,一直在那里喘息不止,见了医生似乎也在诉苦。六点钟左右看护妇来了,给他注射和吸入酸素、氧气。六点半钟我送牛奶给他,他说:"不要吃。"过了些时,他又问:"是不是牛奶来了?"我说:"来了。"他说:"给我吃一些。"饮了小半杯就不要了。其实是吃不下去,不过他恐怕太衰弱了支持不住,所以才勉强吃的。到此刻为止,我推测他还是希望好起来。他并不希望轻易放下他的奋斗力的。[1]

鲁迅花了很大力气,用日文写的给内山完造的便条,成了他的绝笔:"老板几下:没想到半夜又气喘起来。因此,十点钟的约会去不成了,很抱歉。拜托你给须藤先生挂个电话,请他速来看一下。草草顿首 L 拜 十月十八日。"

1936年10月19日晨5时25分,鲁迅最后说了一句"我的病究竟到了什么程度",在夫人许广平和弟弟周建人等人的守护下,与世长辞。

社会名流和亲朋好友组成了治丧委员会,发布讣告:

鲁迅(周树人)先生于一九三六年十月十九日上午五时

---

[1] 许广平《最后的一天》,载1936年11月15日《作家》第2卷第2期。

二十五分病卒于上海寓所,享年五十六岁。即日移置万国殡仪馆。由二十日上午十时至下午五时为各界瞻仰遗容的时间,依先生的遗言"不得因为丧事,收受任何人的一文钱",除祭奠和表示哀悼的挽词花圈等以外,谢绝一切金钱上的赠送。谨此讣闻。

沙飞为鲁迅拍摄了遗容,司徒乔、力群等美术家用画笔为世人留下鲁迅最后的形象。

初版后记

鲁迅一生留下的照片，单身和合影加起来，现在所能见到的是114帧。本书按时间顺序和鲁迅一生游历所至地域，大致分五个部分来讲述这些照片的故事。或一帧一篇，或相关几帧放在一起讲述。这么写，颇有点传记的模样——虽然并不完整。鲁迅并非每个时期、每个重大事件都留有照片，所以围绕照片的叙述文字就可能给读者片段、琐碎的印象。最大的缺憾，当然是鲁迅青少年时代的照片迄今一幅未能发现，对这个时期的叙述因此无从措手。

系统解读鲁迅照片，也得了意想不到的收获。对鲁迅这些照片的拍摄缘起、时间、地点、其中人物的经历及其与鲁迅的关系等做简要的说明，告诉读者以前不大被注意的信息，看来确实必要，或能引起读者的兴味。因为细读使照片的背景更为清晰，让过去一些不太被人们注意的事件、人物凸显出来，鲁迅的人际关系因而更立体和多彩。例如，与中国世界语运动有关的苏联作家爱罗先珂到中国后与鲁迅等文化界人士交往，留下一些照片，就让我们对鲁迅与中国世界语运动的关系有了更多的认识；又如，鲁迅晚年颇多与日本人交往，过去的传记中可能一笔带过，或者简略介绍，现在为了解说照片，就不免较多着墨。为什么见面，在哪里见面，拍摄了几张照片，摄影者是谁，有什么馈赠，报纸上有何报道，文坛上对此有何反应，等等，都是有价值的参考资料。而意外发现报刊上鲁迅的照片,自然更令人欣喜。几十年来,虽然鲁迅研究著作汗牛充栋,但其中鲁迅照片方面的讹误还有不少。任意剪辑、修补,使鲁迅形象失真;此外,年代错误、人物张冠李戴等现象至今仍不时发生。这次解读,纠正了以前一些对鲁迅照片的误读,也是一个收获。

总之,鲁迅的照片富有历史价值,记录了他个人的风貌,透露出他的个性,记录了他的人生轨迹和人际交往。而鲁迅身后人们对这些照片的运用,也反映了鲁迅的影响,时代及人们意识的变化。

本书的写作难度其实很不小。因年代久远,有些照片无法确定拍摄日期,只能粗略地说春,或秋,或某年,甚或某几年间。有不少照片中人物无法说明其身份,只好暂付阙如,期待见闻更广的专家学者。

我几年前开始搜集鲁迅照片相关资料,2009年撰写了一篇《"开麦拉"之前的鲁迅——鲁迅照片面面观》,通过对鲁迅现存所有照片的概括性描述,介绍了鲁迅对照相的一般看法,他本人照相的特点,他对自己及他人照片的观感,同时代人及后代人对其照片的评论和使用情况等等。文章在《鲁迅研究月刊》2009年第12期发表后,二三友人鼓励我对鲁迅照片做更详细的解说。这便是本书写作的缘起。

为了弥补没有鲁迅赴日留学之前照片及解说的缺憾,我把几年前写的一个鲁迅小传放在卷首,作为代序,俾使读者对鲁迅一生有个概括的了解。

搜集、翻拍这些照片,得到很多友人和同事的帮助,文字撰写过程中参考了大量前人的研究成果。贵州人民出版社樊庆标先生对本书出版给予关注和支持,责任编辑武波先生自始至终表现出充分的信心和耐心,谨致衷心的感谢。

2012年12月9日于香港天水围

本书主要参考书目

《鲁迅全集》（18卷），北京：人民文学出版社2005年版
《鲁迅译文全集》（8卷），北京鲁迅博物馆编，福州：福建教育出版社2008年版
《鲁迅研究动态》，北京鲁迅博物馆编辑出版
《鲁迅研究月刊》，北京鲁迅博物馆编辑出版
《鲁迅研究资料》（24辑），北京鲁迅博物馆鲁迅研究室编，北京：文物出版社、天津：天津人民出版社、北京：中国文联出版公司出版
《回望鲁迅》（22卷），孙郁、黄乔生主编，石家庄：河北教育出版社2000年版
《关于鲁迅及其著作》，台静农编，北京：未名社1926年版
《达夫全集》，上海：北新书局1929年版
《鲁迅的印象》，王志之著，上海：金汤书店1936年版
《鲁迅先生二三事》，孙伏园著，重庆：作家书屋1942年版
《我所认识的鲁迅》，许寿裳著，北京：人民文学出版社1952年版
《回忆鲁迅》，冯雪峰著，北京：人民文学出版社1952年版
《亡友鲁迅印象记》，许寿裳著，北京：人民文学出版社1953年版
《略讲关于鲁迅的事情》，周建人著，北京：人民文学出版社1954年版
《鲁迅的故家》，周遐寿著，北京：人民文学出版社1957年版
《鲁迅小说里的人物》，周遐寿著，北京：人民文学出版社1957年版
《鲁迅的青年时代》，周启明著，北京：中国青年出版社1957年版

《鲁迅回忆录》，许广平著，北京：作家出版社1960年版

《花甲录》，内山完造著，东京：岩波书店1960年版

《关于鲁迅》，梁实秋著，台北：爱眉文艺出版社1970年版

《知堂回想录》，周作人著，香港：三育图书有限公司1973年版

《鲁迅评传》，曹聚仁著，香港：新文化出版社1973年版

《我在旧中国十三年》，埃德加·斯诺著，北京：生活·读书·新知三联书店1973年版

《鲁迅》，北京鲁迅博物馆编辑，北京：文物出版社1977年版

《鲁迅在仙台的记录》，鲁迅在仙台的记录调查会编，东京：平凡社1978年版

《鲁迅回忆录》一集，上海：上海文艺出版社1978年版

《许广平忆鲁迅》，广州：广东人民出版社1979年版

《鲁迅的印象》，增田涉著，钟敬文译，长沙：湖南人民出版社1980年版

《鲁迅诞辰百年纪念集》，长沙：湖南人民出版社1981年版

《周作人集外文》（《亦报》随笔），长沙：岳麓书社1988年版

《鲁迅仙台留学90周年纪念国际学术、文化讨论会报告论集》，1994年版

《历劫总教志不灰——我的父亲顾颉刚》，顾潮著，上海：华东师范大学出版社1997年版

《铃木大拙全集》，东京：岩波书店2001年版

《良友忆旧——一个画报与一个时代》，马国亮著，北京：生活·读书·新知三联书店2002年版

《胡适全集》，合肥：安徽教育出版社2003年版

《我的父亲沙飞》，王雁著，北京：社会科学文献出版社2005年版

《西潮与新潮：蒋梦麟回忆录》，北京：东方出版社2006年版

《鲁迅回忆录》（手稿本），许广平著，武汉：长江文艺出版社2010年版

《顾颉刚书信集》，北京：中华书局2010年版

《蒋廷黻回忆录》，蒋廷黻著，北京：东方出版社2011年版

图片目录

日本（1902—1909）

P7　"浙江同乡会摄影"，1902年秋摄于东京

P14　"断发照"，1903年摄于东京

P22　与许寿裳、邵明之、陈仪合影，1903年摄于东京

P32　弘文学院毕业照，1904年摄于东京

P37　与施霖合影，1905年秋摄于仙台

P52　与同住"宫川宅"公寓住宿学生合影，1905年秋摄于仙台

P53　"想象髭"，1905年秋摄于仙台

P42　与仙台医专同学合影，摄于1905年

P43　与日本同学合影，摄于1905年

P46　"敷波先生留学之际送别纪念"合影，1905年11月6日摄于仙台

P57　与仙台医专年级干部合影，1906年3月摄于仙台

P64　与许寿裳、蒋抑卮等合影之一，1909年摄于东京

P70　与许寿裳、蒋抑卮等合影之二，1909年摄于东京

P73　与许寿裳、蒋抑卮等合影之三，1909年摄于东京

P77　鲁迅，1909年摄于东京

杭州、绍兴（1909—1911）

P83　回国后留影，1909年摄于杭州
P90　"木瓜之役"胜利后浙江两级师范部分教员合影，1910年1月10日摄于杭州
P95　"绍兴府中学堂春季旅行于禹陵之纪念"，1911年春摄于绍兴
P99　访日期间留影之一，1911年摄于东京
P99　访日期间留影之二，1911年摄于东京

北京（1912—1926）

P117　全国儿童艺术展览会闭幕式合影，1914年5月20日摄于北京
P107　"教育部全体部员摄影纪念"，1915年1月5日摄于北京
P125　教育部通俗教育研究会会员合影，1916年1月13日摄于北京
P121　"京师图书馆新馆开馆纪念摄影"，1917年1月26日摄于北京
P129　"浙江绍兴中学校旅京同学会合影"，1918年1月13日摄于北京
P142　与周作人、爱罗先珂等在北京世界语学会合影，1922年5月23日摄于北京
P147　与蔡元培、许寿裳及日本友人合影，1923年1月5日摄于北京
P135　与周作人、爱罗先珂等合影，1923年4月15日摄于北京
P135　与周作人、爱罗先珂等合影，1923年6月摄于北京
P157　"陕西教育厅国立西北大学合办暑期学校举行开学式摄影"，1924年7月20日摄于西安
P151　为《阿Q正传》俄译本所摄之一，1925年5月28日摄于北京
P151　为《阿Q正传》俄译本所摄之二，1925年5月28日摄于北京
P151　为《阿Q正传》英译本所摄之一，1925年7月4日摄于北京

P151　为《阿Q正传》英译本所摄之二，1925年7月4日摄于北京

书前拉页　"国立北京女子师范大学欢迎易寅村校长大会"，1926年1月13日摄于北京

厦门、广州（1926—1927）

P170　厦门大学教职员合影，1926年11月17日摄于厦门

P182　"我坐在厦门的坟中间"之一，1927年1月2日摄于厦门

P183　"我坐在厦门的坟中间"之二，1927年1月2日摄于厦门

P192　"厦大学生会欢送鲁迅先生大会摄影"，1927年1月4日摄于厦门

P192　"厦岛留别鲁迅先生"，1927年1月4日摄于厦门

P198　"厦大浙江同乡会欢送鲁迅赴粤摄影"，1927年1月7日摄于厦门

P202　在广州时所摄之一，1927年8月19日摄于广州

P202　在广州时所摄之二，1927年8月19日摄于广州

P203　在广州时所摄之三，1927年8月19日摄于广州

P203　在广州时所摄之四，1927年8月19日摄于广州

P216　与许广平、何春才、廖立峨合影之一，1927年8月19摄于广州

P216　与许广平、何春才、廖立峨合影之二，1927年8月19摄于广州

P217　与许广平、蒋径三合影，1927年9月11日摄于广州

上海（1927—1936）

P225　与许广平、周建人等合影，1927年10月4日摄于上海

P233　去光华大学讲演，1927年11月16日摄于上海

P233　在光华大学讲演后，1927年11月16日摄于上海

P238　在景云里寓所中之一，1928年3月16日摄于上海

P239	在景云里寓所中之二，1928年3月16日摄于上海	
P244	在景云里寓所中之三，1928年3月16日摄于上海	
P244	在景云里寓所中之四，1928年3月16日摄于上海	
P247	在景云里寓所中之五，1928年3月16日摄于上海	
P251	"海婴生一百日"，1930年1月4日摄于上海	
P262	"文艺漫谈会"合影，1930年8月6日摄于上海	
P267	"左联"秘密为鲁迅作"五十岁纪念"时所摄，1930年9月17日摄于上海	
P271	五十岁生辰，1930年9月25日摄于上海	
P272	"鲁迅与海婴，一岁与五十"，1930年9月25日摄于上海	
P273	五十岁生辰全家合影，1930年9月25日摄于上海	
P276	鲁迅一家与冯雪峰一家合影，1931年4月20日摄于上海	
P280	为释母亲悬念所摄全家照，1931年7月30日摄于上海	
P284	"一八艺社"举办木刻讲习会合影，1931年8月22日摄于上海	
P288	在北京师范大学演讲之一，1932年11月27日摄于北京师范大学操场	
P289	在北京师范大学演讲之二，1932年11月27日摄于北京师范大学操场	
P290	在北京师范大学演讲之三，1932年11月27日摄于北京师范大学操场	
P296	"鲁迅在师大"，1932年11月27日摄于北京师范大学	
P300	中国民权保障同盟总会欢迎英国作家萧伯纳时合影，1933年2月17日摄于上海	
P301	与宋庆龄、史沫特莱、林语堂等合影，约1933年2月17日摄于上海	
P304	与蔡元培、萧伯纳合影之一，1933年2月17日摄于上海	

P310	与蔡元培、萧伯纳合影之二，1933年2月17日摄于上海
P311	与蔡元培、萧伯纳合影之三，1933年2月17日摄于上海
P315	与杨杏佛、李济之合影，1933年2月24日摄于上海
P316	与李济之合影，1933年2月24日摄于上海
P317	1933年2月24日摄于上海
P321	与宋庆龄、胡愈之、黎沛华合影，1933年春摄于上海
P326	"最近之鲁迅"，摄于1933年
P330	"五一"国际劳动节所摄之一，1933年5月1日摄于上海
P331	"五一"国际劳动节所摄之二，1933年5月1日摄于上海
P331	"五一"国际劳动节所摄之三，1933年5月1日摄于上海
P335	为斯诺编译《活的中国》所摄，1933年5月26日摄于上海
P341	与姚克合影，1933年5月26日摄于上海
P255	与内山完造合影，1933年夏摄于上海内山完造寓所
P348	五十三岁生辰，1933年9月13日摄于上海
P349	五十三岁生辰全家合影，1933年9月13日摄于上海
P353	"鲁迅氏"——大阪《朝日新闻》所刊照片，1933年9月23日摄于上海
P363	与日本佛教界人士铃木大拙等合影，1934年5月10日摄于上海内山完造寓所
P367	在千爱里避难时与内山完造等合影，1934年8月29日摄于上海内山完造寓所
P370	应《朝日新闻》社上海支社之邀所摄，1935年10月21日摄于上海
P375	与圆谷弘、山本实彦合影，1935年10月27日摄于上海
P379	在大陆新村寓所前留影，1935年摄于上海
P384	与浅野要合影，1936年1月9日摄于上海
P385	浅野要为鲁迅摄影，1936年1月9日摄于上海

P389　应内山完造之邀所摄，1936年2月11日摄于上海新月亭
P406　病中留影，摄于1936年年初
P395　1936年3月23日摄于上海，史沫特莱摄
P407　病中在寓所客室中所摄之一，1936年10月2日摄于上海
P407　病中在寓所客室中所摄之二，1936年10月2日摄于上海
P412　在第二回木刻流动展览会上所摄（一至十），1936年10月8日摄于上海八仙桥青年会，沙飞摄
P425　遗容，1936年10月19日摄于上海

再版后记

《鲁迅像传》出版六七年来,颇引起一些反响,有褒扬,有批评,也有鼓励,更有期待,无论哪种,我都深深感激。

我在《"开麦拉"之前的鲁迅》一文中提到,过去为了凸显鲁迅的战士形象,在使用他的照片时有意挑选、使用严肃持重的形象——即鲁迅诗句"横眉冷对千夫指"的(自我)写照,而有意无意地忽略了这联诗的下句"俯首甘为孺子牛"。其实,鲁迅的照片中,不乏微笑乃至开怀大笑的面容。有一年的迎春会上,我朗诵了一首诗《鲁迅的笑》,拈出几幅鲁迅笑容照片,提请观众注意:

> 看哪,他开怀大笑了,
> 被求知心切的青年簇拥,
> 谆谆教导,切切叮咛,
> 一篇篇文字,一幅幅木刻,
> 他们的成长,凝聚了他的心血,
> 还有什么比这更让他高兴?

全诗发表在《香港作家》2014年第5期上。这是其中的一节,所说的照片是鲁迅逝世前十天观看木刻展览会与青年艺术工作者座谈时所拍摄的。

几年来，我在大中学校、文化馆、图书馆等场所讲述鲁迅照片的故事，也加深了自己对鲁迅照片的认识。2016年，值鲁迅诞辰135周年、逝世80周年，也是鲁迅博物馆建馆60周年，我从这些照片中选取六十多张，做成《俯首横眉——鲁迅生命的瞬间》小型展览。我在展览前言中说："照相捕捉人物形象于瞬间，或无意，或有意乃至刻意，反映相貌，透露性情。这些照片或独照，或合影，或摆拍，或抓取，或端庄，或谐趣，皆是鲁迅生命中有意味的瞬间。在'横眉冷对千夫指，俯首甘为孺子牛'所描述的两种典型姿态外，还有丰富多彩的表情神态。"

展览中的照片，尤其是放大后的鲁迅黑白照片，很具视觉冲击力。《俯首横眉》在北京、上海、广东等地展出。无论是图书、讲座，还是展览，对鲁迅照片进行系统解读，可以帮助我们更加全面深入地认识鲁迅，了解鲁迅的文字未能呈现出的重要信息。展览和讲座受到欢迎，使我信心倍增，促使我考虑修订《鲁迅像传》——本书在坊间早已难觅。

本书虽名为《鲁迅像传》，但所收录的照片并不系统完整，不能涵盖鲁迅一生，其原因首先是先天不足，现存照片的连续性不强；其次是一些照片拍摄背景复杂，对其介绍容易杂沓枝蔓，又有一些照片却因为背景不详，介绍文字不免简单寡趣。这些不足，此次修订尽力做了弥补。

这次修改，删掉了原来的代序《民族魂——鲁迅》，而代以简短的引言；有些章节加以合并，使内容更为集中；鲁迅与日本友人的合影，有新材料补充，如《雅集》，也有错讹的纠正，如《紧邻》。此外，词句段落也有较大幅度的修改。虽然如此，错误和缺失仍或不免，敬请读者指教。

感谢三联书店再版本书。徐国强先生为此付出了辛勤劳动。谨向鲁迅照片的搜集者、研究者,以及为本书提供资料和提出修改意见的朋友们致以崇高的敬意和诚挚的谢意。

2019年7月19日于北京官园